2025年*春 受験用

解答集

愛知県 東海中学校

2018～2012年度の7年分

本書は，実物をなるべくそのままに，プリント形式で年度ごとに収録しています。
問題用紙を教科別に分けて使うことができるので，本番さながらの演習ができます。

■ 収録内容

・解答集（この冊子です）

　　書籍ＩＤ番号，この問題集の使い方，リアル過去問の活用，解答例と解説，
　　ご使用にあたってのお願い・ご注意，お問い合わせ

・2018（平成30）年度 ～ 2012（平成24）年度　学力検査問題

JN131795

○は収録あり	年度	'18	'17	'16	'15	'14	'13	'12
■ 問題収録		○	○	○	○	○	○	○
■ 解答用紙※		○	○	○	○	○	○	
■ 解答		○	○	○	○	○	○	○
■ 解説		○	○	○	○	○	○	○
■ 配点								

※算数は書き込み式

☆問題文等の非掲載はありません

もっと過去問！シリーズ

Ｋ 教英出版

■ 書籍ＩＤ番号

入試に役立つダウンロード付録や学校情報などを随時更新して掲載しています。
教英出版ウェブサイトの「ご購入者様のページ」画面で，書籍ＩＤ番号を入力してご利用ください。

書籍ＩＤ番号 **１７９０２１**

（有効期限：2025年9月30日まで）

【入試に役立つダウンロード付録】
「中学合格への道」

■ この問題集の使い方

年度ごとにプリント形式で収録しています。針を外して教科ごとに分けて使用します。①片側，②中央
のどちらかでとじてありますので，下図を参考に，問題用紙と解答用紙に分けて準備をしましょう（解答
用紙がない場合もあります）。

針を外すときは，けがをしないように十分注意してください。また，針を外すと紛失しやすくなります
ので気をつけましょう。

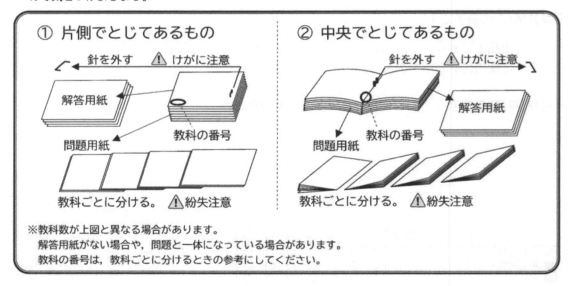

リアル過去問の活用

~リアル過去問なら入試本番で力を発揮することができる~

❀ 本番を体験しよう！

問題用紙の形式（縦向き／横向き），問題の配置や余白など，実物に近い紙面構成なので本番の臨場感が味わえます。まずはパラパラとめくって眺めてみてください。「これが志望校の入試問題なんだ！」と思えば入試に向けて気持ちが高まることでしょう。

❀ 入試を知ろう！

同じ教科の過去数年分の問題紙面を並べて，見比べてみましょう。

① 問題の量
毎年同じ大問数か，年によって違うのか，また全体の問題量はどのくらいか知っておきましょう。どのくらいのスピードで解けば時間内に終わるのか，大問ひとつにかけられる時間を計算してみましょう。

② 出題分野
よく出題されている分野とそうでない分野を見つけましょう。同じような問題が過去にも出題されていることに気がつくはずです。

③ 出題順序
得意な分野が毎年同じ大問番号で出題されていると分かれば，本番で取りこぼさないように先回りして解答することができるでしょう。

④ 解答方法
記述式か選択式か（マークシートか），見ておきましょう。記述式なら，単位まで書く必要があるかどうか，文字数はどのくらいかなど，細かいところまでチェックしておきましょう。計算過程を書く必要があるかどうかも重要です。

⑤ 問題の難易度
必ず正解したい基本問題，条件や指示の読み間違いといったケアレスミスに気をつけたい問題，後回しにしたほうがいい問題などをチェックしておきましょう。

❀ 問題を解こう！

志望校の入試傾向をつかんだら，問題を何度も解いていきましょう。ほかにも問題文の独特な言いまわしや，その学校独自の答え方を発見できることもあるでしょう。オリンピックや環境問題など，話題になった出来事を毎年出題する学校だと分かれば，日頃のニュースの見かたも変わってきます。

こうして志望校の入試傾向を知り対策を立てることこそが，過去問を解く最大の理由なのです。

❀ 実力を知ろう！

過去問を解くにあたって，得点はそれほど重要ではありません。大切なのは，志望校の過去問演習を通して，苦手な教科，苦手な分野を知ることです。苦手な教科，分野が分かったら，教科書や参考書に戻って重点的に学習する時間をつくりましょう。今の自分の実力を知れば，入試本番までの勉強の道すじが見えてきます。

❀ 試験に慣れよう！

入試では時間配分も重要です。本番で時間が足りなくなってあわてないように，リアル過去問で実戦演習をして，時間配分や出題パターンに慣れておきましょう。教科ごとに気持ちを切り替える練習もしておきましょう。

❀ 心を整えよう！

入試は誰でも緊張するものです。入試前日になったら，演習をやり尽くしたリアル過去問の表紙を眺めてみましょう。問題の内容を見る必要はもうありません。どんな形式だったかな？受験番号や氏名はどこに書くのかな？…ほんの少し見ておくだけでも，志望校の入試に向けて心の準備が整うことでしょう。

そして入試本番では，見慣れた問題紙面が緊張した心を落ち着かせてくれるはずです。

※まれに入試形式を変更する学校もありますが，条件はほかの受験生も同じです。心を整えてあせらずに問題に取りかかりましょう。

算数

平成 ③⓪ 年度 解答例・解説

=== 《解答例》 ===

1 (1) $\frac{1}{5}$　　(2) 92円…0　　82円…1　　62円…5　　50円…0

2 A…18　　B…20　　C…23　　D…4　　E…9　　F…1

3 ※(1) 7 : 32　　(2) 250

4 (1) 1.6　　(2) 135

5 (1) 120　　(2) 192

6 (1) 9.5　　(2) 4.5

7 (1) Aから…3　　Pから…1　　(2) 11　　(3) Aから…3　　Pから…1　　Qから…1

※の求め方は解説を参照してください。

=== 《解　説》 ===

1 (1) 与式 $= \frac{28}{5} \times \left(\frac{3}{4} - \frac{1}{3}\right) - 2.88 \times \frac{20}{27} = \frac{28}{5} \times \left(\frac{9}{12} - \frac{4}{12}\right) - \frac{288}{100} \times \frac{20}{27} = \frac{28}{5} \times \frac{5}{12} - \frac{32}{15} = \frac{7}{3} - \frac{32}{15} = \frac{35}{15} - \frac{32}{15} = \frac{1}{5}$

(2) 合計の枚数が7枚の例が示されているので，最も少ない枚数は6枚以下と予想できる。

92円，82円，62円の3種類の切手をAグループの切手とする。Aグループの切手の一の位がすべて2であり，392円の一の位が2であることから，Aグループは1枚か6枚とわかる。

Aグループが1枚のとき，50円が5枚なら合計6枚になるが，そのような組み合わせで合計392円になることはない。したがって，Aグループの切手6枚のみで392円を作れないかを考える。

Aグループ6枚の一の位の和は2×6＝12だから，90と80と60を組み合わせて392－12＝380を作る。

90が1つだと60が5つでも380をこえてしまうので，90は使わないとわかる。

80が1つだと60が5つとあわせて380になる。この組み合わせから80と60の個数を変化させて合計が380になることはない。

よって，合計6枚で392円を作ることができたので，求める枚数は，92円が0枚，82円が1枚，62円が5枚，50円が0枚である。

2 平成30年2月現在の小学生は，平成17年4月から平成24年3月までに生まれた子だから，A，B，Cに入る数は17～24のいずれかである。また，D，E，Fは月の数だから，1～12の整数のいずれかである。

「D，E，Fはすべて約数の個数が奇数」だから，すべて平方数(同じ整数を2回かけてできる数)とわかる。

1～12のうち平方数は，1，4，9である。

「Cの約数は2個だけ」だから，Cは素数である。17～24のうち素数は17，19，23であり，Fはその約数なので，F＝1とわかる。

「Bは，Eに1を足した数で割り切れる」ことから，Eが4であっても9であっても，Eに1を足した数は5または10になるので，Bは20に決まり，Aは17～19とわかる。

次男が平成20年生まれなので，三男は平成23年生まれに決まり，C＝23である。

「Aから2を引いた数は，Dで割り切れる」ことから，E＝4のとき，D＝9，A＝20となる。しかし，これだと長男の生まれが次男のあとになってしまうので正しくない。したがって，**E＝9，D＝4，A＝18**である。

3 (1) 水そうが空の状態からAには毎分1Lずつ，Bには毎分0.5Lずつ水を入れたと考える。たまっていた水を入れるのにかかる時間の比は(10÷1)：(7÷0.5)＝5：7で，空の状態からいっぱいになるまで水を入れるのにかかる時間の比は(15÷1)：(8÷0.5)＝15：16になる。途中からいっぱいになるまでにかかった時間は同じだから，たまっていた水を入れるのにかかった時間の差と，空の状態からいっぱいになるまでにかかる時間の差は同じになる。つまり，比の数の差の7－5＝2と16－15＝1は同じ時間を表しているから，空の状態からいっぱいになるまでにかかる時間の比を30：32とすると，これらの比は同じ基準になる。したがって，Bにはじめに入っていた水の量を入れるのにかかった時間は7，Bが空の状態から水そうをいっぱいにするまでにかかる時間は32と表せるから，求める比も**7：32**になる。

(2) Bの容積と，AとBの容積の合計の比は8：(15＋8)＝8：23だから，Bの容積は$460×\dfrac{8}{23}＝160$（L）である。(1)より，はじめに入っていた水の量は$160×\dfrac{7}{32}＝35$（L）だから，実際に0.5Lずつ入れた水の量は160－35＝125（L）であり，いっぱいになるまでにかかった時間は125÷0.5＝**250（分）**である。

4 (1) 高さが等しい三角形の面積比は底辺の長さの比に等しいから，FC：GCと三角形BCFの面積から，三角形BCGの面積を求めることができる。
三角形AEDと三角形DFCが合同だから，右図のように等しい角がわかる。したがって，三角形DFC，三角形GFDは同じ形とわかり，このため，三角形GDCも同じ形とわかる。これらの直角三角形は直角をはさむ2辺の比が1：2だから，FG＝①とすると，GD＝①×2＝②，GC＝②×2＝④である。

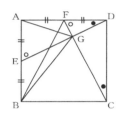

よって，FC：GC＝(①＋④)：④＝5：4だから，三角形BCFと三角形BCGの面積比も5：4である。
三角形BCFの面積は2×2÷2＝2（cm²）だから，三角形BCGの面積は，$2×\dfrac{4}{5}＝$**1.6（cm²）**

(2) 右図のように作図すると，三角形HADは三角形GDCと合同になる。(1)より，HD＝GC＝④，AH＝DG＝②だから，HG＝HD－GD＝④－②＝②である。
よって，三角形AHGは，角AHG＝90度，AH＝HGの直角二等辺三角形になるから，角AGH＝45度とわかり，角AGD＝180－45＝**135（度）**になる。

5 (1) 真上から見た図に右のように記号をおく。D，EはそれぞれAC，ABの真ん中の点だから，色をつけた三角形と斜線の三角形はすべて合同である。

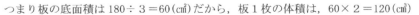

図2の立体と図3の立体の側面積は等しいので，板の底面にあたる部分における表面積の差を考えると，図3の立体の方が右図の三角形DFC12個分だけ表面積が多いとわかる。この差は三角形ABCの$\dfrac{1}{4}×12＝3$（個）分にあたる。
つまり板の底面積は180÷3＝60（cm²）だから，板1枚の体積は，60×2＝**120（cm³）**

(2) 板1枚の側面積を①とすると，(1)の解説より，図3の立体の表面積は，④＋60×(3＋2)＝④＋300（cm²）…㋐である。図4の立体の表面積は，側面積と，右図の三角形DFC20個分と三角形ABC2個分の面積の和だから，⑥＋60×($\dfrac{1}{4}×20＋2$)＝⑥＋420（cm²）…㋑である。
図3と図4の表面積の差は(⑥＋420)－(④＋300)＝②＋120（cm²）で，これが比の数の差の71－49＝22にあたる。したがって，(②＋120)×2＝④＋240（cm²）は比の数の22×2＝44にあたる。
図3の表面積の比の数である49は④＋300（cm²）にあたるから，比の49－44＝5は，(④＋300)－(④＋240)＝60（cm²）にあたる。よって，図3の表面積は$60×\dfrac{49}{5}＝588$（cm²）だから，④＝588－300＝288（cm²）であり，①＝288÷4＝

72（cm²）になる。よって，板1枚の表面積は，72＋60×2＝192（cm²）

6 (1) 図2のようにＡＢが底面の周になるので，底面の1辺の長さは$\frac{9}{4}$cmとなり，底面積は$\frac{9}{4}×\frac{9}{4}＝\frac{81}{16}$（cm²）とわかる。このため，直方体の高さは，$\frac{243}{4}÷\frac{81}{16}＝12$（cm）である。したがって，平行四辺形ＡＢＣＤの底辺をＡＢとしたときの高さが12cmだから，面積は9×12＝108（cm²）となる。平行四辺形ＡＢＣＤの底辺をＡＤと考えると，ＡＤ＝108÷8＝13.5（cm）だから，ＤＥ＝13.5－4＝9.5（cm）

(2) Ａ，Ｐがある直方体の辺を図1に作図して考える。この辺はＡＢと垂直だから，右のように作図できる。

三角形ＡＰＥと三角形ＡＤＱは同じ形で辺の比がＡＥ：ＡＱ＝4：12＝1：3だから，ＡＰ＝ＡＤ×$\frac{1}{3}$＝13.5×$\frac{1}{3}$＝4.5（cm）

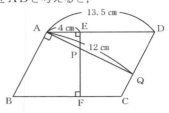

7 (1) 右の表で表す。Ｐから乗ってＱで降りた人をa人とすると，Ａから乗ってＱで降りた人の人数は（a＋2）人と表せる。Ｑで降りた4人はa＋a＋2＝a×2＋2（人）と表せるから，a×2は4－2＝2（人）であり，a＝2÷2＝1（人）になる。

よって，Ｑで降りた人のうち，Ａから乗った人は1＋2＝3（人），Ｐから乗った人は1人である。

	P	Q	R	B
A10	2	a＋2		
	5	a		
		4	3	
			7	6
				11

(2) Ｑ地点で4人が降りて3人が乗ったときの状況が右表になる。

4区間乗った人はイだけであり，3区間乗った人はアとエである。

ア＋エ＝イで，ア＋イ＝10－2－3＝5であり，ウ＋エ＝5－1＝4となることから，エは4以下になる。

これらの条件を満たす［ア，イ，エ］の組み合わせは，［1人，4人，3人］か［2人，3人，1人］のどちらかである。

［1人，4人，3人］の場合，ウ＝1，オ＝5となり，オ＋カ＝3の条件にあわない。

［2人，3人，1人］の場合，ウ＝3，オ＝2，カ＝1となり，条件にあう。

よって，1区間だけ乗った人数（右表の色をつけていない部分）の合計は，2＋1＋2＋6＝11（人）

	P	Q	R	B
A10	2	3	ア	イ
	5	1	ウ	エ
		4	3	オ	カ
			7	6	6
				11

(3) Ｂで降りた人のうち，Ａから乗ったイは3人，Ｐから乗ったエは1人，Ｑから乗ったカは1人である。

《解答例》

1. (1) $3\dfrac{2}{5}$　　(2)1717　　(3)57

2. (1) 3：32　　(2)16　　(3)166.4

3. (1)600　　※(2)8時10分

4. $2\dfrac{2}{3}$

5. (1)24　　(2)1面…64　2面…72　3面…24

6. (1)30　　(2)202.5

7. (1)6　　(2)5人，9人，10人，11人，12人　　(3)5

8. (1)37　　(2)322，360

※の求め方は解説を参照してください。

《解説》

1. (1) 与式$=\dfrac{35}{6}\div 5.25\times\dfrac{9}{2}-\left(\dfrac{24}{5}-\dfrac{16}{5}\right)=\dfrac{35}{6}\div\dfrac{21}{4}\times\dfrac{9}{2}-\dfrac{8}{5}=\dfrac{35}{6}\times\dfrac{4}{21}\times\dfrac{9}{2}-\dfrac{8}{5}=5-\dfrac{8}{5}=3\dfrac{2}{5}$

(2) 12019の一の位が9だから，元の4けたの数の一の位は，2回かけると一の位が9になる数である。このような1けたの数は，3×3＝9，7×7＝49より，3と7だから，求める4けたの数の一の位は3か7に決まる。12019÷3＝4006.3…，12019÷7＝1717より，元の4けたの数は1717である。

(3) 箱に白と赤のおはじきを同じ個数ずつ入れられるよう，最初の白のおはじきの個数を8÷4＝2(倍)にする。このとき，最初の白と赤のおはじきの個数の比は(3×2)：7＝6：7であり，赤が29個余った時点で，白は5×2＝10(個)余る。このため，最初の個数の比の7－6＝1が，余った個数の差の29－10＝19(個)にあたる。この19個は，実際の最初の個数の比の1でもあるから，白のおはじきは全部で，19×3＝57(個)

2. (1) 図2に，右のように補助線を引くと，正六角形を合同な24個の正三角形⑦に分けることができる。また，三角柱の底面の正三角形は，9個の正三角形⑦に分けられているから，三角柱と六角柱の底面積の比は，9：24＝3：8とわかる。三角柱と六角柱の高さの比が1：4だから，求める体積比は，(3×1)：(8×4)＝3：32

(2) (1)の解説をふまえる。同じ高さ分の三角柱と六角柱の体積比は，底面積の比に等しく，3：8である。この比の8－3＝5にあたる水が，さかさまにしたときに水面の高さが上がった2cm分の水である(右図参照)。この2cm分の水と三角柱に入った水を比べると，体積比が5：3，底面積比が8：3だから，高さの比は(5÷8)：(3÷3)＝5：8である。よって，三角柱の高さが$2\times\dfrac{8}{5}=3.2$(cm)だから，この容器の高さは，$3.2\times\dfrac{1+4}{1}=16$(cm)

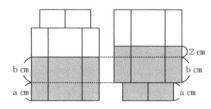

(3) 求める体積は，容積の半分ではないことに注意する(三角柱の底面のうち水にふれている部分の面積は，三角柱の底面積の半分ではないため)。このため，六角柱と三角柱それぞれに入っている水の体積を調べる。

六角柱に入っている水の体積は，六角柱の部分の容積の半分に等しい。六角柱の高さは $16-3.2=12.8$（cm）だから，六角柱に入っている水の体積は，$(24\times12.8)\times\dfrac{1}{2}=153.6$（cm³）

一方，三角柱の底面のうち水がふれている部分の面積は，(1)の解説の図から 4cm² とわかる（正三角形⑦の面積が 1cm²）。

このため，三角柱に入っている水の体積は，$4\times3.2=12.8$（cm³）

よって，求める体積は，$153.6+12.8=166.4$（cm³）

③ (1) 兄と弟の速さの比は $50:40=5:4$ だから，かかる時間の比は速さの逆比に等しく，$\dfrac{1}{5}:\dfrac{1}{4}=4:5$ である。この比の $5-4=1$ が，かかる時間の差の 3 分にあたるから，兄は家から中学校までに $3\times4=12$（分）かかるとわかる。よって，家から中学校までの道のりは，$50\times12=600$（m）

(2) (1)の解説をふまえる。弟は家から中学校までに $12\times\dfrac{5}{4}=15$（分）かかる。兄が分速 50m で 15 分歩くと，$50\times15=750$（m）歩くことになり，実際の道のりよりも $750-600=150$（m）多くなる。歩く速さを 1 分間だけ分速 35m にすると，歩く道のりは $50-35=15$（m）少なくなるから，兄が分速 35m で歩いた時間は，$150\div15=10$（分）となる。兄が 8 時 8 分に家を出ると弟と同時に中学校に着くから，弟が中学校に着く時刻は，8 時 8 分＋12 分＝8 時 20 分である。兄は，弟が中学校に着く時刻の 10 分前に歩く速さを変えればよいから，求める時刻は，8 時 10 分

④ 正方形の各辺の真ん中の点をとって線で結んだため，図形の対称性を考えると，斜線部は正八角形とわかる。このため，右の図アのように作図すると，色をつけた図形に 8 等分することができる。図アで色をつけた部分の面積を調べるため，一部を取り出して図イのように作図する。

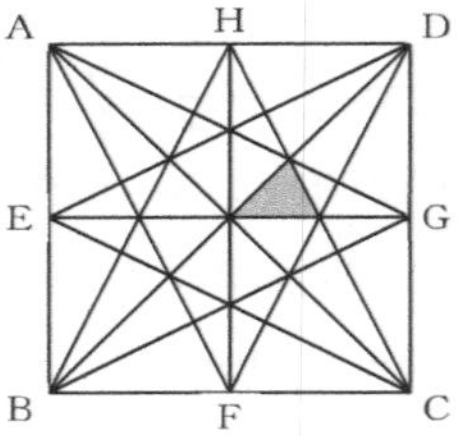

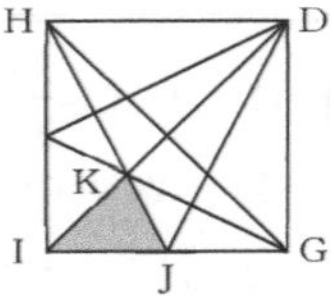

J は長方形 HFCD の対角線の交わる点だから，HC，DF の真ん中の点であるため，$IJ=GJ=HD\div2=(4\div2)\div2=1$（cm）となる。同じ形の三角形 HKD と三角形 JKI の対応する辺の長さの比が $HD:JI=2:1$ だから，$HK:JK=2:1$ となる。高さが等しい三角形の面積比は底辺の長さの比に等しいから，三角形 JKI と三角形 HIJ の面積比は，$JK:JH=1:\overset{1+2}{3}$ となる。

三角形 HIJ の面積は $1\times2\div2=1$（cm²）だから，三角形 JKI の面積は $1\times\dfrac{1}{3}=\dfrac{1}{3}$（cm²）となるため，求める面積は，$\dfrac{1}{3}\times8=2\dfrac{2}{3}$（cm²）

⑤ (1) 初めにつくった直方体において，立方体が直方体の縦，横，高さにそって何個ずつ並ぶかを調べる。色がぬられていない立方体ができたことから，縦，横，高さにそって並ぶ立方体の個数は，いずれも 3 個以上とわかる（色がぬられていない立方体ができるのは $2\times2\times2$ の立方体より大きい立方体をつくったときであるため）。したがって，80 を 3 以上の 3 つの整数の積で表すと，$80=4\times4\times5$ の 1 通りでしか表せないから，初めにつくった直方体は，右の図のような直方体とわかる。

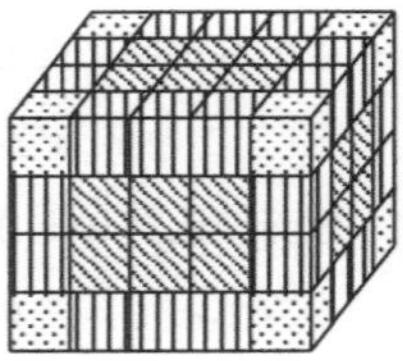

右の図において，直方体の頂点の位置にある水玉模様の立方体は，3 面がぬられる。

直方体の辺上で水玉模様の立方体にはさまれた縦縞の立方体は，2 面がぬられる。

直方体の面上で縦縞の立方体に囲まれた斜線の立方体は，1 面がぬられる。

斜線の立方体に囲まれて直方体の内部にある立方体が，色がぬられていない立方体となるから，右の図の 80 個のうち，色がぬられていない立方体の個数は，$2\times3\times2=12$（個）となる。これと同じ直方体がもう 1 個つくられたから，色がぬられていない立方体の個数は全部で，$12\times2=24$（個）

(2) (1)で求めた 24 個は，2 面がぬられたか，3 面がぬられたから，1 面がぬられた立方体の個数は(1)のときと変わっていない。(1)の解説の図の 1 面がぬられた立方体の個数は，$4\times2+6\times4=32$（個）となるから，1 面がぬられた立方体の個数は全部で，$32\times2=64$（個）である。また，色がぬられていなかった 24 個でつくった直方体にお

いて，頂点の位置にある８個は３面がぬられるから，３面がぬられた立方体の個数は全部で，８＋８＋８＝２４（個）となる。よって，２面がぬられた立方体の個数は，１６０－６４－２４＝７２（個）

6 (1) ＢＥ：ＥＧ＝１：２＝２：４だから，ＢＥ：ＥＧ：ＧＣ＝２：４：３とわかる。
右のように作図でき，四角形ＤＥＧＨは１辺の長さが④の正方形である。また，三

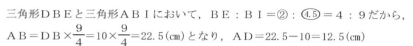

角形ＡＢＣは二等辺三角形だから，点ＩはＢＣの真ん中の点となるため，
ＢＩ＝ＣＩ＝（②＋④＋③）÷２＝④.５となる。三角形ＤＢＥ，ＡＢＩ，ＡＣＩ，
ＦＣＧはすべて同じ形の三角形である。

三角形ＤＢＥと三角形ＡＢＩにおいて，ＢＥ：ＢＩ＝②：④.５＝４：９だから，
ＡＢ＝ＤＢ×$\frac{9}{4}$＝１０×$\frac{9}{4}$＝２２.５（cm）となり，ＡＤ＝２２.５－１０＝１２.５（cm）

三角形ＦＣＧと三角形ＡＣＩにおいて，ＣＧ：ＣＩ＝③：④.５＝２：３だから，
ＦＣ＝ＡＣ×$\frac{2}{3}$＝ＡＢ×$\frac{2}{3}$＝２２.５×$\frac{2}{3}$＝１５（cm）となり，ＡＦ＝２２.５－１５＝７.５（cm）

三角形ＤＢＥと三角形ＦＣＧにおいてＢＥ：ＣＧ＝２：３だから，ＤＥ：ＦＧ＝２：３であるため，ＦＧ＝④×$\frac{3}{2}$＝⑥と表せる。ＦＨ＝⑥－④＝②，ＤＨ＝④だから，三角形ＤＦＨは三角形ＤＢＥと合同とわかるため，ＤＦ＝ＤＢ＝１０cmである。よって，三角形ＡＤＦの周の長さは，１２.５＋７.５＋１０＝３０（cm）

(2) (1)の解説をふまえる。まず，三角形ＡＤＦの面積を求める。そのあと，高さが等しい三角形の面積比は底辺の長さの比と等しいことを利用して，三角形ＡＢＣの面積を求める。

角ＤＦＨ＋角ＣＦＧ＝角ＤＢＥ＋角ＢＤＥ＝９０度だから，三角形ＡＤＦは直角三角形とわかり，その面積は，ＡＦ×ＤＦ÷２＝７.５×１０÷２＝３７.５（c㎡）である。三角形ＡＤＣと三角形ＡＤＦの面積比はＡＣ：ＡＦ＝３：（３－２）＝３：１だから，三角形ＡＤＣの面積は，３７.５×$\frac{3}{1}$＝１１２.５（c㎡）である。三角形ＡＢＣと三角形ＡＤＣの面積比はＡＢ：ＡＤ＝９：（９－４）＝９：５だから，三角形ＡＢＣの面積は，１１２.５×$\frac{9}{5}$＝２０２.５（c㎡）

7 (1) ２人目以降の終わったあとの並び方が少しわかりづらいので，次のように考えるとよい。
①点数ごとにグループをつくり，グループごとに終わった順で前から一列に並ぶ。
②全員のテストが終わったら，０点，１点，２点，３点，４点の順で各グループの列をつなげる。
２９÷２＝１４余り１となるから，Ａ君の位置は前から１５番目である。人数がわかっている０点，１点，３点のグループだけで３＋６＋８＝１７（人）となるから，最後にテストを受けたＡ君が前から１５番目に並ぶには，Ａ君が，１５－３－６＝６（人目）の２点の人となればよい。よって，２点を取ったのは６人となる。

(2) (1)の解説をふまえる。Ａ君がテストを受ける順番が最後ではないから，Ａ君の点数は２点か３点である。
・Ａ君の点数が２点だとすると，２点の人数は，９人以上，２９－１７＝１２（人以下）となる。このうちのどの人数でも，Ａ君が最終的に真ん中に並ぶようにＡ君（または他の人）のテストを受ける順番を変えられるから，２点を取った人数は，９人，１０人，１１人，１２人が考えられる。
・Ａ君の点数が３点だとすると，２点と４点の人数は，どちらも７人以下となる。また，Ａ君が３点で真ん中に並ぶには，２点の人数が５人以下でなければならないから，２点が５人で４点が７人であれば，条件にあう。このため，２点を取った人数は５人が考えられる。

(3) (2)の解説をふまえる。Ａ君が２点の場合，Ａ君の後ろに並ぶ２点の人数は，多くても３＋６＋１２－１５＝６（人）である。一方，Ａ君が３点の場合，Ａ君は１人目の３点の人となるから，Ａ君の後ろに並ぶ３点の人数は，８－１＝７（人）である。以上の人数の中で最も多いのは７人だから，このときの２点の人数は５人である。

数字を並べる長方形を，右の図のようにマス目に分けて考えると解きやすい。また，右の図で色をつけた部分のように，初めの1のマスから，1の真下のマスまでを，うず巻の「1周目」と表現する。また，1周目を終えた次のマスから，その真下のマスまでを2周目と呼び，3周目以降も同様とする。

1	2	3	⋯		

(1) 1周目の最後の数字が40だから，1周目には40マスある。縦と横のマスの合計を求めるために，1周目のマスのうち長方形の頂点の位置にある4つのマスを二重に数えて2で割ると，$(40＋4)÷2＝22$（マス）となる。これが長方形の縦のマスと横のマスの合計である。縦のマスと横のマスの数の積が72になるから，積が72になる2つの数で，和が22である組を探すと，$4×18$が見つかる。したがって，1から72までの数字を，縦に4個，横に18個並べるから，右の図のように2周目の最後に72を並べる。よって，右の図から，72の真下の数字は37となる。

1	2	3	⋯		
40	41	42	⋯		
39	72	71	⋯		
38	37	36	⋯		

(2) 図2と図3がヒントになっており，最後に右に向かって11個並べる場合と，左に向かって11個並べる場合があることに注意する。どちらの場合も，数字を並べた長方形の縦のマスの数と，横のマスの数がわかれば，(あ)の数字がわかる。

・最後に右に向かって11個並べた場合，(あ)の真上にある7個の数字は，1周目から7周目で並べた数字となる。このことから，(あ)の真下にも7周分の7個の数字があるとわかり，数字を並べた長方形の縦のマスの数は，$7＋1＋7＝15$（マス）とわかる。また，最後に並べた11個は，7周目の最後の1個を含むから，長方形の横のマスの数は，$7＋(11－1)＋7＝24$（マス）となる。したがって，この場合の(あ)は，$15×24＝360$

・最後に左に向かって11個並べた場合，(あ)の真上にある7個の数字のうちの1個は，最後の周回の1個目の数字である。このことから，(あ)を並べたのは7周目の最後とわかり，それまでに6周を終えているから，数字を並べた長方形の縦のマスの数は$6＋2＋6＝14$（マス），横のマスの数は$6＋11＋6＝23$（マス）となる。したがって，この場合の(あ)は，$14×23＝322$

──────────《解答例》──────────

1 (1)7.5　　(2)8，1332

2 (1)49　　(2)158

3 (1)2.5　　(2)578.5

※4 80

5 (1)6　　(2)2，8

6 (1)189　　(2)88回目の鐘の音を聞いた時刻…午後11時59分　鐘をついた時刻…午前0時31分20秒

7 (1)14　　(2)3　　　(3)1位…B　　2位…C　　3位…D

8 252.5

※の求め方は解説を参照してください。

──────────《解　説》──────────

1 (1)　与式 $= \left(\dfrac{25}{6} - \dfrac{3}{10}\right) \times \dfrac{50}{29} + 4\dfrac{1}{2} - \dfrac{20}{3} \times \dfrac{11}{20}$

$= \left(\dfrac{125}{30} - \dfrac{9}{30}\right) \times \dfrac{50}{29} + 4\dfrac{1}{2} - \dfrac{11}{3} = \dfrac{116}{30} \times \dfrac{50}{29} + 4\dfrac{1}{2} - 3\dfrac{2}{3} = 6\dfrac{2}{3} + 4\dfrac{1}{2} - 3\dfrac{2}{3} = \mathbf{7.5}$

(2)　3つの位それぞれの数は1か2の2通りになるから，3けたの数は全部で $2 \times 2 \times 2 = \mathbf{8}$（個）できる。

つくることができる8個の数において，百の位が1の数は $1 \times 2 \times 2 = 4$（個），百の位が2の数は $8 - 4 =$

4（個）あるから，百の位の数をすべてたすと $1 \times 4 + 2 \times 4 = 12$ となる。十の位，一の位それぞれでも，

すべてたすと12になるから，求める和は，$12 \times 100 + 12 \times 10 + 12 \times 1 = 12 \times 111 = \mathbf{1332}$

2 (1)　右のように作図できる。図形を a 倍に拡大（または縮小）すると，

面積は（a × a）倍になることを利用する。

正三角形DEFと正三角形CEFは合同だから，CF：CA＝4：7，

FA：CA＝（7－4）：7＝3：7

正三角形ABCの面積を1とすると，CF：CA＝4：7より，

（正三角形CEFの面積）＝（正三角形ABCの面積）$\times \dfrac{4}{7} \times \dfrac{4}{7} = \dfrac{16}{49}$

FA：CA＝3：7より，（正三角形AGFの面積）＝（正三角形ABCの面積）$\times \dfrac{3}{7} \times \dfrac{3}{7} = \dfrac{9}{49}$

正三角形HBEは正三角形AGFと合同だから，その面積は $\dfrac{9}{49}$ である。したがって，四角形GHEFの面積

は $1 - \dfrac{16}{49} - \dfrac{9}{49} \times 2 = \dfrac{15}{49}$ であり，これが15cm²にあたる。よって，正三角形ABCの面積は，$15 \div \dfrac{15}{49} = \mathbf{49}$（cm²）

(2)　右のように作図する。

折ったときに3つの角が重なるから，$c = 180 \div 3 = 60$（度）

折る前の三角形の内角の和より，$a + b = 180 - 82 = 98$（度）

三角形の1つの外角は，これととなりあわない2つの内角の和に等しい

から，角IQS＝角PHQ＋角HPQ＝a＋60（度）

あ＝角IQS＋角QIS＝a＋60＋b＝98＋60＝**158**（度）

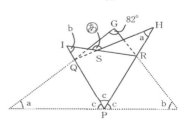

(8)

$\boxed{3}$ (1) この立体は右図のような立体である。あと①と①はすべて柱体だから，底面積の

比と高さの比をかけあわせると体積の比となることを利用する。

あ，①，⑤の底面積はそれぞれ，$10 \times 10 \div 2 = 50(\text{cm}^2)$，$20 \times 10 = 200(\text{cm}^2)$，

$10 \times 10 \times 3.14 \times \dfrac{1}{4} = 78.5(\text{cm}^2)$だから，底面積の比は，

あ：①：⑤$= 50 : 200 : 78.5 = 100 : 400 : 157$

高さの比は，あ：①：⑤$= 1 : 3 : 4$

したがって，体積の比は，あ：①：⑤$= (100 \times 1) : (400 \times 3) : (157 \times 4) = 25 : 300 : 157$

よって，あの体積は$2410 \times \dfrac{25}{25 + 300 + 157} = 125(\text{cm}^3)$だから，あの高さは，$125 \div 50 = \mathbf{2.5(\text{cm})}$

(2) 一定の割合で水を入れるとき，水が入る部分の底面積の比は，水面が上がる割合の逆比になることを利

用する。(1)より，①の高さは$2.5 \times 3 = 7.5(\text{cm})$だから，水面の高さは，5分のとき2.5 cm，17分のとき

7.5 cmである。したがって，1分あたりに上がる水面の高さは，0～5分後が$\dfrac{2.5}{5} = \dfrac{1}{2}(\text{cm})$，5～17分後が

$\dfrac{7.5 - 2.5}{17 - 5} = \dfrac{5}{12}(\text{cm})$である。

0～5分後のとき，水が入る部分の底面積は，(水そうの底面積)－(あ，①，⑤の底面積の和)，

5～17分後のとき，水が入る部分の底面積は，(水そうの底面積)－(①，⑤の底面積の和)であり，

これらの底面積の比は，$\dfrac{2}{1} : \dfrac{12}{5} = 5 : 6$である。この比の数の差の$6 - 5 = 1$があの底面積の$50 \text{cm}^2$にあた

るから，(水そうの底面積)－(あ，①，⑤の底面積の和)は$50 \times 5 = 250(\text{cm}^2)$である。

よって，水そうの底面積は，$250 + (50 + 200 + 78.5) = \mathbf{578.5(\text{cm}^2)}$

$\boxed{4}$ 定価の3割引は仕入れ値の$2 \times (1 - 0.3) = 1.4(\text{倍})$だから，すべてを定価の3割引で売ると利益は

$36000 \times (1.4 - 1) = 14400(\text{円})$になる。また，全部を定価で売ると利益は36000円になる。

実際は，全体のうちの30個を定価で売ることで，利益が14400円より$22500 - 14400 = 8100(\text{円})$高くなったの

で，1個を定価で売ることで，利益は14400円より$8100 \div 30 = 270(\text{円})$高くなるとわかる。したがって，定価

で売らなかった個数は$(36000 - 22500) \div 270 = 50(\text{個})$だから，仕入れた個数は，$30 + 50 = \mathbf{80(\text{個})}$

$\boxed{5}$ (1) 数の並びは，7，2，4，8，2，6，2，2，4，8，…となり，2番目の2からは248262の

6つの数の並びがくり返される。2016番目の数は，$(2016 - 1) \div 6 = 335$余り5より，336回目のくり返し

の5つ目の**6**である。

(2) 2番目を奇数にすると，(奇数)×(奇数)の計算がくり返されいつまでも2が出てこないから，2番目は0以

外の偶数である。2番目が0以外の偶数の場合それぞれについて数の並びを調べると，以下のことがわかる

2番目が2の場合((1)の場合)，2番目の2から248262の6つがくり返される。

2番目が4の場合，2番目の4から482622の6つがくり返される。

2番目が6の場合，2番目の6から622482の6つがくり返される。

2番目が8の場合，2番目の8から868842の6つがくり返される。

つまり，2番目以降はすべて6つの数字の周期となる。

100番目の数は，$(100 - 1) \div 6 = 16$余り3より，17回目のくり返しの3つ目の数だから，100番目が2と

なるのは2番目が4の場合と6の場合である。(1)の解説より，2016番目は周期の5つ目の数だから，2番

目が4の場合は**2**，2番目が6の場合は**8**である。

$\boxed{6}$ (1) 30と40の最小公倍数は120だから，2つの鐘は120秒ごとに同時に鳴る。先に鳴り終わるK寺に注目す

ると，K寺の鐘の音は$120 \div 30 = 4(\text{回})$のうち1回がT寺と同時に鳴るから，$108 \div 4 = 27(\text{回})$がT寺と同

時に鳴る。よって，鐘の音は全部で$108 \times 2 - 27 = \mathbf{189(\text{回})}$聞こえる。

(2) 午後11時30分に聞こえる1回のあとは，120秒＝2分ごとに120÷30＋120÷40－1＝6（回）の鐘の音が聞こえる。88回目は，(88－1)÷6＝14余り3より，2×14＝28（分後）のあとの3回目に聞こえる鐘の音である。120秒の周期のうち，1回目は30秒後，2回目は40秒後，3回目は60秒後＝1分後だから，88回目の鐘の音を聞いた時刻は，午後11時30分＋28分＋1分＝**午後11時59分**

A君はT寺までの移動に(400÷60)分＝$6\frac{2}{3}$分＝6分40秒かかるから，A君がT寺を訪れるのは午後11時59分＋6分40秒＝午前0時5分40秒である。それまでにT寺を訪れた人数がわかればA君が鐘をつく時刻がわかる。午後11時20分から午前0時5分40秒までは45分40秒あり，30秒ごとに1人ずつ（1分ごとに2人ずつ）T寺を訪れるから，午後11時20分にT寺を訪れた1人目のあとは，2×45＋1＝91（人）が鐘をつきに来る。したがって，A君は，最初の1人のあとの91＋1＝92（番目）にT寺を訪れた。

よって，A君が鐘をつくのは，午後11時30分の40秒×92＝3680秒＝1時間1分20秒後の**午前0時31分20秒**である。

7 場合分けするとき考えやすいように，点数のつけ方を以下のように読みかえる。

4回のゲームすべてで1位が5点，2位が4点，3位が3点，4位が2点，5位が1点とする。さらにボーナスポイントとして，4回目が1位なら5点，2位なら4点，3位なら3点，4位なら2点，5位なら1点をつける。

(1) 5人の合計得点をすべてあわせると，(5＋4＋3＋2＋1)×3＋(5＋4＋3＋2＋1)×2＝15×5＝75（点）になる。5人の合計得点は連続した整数だから，3位の合計得点は75÷5＝15（点）である。

よって，A君の合計得点は，15－1＝**14（点）**

(2) (1)の解説より，合計得点は1位から5位の人まで順に，17点，16点，15点，14点（A君），13点とわかる。E君は2位，3位，4位，5位に1回ずつなったので，ボーナスポイントをのぞくと合計4＋3＋2＋1＝10（点）となるから，考えられる最低点は10＋1＝11（点），最高点は10＋4＝14（点）である。1位から5位の人の合計得点と比べるとE君は13点で5位になったとわかるから，ボーナスポイントを13－10＝3（点）とったので，4回目は**3位**とわかる。

(3) 4回のゲームを通して4位は4回しかなく，C君とE君が1回ずつ，D君が2回4位になったことから，B君は4位にならなかったことがわかる。また，(2)の解説より，B君，C君，D君の合計得点は15〜17点である。したがって，B君，C君，D君について右表のようにまとめることができる。

	4回の順位	ボーナスポイントをのぞいた得点	考えられる合計得点
B君	1，2，3，5位	13点	16，17点
C君	1，3，4，5位	11点	16点
D君	1，2，4，4位	13点	15，17点

C君の合計得点が16点だから，B君の合計得点は17点，D君の合計得点は15点と決まる。

よって，合計得点が1位の人は**B君**，2位の人は**C君**，3位の人は**D君**である。

8 右のように，2つの正方形のまわりに合同な4つの直角三角形を作図することで，図形全体が長方形の中に収まる。
斜線部の面積は，台形AEHIの面積から，3つの三角形AEC，ADC，DHIの面積を引いた値に等しい。
長方形AFGIは縦8＋15＝23（cm），横8＋6＋15＋8＝37（cm）となるから，AE＝23－6＝17（cm），AD＝37－15＝22（cm），AB＝23－8－6＝9（cm）
よって，求める面積は，

(17＋8)×37÷2－17×6÷2－22×9÷2－15×8÷2＝462.5－51－99－60＝**252.5（cm²）**

―――――――― 《解答例》 ――――――――

1 (1) $2\dfrac{9}{14}$ (2)17

2 (1) 7 (2)19, 34

3 ア. $10\dfrac{2}{3}$ イ. 9

※ 4 A. 108 B. 128 C. 60

5 (1)40 (2)3175

6 (1)22 (2)90

7 (1)1.8 (2)0.8

8 (1)500 (2)21084

※ 4 の求め方は解説を参照してください。

―――――――― 《解　説》 ――――――――

1 (1) 　与式＝$\dfrac{11}{4}\times\dfrac{3}{7}\times\dfrac{8}{3}-\dfrac{1}{2}=\dfrac{22}{7}-\dfrac{1}{2}=\dfrac{37}{14}=2\dfrac{9}{14}$

(2) 　$10\times11\times12＝1320$，$18\times19\times20＝6840$ より，かけた連続する３個の整数の十の位は１であるとわかる。

また，積の一の位の数はかけた数の一の位だけが影響するから，連続する３個の整数をかけて一の位が６になるのは，一の位の積が $1\times2\times3$ と $6\times7\times8$ のときとなる。

$11\times12\times13＝1716$，$16\times17\times18＝4896$ より，千の位が４となるのは 16，17，18 をかけたときである。

2 (1) 　枚数ができるだけ少なくなるようにしきつめると，例えば，右図のようにしきつ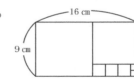
める。この図のように，１辺が９cmの正方形を１枚，１辺が７cmの正方形を１枚，
１辺が２cmの正方形を３枚，１辺が１cmの正方形を２枚の，合計 **7枚**使う。

(2) 　(1)の解説の図で，１辺が９cmの正方形の部分を１辺が７cm，２cm，１cmの正方形でしきつめると考える。
このとき使う正方形の枚数は，合計が $39－1－3－2＝33$（枚）であり，１辺が７cmの正方形は１枚か０枚である。１辺が７cmの正方形の枚数を１枚使うとすると，残りの $9\times9－7\times7＝32$（c㎡）分に１辺が２cm，
１cmの正方形をしきつめる。残りの部分にしきつめる正方形の枚数は $33－1＝32$（枚）であり，この部分は
１辺が１cmの正方形 32 枚でちょうどしきつめることができるため，使った１辺が１cmの正方形の枚数は，
全部で $2＋32＝$ **34（枚）**になる。

また，１辺が７cmの正方形が０枚の場合，１辺が２cmの正方形をしきつめられるだけしきつめると，
$81÷（2\times2）＝20$ あまり１より，20 枚しきつめることができ，面積１c㎡分が残る。残った部分は１辺が１
cmの正方形１枚分であり，正方形の枚数が 33 枚に $33－20－1＝12$（枚）足りないため，１辺が２cmの正方形を
１辺が１cmの正方形に入れかえていく。１辺が２cmの正方形１枚は１辺が１cmの正方形４枚に入れかえるこ

とができるから，1枚入れかえるごとに使った正方形の枚数は4－1＝3（枚）増える。12÷3＝4より，

1辺が2cmの正方形4枚を入れかえれば使った正方形の合計が39枚になるとわかるから，この場合に使った1辺が1cmの正方形の枚数は，全部で2＋1＋4×4＝**19（枚）**になる。

3　正六角形は合同な正三角形6個に分けることができるから，面積が36÷6＝6（cm²）の正三角形を作図して考える。また，高さが等しい三角形が，面積の比が底辺の長さの比に等しくなることを利用する。

ア　右図のように作図すると，正三角形AGDの面積は，6×4＝24（cm²）

三角形PGDと正三角形AGDの面積の比はPG：AG＝5：6に等しいから，三角形PGDの面積は，$24×\frac{5}{6}=20$（cm²）

同様に考えると，三角形PGQの面積は$20×\frac{5}{6}=\frac{50}{3}=16\frac{2}{3}$（cm²）となるから，

求める面積は，$16\frac{2}{3}-6=10\frac{2}{3}$（cm²）

イ　アと同様に考えて，$(24×\frac{5}{6})×\frac{3}{4}-6=$ **9**（cm²）

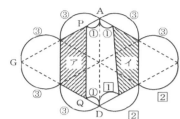

4　Cは全体の$\frac{2}{5}$が水の中に入っており，これが階段1段分の高さにあたる。同様に，Bは全体の$\frac{3}{8}$が，Aは全体の$\frac{2}{3}$が水の中に入っており，それぞれ階段2段分，3段分の高さにあたる。このことから，階段1段分の高さは，Aの長さの$\frac{2}{3}÷3=\frac{2}{9}$，またはBの長さの$\frac{3}{8}÷2=\frac{3}{16}$，またはCの長さの$\frac{2}{5}$と表せる。2と3の最小公倍数は6だから，階段1段分の深さを⑥とおくと，Aの長さは⑥$÷\frac{2}{9}=$㉗，Bの長さは⑥$÷\frac{3}{16}=$㉜，C＝⑥$÷\frac{2}{5}=$⑮となる。3本の棒の長さの和は㉗＋㉜＋⑮＝㊸になり，これが296cmだから，①＝296÷74＝4（cm）である。よって，それぞれの長さは，Aが4×27＝**108（cm）**，Bが4×32＝**128（cm）**，Cが4×15＝**60（cm）**となる。

5　(1)　8時24分から8時42分までの18分間で，2人の間のきょりは1000－280＝720（m）短くなっている。

このことから，720÷18＝40より，2人の速さの差は**分速40m**となる。

(2)　8時42分から2人が出会うまでの時間で，A君は105m，B君は280－105＝175（m）進んだことから，速さの比は105：175＝3：5とわかる。速さの比の数の差の2が分速40mにあたるから，$40×\frac{3}{2}=60$よりA君の速さは分速60m，$40×\frac{5}{2}=100$よりB君の速さは分速100mとなる。B君が出発したのは，2人の間のきょりが1720mになったときだから，A君が出発した(1720－1000)÷60＝12（分後）である。A君が神社に着いた時点でB君は100×(42－12)＝3000（m）移動していたから，求めるきょりは，3000＋175＝**3175（m）**

6　(1)　2年生と3年生のときに同じ組名の学級にいた生徒は，9＋8＋7＋9＋12＝45（人）である。このうち，3年間すべて同じ組名の学級にいた生徒は23人だから，2年生と3年生のときだけ同じ組名の学級にいた生徒は45－23＝**22（人）**とわかる。

(2)　(1)と同様に考えると，1年生と2年生のときだけ同じ組名の学級にいた生徒は(4＋4＋11＋5＋6)－23＝7（人）とわかる。3年間の中で，一度でも同じ組名の学級にいたことがある生徒の人数は23＋7＋22＋58＝110（人）だから，すべて異なる組名の学級にいた生徒は，200－110＝**90（人）**

7　(1)　右のような真横から見た図を作図し，同じ形の三角形に注目する。

同じ形の三角形ABC，ADEの対応する辺（高さ）の長さの比は1：3だから，DEの長さは，（BCの長さ）$×\frac{3}{1}=0.5×3=1.5$（m）とわかる。このことから，板の穴を通った光は，3m進むと1.5mの幅に広がるとわかる。これは柱の横幅(1.2m)より広いから，板の穴を通った光が柱に当たる部分は，縦1.5m，横1.2mの長方形になるとわかり，求める面積は1.5×1.2＝**1.8**（m²）となる。

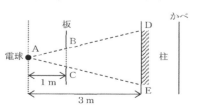

⑵　右のような真上から見た図を作図する。右図で色をつけた部分は，
柱のかげになる部分であることに注意する。

⑴と同様に考えれば，ＦＧの長さは$0.5 \times \frac{4}{1} = 2$（m）とわかる。

三角形ＡＨＩと三角形ＩＪＫは同じ形の三角形となり，対応する辺
の長さの比はＡＨ：ＩＪ＝３：１より，ＪＫの長さは，
（ＨＩの長さ）$\times \frac{1}{3} = 0.6 \times \frac{1}{3} = 0.2$（m）とわかる。

ＦＫの長さは$(2 - 1.2) \div 2 - 0.2 = 0.2$（m）だから，板の穴を通った光がかべに当たる部分は，縦が２m，
横が0.2mの長方形２つになる。よって，求める面積は，$(2 \times 0.2) \times 2 = \mathbf{0.8}$（㎡）

⑧　半径が20㎝のロボットそうじ機の中心が動ける範囲は，右上図の
色をつけた部分(部屋の縦，横の辺からそれぞれ半径の分だけ離れ
た部分)になる。この部分は，縦が$160 - 20 \times 2 = 120$（㎝），横が
$380 - 20 \times 2 = 340$（㎝）の長方形である。

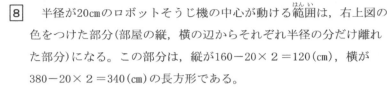

また，図６から，ロボットそうじ機は，右下図のように直角をはさ
む辺の長さの比が３：４の直角三角形をつくりながら移動するとわ
かる（◎は，◎の角との和が90度になる角度である）。

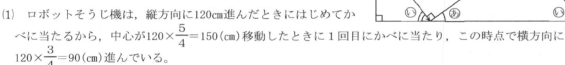

⑴　ロボットそうじ機は，縦方向に120㎝進んだときにはじめてか
べに当たるから，中心が$120 \times \frac{5}{4} = 150$（㎝）移動したときに１回目にかべに当たり，この時点で横方向に
$120 \times \frac{3}{4} = 90$（㎝）進んでいる。

２回目にかべに当たるまでに中心が移動したきょりは$150 \times \frac{4}{3} = 200$（㎝）であり，このとき当たるのは，動き
始めたところから横に$150 \times \frac{5}{3} = 250$（㎝）のところである。

３回目にかべに当たるまでに中心が移動したきょりは$200 \times \frac{3}{4} = 150$（㎝）であり，このとき当たるのは，１回
目にあたったところから横に$200 \times \frac{5}{4} = 250$（㎝）のところである。

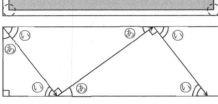

$90 + 250 = 340$（㎝）より，３回目に当たったときにロボットそうじ
機は停止する(右図参照)とわかるから，求めるきょりは，
$150 + 200 + 150 = \mathbf{500}$（㎝）

⑵　右図の色をつけた部分の面積を求める。

この図のようにＡ〜Ｅに分けると，

Ａは半径が20㎝の半円，Ｂは半径が20㎝で中心角が
90度のおうぎ形だから，これらの面積の和は，半径が
20㎝の円の面積の$(180 \times 2 + 90 \times 2) \div 360 = 1.5$（倍）
に等しく，$(20 \times 20 \times 3.14) \times 1.5 = 1884$（㎠）

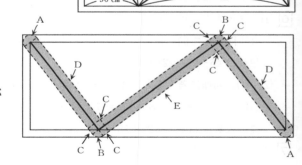

Ｃは１辺が20㎝の正方形だから，その面積の和は，
$(20 \times 20) \times 6 = 2400$（㎠）

Ｄは縦が40㎝で横が$150 - 20 = 130$（㎝）の長方形，Ｅは縦が40㎝で横が$200 - 20 \times 2 = 160$（㎝）の長方形だから，
これらの面積の和は，縦が40㎝で横が$130 \times 2 + 160 = 420$（㎝）の長方形の面積に等しく，$40 \times 420 = 16800$（㎠）

よって，求める面積は，$1884 + 2400 + 16800 = \mathbf{21084}$（㎠）

―――――――――――― 《解答例》 ――――――――――――

1 (1)$\frac{47}{10}$　(2)$\frac{1}{2}$, $\frac{3}{5}$　(3)28

2 (1)20：27　(2)79：40

3 (1)8.4　※(2)4.4

4 (1)6　(2)4 , 21

5 (1)女，女，男，女，男，男　(2)17

6 36

7 (1)10　(2)52

※**3**(2)の求め方は解説を参照してください。

―――――――――――― 《解　説》 ――――――――――――

1 (1)　与式$=\frac{7}{2}-(\frac{12}{5}-\frac{3}{8})\times\frac{4}{9}+\frac{77}{50}\times\frac{15}{11}=\frac{7}{2}-\frac{81}{40}\times\frac{4}{9}+\frac{21}{10}=\frac{7}{2}-\frac{9}{10}+\frac{21}{10}=\frac{47}{10}$

(2)　$\frac{3}{7}=0.428\cdots$，$\frac{4}{7}=0.571\cdots$，$\frac{5}{8}=0.625$

　これら3つ以外の並べる分数で，$\frac{3}{7}$以上の分数を調べると，

　$\frac{1}{2}$, $\frac{2}{3}$, $\frac{3}{4}$, $\frac{3}{5}$, $\frac{4}{5}$, $\frac{5}{6}$, $\frac{5}{7}$, $\frac{6}{7}$, $\frac{7}{8}$である。

　このうち，㋐にあてはまる分数は$0.5=\frac{1}{2}$, ㋑にあてはまる分数は$0.6=\frac{3}{5}$である。

(3)　折り返した角度が等しいことを利用し，右図の五角形ＡＢＣＤＥの内角の

　和に注目する。

　角㋑は180－12＝168(度)であり，五角形の内角の和は180×(5－2)＝

　540(度)だから，角㋒は540－80－70－168－70＝152(度)である。

　よって，求める角㋐は，180－152＝**28**(度)

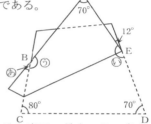

2 三角形ＢＣＧの面積を①として，高さが等しい三角形や平行四辺形の面積の比を底辺の長さの比で考える。

(1)　三角形ＢＦＧと三角形ＢＣＧの面積の比はＦＧ：ＣＧ＝10：2＝5：1となるから，三角形ＢＦＧの面

　積は①×$\frac{5}{1}$＝⑤となる。

　平行四辺形ＢＥＦＧの面積は三角形ＢＦＧの面積の2倍だから，平行四辺形ＢＥＦＧの面積は⑤×2＝⑩

　となり，四角形ＢＥＦＣの面積は⑩－①＝⑨となる。

　平行四辺形ＡＢＣＤと平行四辺形ＢＥＦＧの面積の比は2：3だから，平行四辺形ＡＢＣＤの面積は

　⑩×$\frac{2}{3}$＝$\frac{⑳}{3}$となる。

　以上より，平行四辺形ＡＢＣＤと四角形ＢＥＦＣの面積の比は，$\frac{⑳}{3}$：⑨＝**20：27**

(2)　三角形ＡＣＤの面積は平行四辺形ＡＢＣＤの半分だから，三角形ＡＣＤの面積は$\frac{⑳}{3}\times\frac{1}{2}=\frac{⑩}{3}$となる。

　三角形ＡＣＤと三角形ＨＣＤの面積の比はＡＤ：ＨＤ＝7：4となるから，三角形ＨＣＤの面積は

　$\frac{⑩}{3}\times\frac{4}{7}=\frac{㊵}{21}$となる。

　したがって，四角形ＡＢＧＨの面積は$\frac{⑳}{3}-①-\frac{㊵}{21}=\frac{79}{21}$となるから，四角形ＡＢＧＨと三角形ＨＣＤの

　面積の比は，$\frac{79}{21}$：$\frac{㊵}{21}$＝**79：40**

3 (1)　A君とB君が同じ距離(きょり)を走るのにかかる時間の比は $15:21=5:7$ より，同じ時間に走る距離の比はこの逆比に等しく $\frac{1}{5}:\frac{1}{7}=7:5$ である。B君が木Tの6m手前から木Tに着くまでの時間で，A君は木Tと木Uの間を走ったから，このときA君の走った距離が木の間隔にあたり，$6\times\frac{7}{5}=8.4$(m)となる。

(2)　B君が木Sから木Tまで走る時間で，A君はB君より $8.4\times4=33.6$(m)多く走る。A君とB君の走った距離の差が33.6mになるのは，B君が $33.6\times\frac{5}{7-5}=84$(m)走ったときだから，木Sと木Tの間の距離は84mとわかる。したがって，B君は木Sから木Uまでの $84+8.4=92.4$(m)を21秒かけて走ったから，$92.4\div21=4.4$ より，B君の速さは**秒速4.4m**となる。

4 (1)　$99\div14=7$ 余り1より，A君が取ったカードは7の倍数のカードとわかる。B君の取ったカードを x の倍数のカードとすると，x は，1から99までに倍数が14個以上あり，このうち7との公倍数を除いた個数が14個となる数である。このことから，x は7より小さい数とわかる。したがって，$x=6$ の場合を調べると，$99\div6=16$ 余り3より，1から99までに6の倍数は16個あり，このうち7との公倍数は42と84の2個だから，$16-2=14$(個)は条件にあう。x が5以下の数では条件にあわないから，B君の取ったカードは**6の倍数**となる。

(2)　取る順番が変わっても，3人が取るカードの枚数の合計は変わらないから，A君のあとでC君とB君の取ったカードの枚数の合計は $14+14=28$(枚)である。C君の取ったカードの枚数はB君の取ったカードの枚数の3倍だから，C君の取ったカードの枚数は $28\times\frac{3}{1+3}=21$(枚)とわかる。したがって，C君の取ったカードを y の倍数とすれば，y は，1から99までに倍数が21個以上あり，このうち7との公倍数を除いた個数が21個となる数である。

・$y=5$ の場合を調べると，$99\div5=19$ 余り4より，1から99までに5の倍数は19個だから，21個より少ないため条件にあわない。

・$y=4$ の場合を調べると，$99\div4=24$ 余り3より，1から99までに4の倍数は24個あり，7との公倍数は28と56と84の3個だから，$24-3=21$(個)は条件にあう。

y が3以下の数では条件にあわないから，C君の取ったカードは**4の倍数**で，その枚数は**21枚**である。

5 (1)　表から，A君，Bさん，Cさんの3人の座席は右図のようになる。
右図の⑦の部分は，A君とCさんの左後の人数から，女子2人とわかる。
右図の①の部分は，A君とCさんの右後の人数から，男子2人，女子1人とわかり，このうち女子1人はBさんである。よって，A君の横の列の座席の並びは，左から順に**女，女，男，女，男，男**となる。

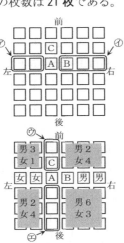

(2)　(1)と同様に考えて，A君の縦の列の座席の，男子と女子の人数を調べる。
右図の⑦の部分は，A君とBさんの左前の人数から，女子2人とわかる。
右図の㊴の部分は，A君とBさんの左後の人数から，男子1人，女子2人とわかる。よって，このクラスの男子は $3+2+3+2+1+6=17$(人)となる。

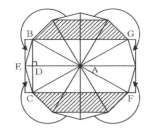

6　右図のように補助線を引き，記号をおく。

三角形ABCは1辺の長さが $12÷2＝6$ (cm) の正三角形となるから，三角形ABDはBD：AB＝1：2の直角三角形となる。

したがって，$BD＝6×\dfrac{1}{2}＝3$ (cm) より，三角形ABEの面積は $6×3÷2＝9$ (cm²) であり，正十二角形は三角形ABEと合同な三角形 12 個に分けられているから，その面積は $9×12＝108$ (cm²) である。

正十二角形のうち斜線部を除いた部分は，この図のように変形しても面積の和は変わらず，その値は縦 6 cm，横 12 cm の長方形の面積に等しい。よって，求める面積は，$108－6×12＝\textbf{36}$ (cm²)

7　できる立体の表面積は，4つの立方体の表面積の和から，それぞれの立方体の見えなくなる部分の面積の合計を引いた値に等しい。

(1)　できる3種類の立体を，右図のように⑦，⑦，⑦とする。

⑦と⑦の見えなくなる部分の面積は等しく，その値は

$5×2＋b×2＝10＋b×2$ (cm²) であり，⑦の見えなくなる部分の面積は

$(5×2)×2＝20$ (cm²) である。BのほうがAより大きい立方体であることから，$b×2$ の値は $5×2＝10$ より大きいため，⑦と⑦の表面積が 108 cm²，⑦の表面積が 112 cm² とわかる。

したがって，これらの表面積の差の $112－108＝4$ (cm²) は，見えなくなる部分の面積の合計の差にあたるから，$(10＋b×2)－20＝4$ より，$b×2＝4＋20－10$　$b＝14÷2＝7$

⑦の表面積は $(5＋7＋c)×6－20＝52＋c×6$ となり，これが 112 cm² だから，$c×6＝112－52$

$c＝60÷6＝\textbf{10}$

(2)　4つの立方体を積み重ねると，立方体どうしが接している箇所（かしょ）は3箇所になるから，Aが2つの立方体と接し，Bが1つの立方体と接するように積み重ねると，見えなくなる部分の面積が最も小さくなり，立体の表面積は最も大きくなる。そのような積み重ね方は下図の場合などが考えられる。

このとき見えなくなる部分の面積の合計は $(1×2)×2＋2×2＝8$ (cm²) だから，

求める値は，$(1＋2＋3＋4)×6－8＝\textbf{52}$ (cm²)

立体を真横から見た図

（矢印で示した場所に見えなくなる部分がある）

━━━━━━━━━━━━ 《解答例》 ━━━━━━━━━━━━

1 (1)$\frac{13}{20}$ 〔別解〕0.65　(2)84　(3)90

2 (1)10，50　(2)148.26

3 (1)5　(2)242

4 (1)10　※(2)107

5 (1)8　(2)$\frac{10}{9}$，$\frac{10}{3}$

6 (1)18　(2)1.2

7 (1)7　(2)460

※**4**(2)の求め方は解説を参照してください。

━━━━━━━━━━━━ 《解　説》 ━━━━━━━━━━━━

1 (1)　与式$=\frac{9}{8}\div\frac{3}{2}+\frac{1}{2}-\frac{6}{7}\times(\frac{15}{10}-\frac{8}{10})=\frac{9}{8}\times\frac{2}{3}+\frac{1}{2}-\frac{6}{7}\times\frac{7}{10}=\frac{3}{4}+\frac{1}{2}-\frac{3}{5}=\frac{15}{20}+\frac{10}{20}-\frac{12}{20}=\frac{13}{20}$

(2)　6セット買ったときの値引き額は，消しゴム0.25×6＝1.5(個)分にあたる。つまり，消しゴム1.5個分の代金とえんぴつ2本分の代金が等しいから，消しゴム1個とえんぴつ1本の定価の比は，代金が等しくなるときの個数の逆比に等しく，$\frac{1}{1.5}:\frac{1}{2}=4:3$

よって，消しゴム1個の定価を4とすると，えんぴつ1本の定価は3と表せる。また，1セットに含まれる消しゴムの代金は4×0.75＝3となるから，1セットの代金は3＋3×3＝12と表せる。

これが252円となるから，消しゴム1個の定価は，$252\times\frac{4}{12}=$**84**(円)

(3)　15の約数は1，3，5，15だから，積が15の倍数となるには，かけ合わせた数の中に3の倍数と5の倍数がそれぞれ1つ以上含まれる。1以上9以下の整数に5の倍数は5だけだから，4つの数のうち1つが5に決まる。また，1以上9以下の整数の中に3の倍数は3，6，9があるが，もし9が含まれるとすると，残りの2つの整数の和が15－5－9＝1となってしまい，条件にあわない。このことから，含まれる3の倍数は3か6となる。

6が含まれるとすると，残りの2つの数の和は15－5－6＝4であり，1以上9以下の異なる2つの整数で和が4になる組み合わせは(1＋3)だから，この4つの整数は5，6，1，3とわかる。

また，3が含まれるとすると，残りの2つの数の和は15－5－3＝7であり，1以上9以下の異なる2つの整数で和が7になる組み合わせのうち3も5も含まない組み合わせは(1＋6)だから，この4つの整数は，上記と同じ5，3，1，6になる。

よって，求める積は，5×6×1×3＝**90**

2 (1)　右図のように円の中心Oを通り，長方形ABCDのたての辺，横の辺にそれぞれ平行な直線を引くと，色をつけた2つの三角形は直角三角形ABCと大きさの異なる同じ形の直角三角形となる。対応する辺の長さの比は等しいから，3辺の長さの比は，短い方から順に，18：24：30＝3：4：5

このことから，円が初めて長方形ABCDにすべて含まれるのは，㋐の直角三角形の一番短い辺の長さが円の半径3cmとなるときであり，このとき円の中心Oは点Aから$3\times\frac{5}{3}=5$(cm)のところにある。

よって，これは点Aを出発した5÷0.5＝**10**(秒後)である。

また，円が最後に長方形ABCDにすべて含まれるのは，㋑の直角三角形の一番短い辺の長さが円の半径3cm

となるときであり，円の中心Oは点Cから5cmのところにある。よって，これは点Cに着く10秒前であり，点C
に着くのは点Aを出発した30÷0.5＝60（秒後）だから，60－10＝**50（秒後）**である。

(2) 右図のように円が通過した部分を分けて考える。

⑦と⑦は，ともに半径3cmの半円である。

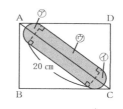

⑦は，たての長さが3×2＝6（cm），横の長さが30－5×2＝20（cm）の長方形
である。

よって，求める面積は，$3×3×3.14×\frac{1}{2}×2＋6×20＝$**148.26（cm²）**

3 (1) 右図のように記号をおく。この立体を真上から見たときに見える面あ・え・
おの面積の和は，机に接している面の面積と等しく43cm²だから，えとおの面
積の和は，43－15＝28（cm²）

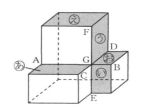

えとおの面積の和は，（ABの長さ）×（GDの長さ）の計算で求められるから，
GDの長さは，28÷7＝4（cm）

CGの長さは7－4＝3（cm）より，あの面積から，AGの長さは，15÷3＝**5（cm）**

(2) 右図のようにいとうの面を合わせた図形を考える。

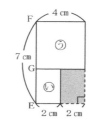

この図形において，色をつけた部分の面積は4×7－22＝6（cm²）だから，EGの
長さは6÷（4－2）＝3（cm）であり，GFの長さは7－3＝4（cm）となる。

このことから，いの面積は3×2＝6（cm²），うの面積は22－6＝16（cm²）とわかる。

この立体を上，下から見たときに見える面の面積は，ともに43cm²

左，右から見たときに見える面は，うと，たて3cm・横7cmの長方形を合わせた図形であり，面積は，ともに
16＋3×7＝37（cm²）

前，後ろから見たときに見える面は，いと，たて7cm・横5cmの長方形を合わせた図形であり，面積は，ともに
6＋7×5＝41（cm²）

よって，求める表面積は，43×2＋37×2＋41×2＝（43＋37＋41）×2＝**242（cm²）**

4 (1) まとめたものを真上から見たときの図で，それぞれの茶筒の底面の円の中心を結ぶと，3個をまとめた方は正
三角形，4個をまとめた方は正方形ができる。これらの1辺の長さは，ともに5×2＝10（cm）である。右図の色
をぬった図形⑦がすべて合同な長方形となることから，

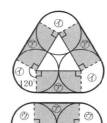

360－60－90×2＝120（度）より，3個をまとめた方のひもの長さは，長さが10cm
の直線3個と，半径が5cmで中心角の大きさが120度のおうぎ形④の弧3つの長さ
の和にあたる。また，360－90－90×2＝90（度）より，4個をまとめた方のひもの
長さは，長さが10cmの直線4個と，半径が5cmで中心角の大きさが90度のおうぎ
形⑦の弧4つの長さの和にあたる。

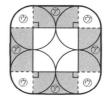

おうぎ形④3つと，おうぎ形⑦4つをそれぞれ合わせると，半径が5cmの円にな
ることから，ひもの長さの差は直線部分の長さの差にあたり，4個をまとめた方が
10×4－10×3＝**10（cm）**だけ長い。

(2) 3－2＝1，4－3＝1より，茶筒をもう1個追加すると，どちらのまとめ方でもすべての茶筒をまとめるこ
とができる。このとき，(1)より，3個ずつまとめたときの方が292.6－10＝282.6（cm）長くなる。

また，この個数は，3と4の公倍数，つまり最小公倍数12の倍数である。この個数を12個ずつに分けて，3個
ずつ，あるいは4個ずつまとめるときのひもの長さの差を考える。

3個ずつまとめたものは12÷3＝4（セット）できるから，使うひもの長さは，長さ10cmの直線3×4＝12（個）と，半径5cmの円4個の周の長さの和に等しい。

4個ずつまとめたものは12÷4＝3（セット）できるから，使うひもの長さは，長さ10cmの直線4×3＝12（個）と，半径5cmの円3個の周の長さに等しい。

以上のことから，12個をまとめるたびに3個ずつまとめた方のひもの長さが，半径5cmの円4－3＝1（個）の周の長さだけ長くなる。

半径5cmの円の円周の長さは5×2×3.14＝31.4(cm)だから，ひもの長さの差が282.6cmとなるのは，12個ずつに282.6÷31.4＝9（回）分けられるときであり，その茶筒の個数は12×9＝108（個）である。

よって，求める個数は，108－1＝**107(個)**

5 (1)　2番目以降の分数において，約分する前の分子はすべて5の倍数であり，20×18＝360より，5から360までである。18÷6＝3より，5から360までの5の倍数の中で，18との公約数を3以外にもたないものが分子の場合，その分数の分母は6となる。18の約数は1，2，3，6，9，18より，5と3の公倍数の個数から，5と6の公倍数，5と9の公倍数，5と18の公倍数の個数をそれぞれ除けばよい。

5と3の公倍数，つまり最小公倍数15の倍数の個数は，360÷15＝24より，24個

5と6の公倍数，つまり最小公倍数30の倍数の個数は，360÷30＝12より，12個

5と9の公倍数，つまり最小公倍数45の倍数の個数は，360÷45＝8より，8個

5と18の公倍数，つまり最小公倍数90の倍数の個数は，360÷90＝4より，4個

6と9の最小公倍数が18だから，15の倍数の個数から，30の倍数の個数と45の倍数の個数を引くと，90の倍数の個数を2回引くことに注意すると，求める個数は，24－12－8＋4＝**8 (個)**

(2)　約分する前の分子が18の約数に10をかけたもののとき，分子が10になる可能性がある。

18の約数は1，2，3，6，9，18より，分子が10のとき，$\frac{10}{18}=\frac{5}{9}$より，条件にあわない。

分子が20のとき，$\frac{20}{18}=\frac{10}{9}$より，条件にあう。分子が30のとき，$\frac{30}{18}=\frac{5}{3}$より，条件にあわない。

分子が60のとき，$\frac{60}{18}=\frac{10}{3}$より，条件にあう。分子が90のとき，$\frac{90}{18}=5$より，条件にあわない。

分子が180のとき，$\frac{180}{18}=10$より，条件にあわない。以上より，分子が10となる分数は，$\frac{10}{9}$と$\frac{10}{3}$となる。

6 (1)　角あの大きさを①とすると，折り返した角の大きさは等しいから，

角ABD＝角EBD＝①であり，角ABC＝角ABD＋角EBD＝②

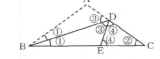

三角形ABCはAB＝ACの二等辺三角形だから，角ACB＝角ABC＝②

三角形の1つの外角の大きさは，これととなり合わない2つの内角の大きさの和に等しいから，三角形DBCにおいて，角ADB＝角DBC＋角DCB＝③　折り返した角度だから，角EDB＝角ADB＝③

三角形DBEにおいて，外角の性質から，角CED＝角DBE＋角BDE＝④

三角形CDEはCD＝CEの二等辺三角形だから，角CDE＝角CED＝④

二等辺三角形CDEの内角の和について，②＋④＋④＝⑩が180度にあたるから，180÷10＝18より，求める角の大きさは，**18度**

(2)　折り返した辺の長さは等しいから，DE＝ADより，三角形CDEの辺のうち，DEとDCの長さの和はACの長さに等しく3cmである。

三角形CDEの長さは5cmだから，残りの辺，つまりECの長さは5－3＝2(cm)となる。

BDで折ったときに重なる辺だから，AB＝BEより，AF＋FB＝BG＋GE

FGで折ったときに重なる辺だから，FB＝FD，BG＝GD　以上のことから，AF＋FD＝GD＋GE

よって，三角形ＤＧＣと三角形ＡＦＤの長さの差は，ＤＣ＋ＥＣの長さの和と，ＡＤの長さの差にあたる。

そして，ＥＣの長さが2cmだから，ＤＣの方がＡＤよりも 2.6－2＝0.6（cm）長いとわかる。

ＤＣとＡＤは，和が3cmで差が0.6cmだから，ＡＤの長さは，（3－0.6）÷2＝1.2（cm）

7 (1) 図2に，右のように補助線を引き，記号をおく。⑦と⑦の部分はともに，1辺が4cmの立方体を，向かい合う2面の対角線を通る平面で半分にした立体だから，容積は等しく，$4 \times 4 \times 4 \times \dfrac{1}{2} = 32$（cm³）

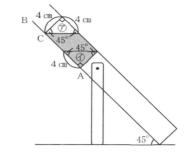

このことから，図2の状態のときに入っている水の量は，

$4 \times 4 \times 9.5 - 32 = 120$（cm³）

同様に，容器が空の状態から音が1回鳴るのに必要な水の量は，

$4 \times 4 \times 12 - 32 = 160$（cm³）

水を入れ始めてから初めの1分間で音がx回鳴ったとする。1分後の状態は，水を入れ始めてからの2分間のちょうど真ん中の状態にあたるから，1分後から2分後の容器に入った水の量は，水を入れ始めてから1分後までに入った水の量に等しい。つまり，音がちょうどx回鳴るのに必要な量と，120cm³の水が入る。1分後から2分後では，容器の中に120cm³の水が入った状態で水を入れるから，音がx回鳴った後，

$160 - 120 = 40$（cm³）の水で$(x+1)$回目の音が鳴る。水を入れ始めてから2分後になると，容器の中に

$120 - 40 = 80$（cm³）の水が入っており，これは上図の⑦の部分の容積よりも多い量だから，水面の位置は，

点Ａから $(80+32) \div (4 \times 4) = 7$（cm）のところとなる。

(2) 水を入れ始めてから初めの1分間に音が鳴った回数をy回として考える。(1)のように，1分後から2分後までの1分間で音が鳴った回数が，初めの1分間で鳴った回数と異なる場合があるため，次のように場合を分けて考える。

①1分後から2分後までの1分間で音が鳴った回数がy回のとき

1分間に入る水は，音がちょうどy回鳴るのに必要な量と，$120 \div 2 = 60$（cm³）である。このことから，2分後から5分後までの3分間に入った水は，音が$(y \times 3)$回鳴るのに必要な量と，$60 \times 3 = 180$（cm³）である。

$(120+180) \div 160 = 1$ 余り 140 より，この3分間で音が鳴った回数は$(y \times 3 + 1)$回と表せるから，

$y = (9-1) \div 3 = 2.66\cdots$

1分間に音が鳴る回数が整数とならないから，これは条件にあわない。

②1分後から2分後までの1分間で音が鳴った回数が$(y+1)$回のとき

1分間に入る水は，音がちょうどy回鳴るのに必要な量と，$(120+160) \div 2 = 140$（cm³）である。

このことから，2分後から5分後までの3分間に入った水は，音が$(y \times 3)$回鳴るのに必要な量と，

$140 \times 3 = 420$（cm³）である。$(120+420) \div 160 = 3$ 余り 60 より，この3分間で音が鳴った回数は$(y \times 3 + 3)$回と表せるから，$y = (9-3) \div 3 = 2$

1分間に音が鳴る回数が整数となるから，これは条件にあう。

よって，1分間に入る水の量は，音が2回鳴るのに必要な量と140cm³だから，$160 \times 2 + 140 = 460$（cm³）

―――――――――《解答例》―――――――――

1	(1)$\frac{7}{12}$　(2)23
2	※ 75
3	(1)1：3　(2)891
4	20

5	(1)156　(2)4.4
6	(1)3：5　(2)23：50
7	(1)次郎／1　(2)D→C→B
8	(1)3100　(2)① $1\frac{1}{4}$〔別解〕$\frac{5}{4}$，1.25　②13，13.25

※の求め方は解説を参照してください。

―――――――――《解　説》―――――――――

1 (1) 与式$=2\frac{3}{4}-\frac{27}{10}\times\frac{5}{9}-\frac{5}{7}\times(\frac{4}{3}-\frac{1}{10})=\frac{11}{4}-\frac{3}{2}-\frac{5}{7}\times\frac{14}{15}=\frac{11}{4}-\frac{3}{2}-\frac{2}{3}=\frac{33}{12}-\frac{18}{12}-\frac{8}{12}=\frac{7}{12}$

(2) 水そうが水でいっぱいになったときの水の量を1とすると，1分あたり，㋐だけ開くと$\frac{1}{72}$，㋐と㋑を両方開くと$\frac{1}{30}$の水が入る。よって，㋑だけ開くと，1分あたり$\frac{1}{30}-\frac{1}{72}=\frac{12}{360}-\frac{5}{360}=\frac{7}{360}$の水が入る。35分間㋑だけ開くと$\frac{7}{360}\times35=\frac{49}{72}$で，1よりも$1-\frac{49}{72}=\frac{23}{72}$少ない。1分を㋑だけから，㋐と㋑を両方開くことにすると，$\frac{1}{30}-\frac{7}{360}=\frac{1}{72}$増える。よって，㋐と㋑を両方開いていたのは$\frac{23}{72}\div\frac{1}{72}=23$(分)だから，**23分後**に㋐を閉じた。

2 今年度の男子の人数を④，女子の人数を⑤とすると昨年度の男子の人数は④÷(1-0.25)=$(\frac{16}{3})$，女子の人数は⑤-5。そして，今年度の全体の人数が④+⑤=⑨で，昨年度の全体の人数は⑨÷(1-0.1)=⑩である。$(\frac{16}{3})$+⑤-5=⑩より，5人は$(\frac{16}{3})$+⑤-⑩=$(\frac{1}{3})$　よって，①=15人　今年度の女子の人数は5×15=**75(人)**

3 (1) (1÷2)：(6÷4)=$\frac{1}{2}$：$\frac{3}{2}$=**1：3**

(2) 図2の1つの底面の面積は，図1の1つの底面の面積の11倍。図2の側面の面積の和は，図1の1つの側面の面積の18倍。図2の2つの底面の面積の和と，図2の側面の面積の和の比は
(1×11×2)：(3×18)=22：54=11：27　図2の2つの底面の面積の和は684×$\frac{11}{11+27}$=198(㎠)より，
1つの底面の面積は198÷2=99(㎠)　図1の1つの底面の面積は99÷11=9(㎠)　9=3×3より，
図1の1つの底面の正方形の1辺の長さは3㎝。図2の側面の面積の和は684-198=486(㎠)
図1の1つの側面の面積は486÷18=27(㎠)
よって，図1，図2の高さはともに27÷3=9(cm)より，図2の立体の体積は99×9=**891(㎤)**

4 7と14の平均は(7+14)÷2=10.5より，並んでいる整数の平均は10.5。
つまり，まん中の数は10と11である。よって，整数は11+9=**20**まで並んでいる。

5 (1) 右の図で，三角形ABCと三角形AEDは，ともに直角二等辺三角形になる。
AD=ED=4+1=5(cm)
台形EBCDの面積は(5+8)×3÷2=19.5(㎠)
㋐の部分にある水の体積は19.5×8=**156(㎤)**

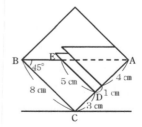

(2)　もし，しきりの高さが十分に高かった場合，かたむけた水そうをもとにもどしたとき，⑤の部分の水面の高さ
は $(8＋5)÷2＝6.5$（cm）になるので，実際には水面の高さ $6.5－6＝0.5$（cm）分が⑥の部分に移る。つまり，
$3×8×0.5＝12$（cm³）分の水が⑥の部分に移る。右の図のHAの延長とGIの
延長の交点をFとしたとき，三角形IAFと三角形GHFは大きさの異なる同
じ形の直角二等辺三角形になる。$AF＝6－4＝2$（cm）より，$AI＝AF＝2$cm
もし，しきりの高さが十分高かった場合，⑥の部分に⑤の部分から移る水をあ
わせると，⑥の部分の水面の高さは $(5＋6)÷2＋12÷(1×8)＝7$（cm）にな
るので，実際には $1×8×(7－6)＝8$（cm³）の水が⑦の部分に移る。したがって，⑦の部分の水面の高さは
$(6＋2)÷2＋8÷(4×5)＝4＋0.4＝$**4.4**（cm）

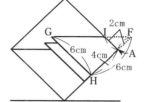

6 (1)　三角形ABDの面積と三角形BCDの面積の比は $2：8＝1：4$
四角形ABEDの面積と三角形BCEの面積は等しくなる。
台形ABCDの面積を $①＋④＝⑤$ とすると，三角形BCEの面積は $⑤×\dfrac{1}{2}＝\left(\dfrac{5}{2}\right)$
三角形BDEの面積は $⑤－①－\left(\dfrac{5}{2}\right)＝\left(\dfrac{3}{2}\right)$　$DE：EC＝\dfrac{3}{2}：\dfrac{5}{2}＝$**3：5**

(2)　右の図のように，折り返したときに，Cがくる位置をC′とする。
C′BとADとの交点をFとする。
$C′D：DE：EC＝(5－3)：3：5＝2：3：5$
三角形C′FDは三角形C′BCを $\dfrac{2}{2＋3＋5}＝\dfrac{1}{5}$ に縮小したものである。
$FD＝8×\dfrac{1}{5}＝\dfrac{8}{5}$（cm）
三角形ABDの面積を $\boxed{2}$ とすると，三角形FBDの面積は $\boxed{\dfrac{8}{5}}$，三角形DBCの面積は $\boxed{8}$ より，
三角形DBEの面積は $\boxed{8}×\dfrac{3}{3＋5}＝\boxed{3}$ より，重なっている部分の面積は，$\boxed{\dfrac{8}{5}}＋\boxed{3}＝\boxed{\dfrac{23}{5}}$
もとの台形の面積は $\boxed{2}＋\boxed{8}＝\boxed{10}$ より，重なっている部分の面積と，もとの台形の面積の比は $\dfrac{23}{5}：10＝$**23：50**

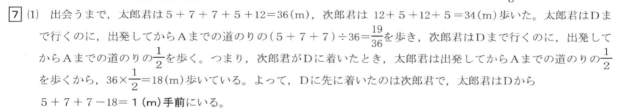

7 (1)　出会うまで，太郎君は $5＋7＋7＋5＋12＝36$（m），次郎君は $12＋5＋12＋5＝34$（m）歩いた。太郎君はDま
で行くのに，出発してからAまでの道のりの $(5＋7＋7)÷36＝\dfrac{19}{36}$ を歩き，次郎君はDまで行くのに，出発して
からAまでの道のりの $\dfrac{1}{2}$ を歩く。つまり，次郎君がDに着いたとき，太郎君は出発してからAまでの道のりの $\dfrac{1}{2}$
を歩くから，$36×\dfrac{1}{2}＝18$（m）歩いている。よって，Dに先に着いたのは次郎君で，太郎君はDから
$5＋7＋7－18＝$**1**（m）**手前**にいる。

(2)　太郎君はA→B→C→D→E→Aと歩いてから，残りの道を歩くので，このように $5＋7＋7＋5＋12＝$
36（m）歩いてAに戻ったあと，A→Fで次郎君と出会う場合と，A→D→B→Fで次郎君と出会う場合が考えら
れる。出会うまでに太郎君と次郎君が歩いた道のりの比は速さの比と同じで $9：5$ になる。A，B，D，Eの各
地点からFまでの距離は，どれも $13÷2＝6.5$（m）である。
太郎君がAに戻ったあと，A→Fで次郎君に出会ったとすると，それまでに歩いた道のりが $36＋6.5＝42.5$（m）
となり，9で割ると $42.5÷9＝4.722…$ となり，9で割り切れない。
よって，太郎君がAに戻ったあと，A→Fで次郎君と出会ったのではない。
太郎君がAに戻ったあと，A→D→B→Fで次郎君に出会ったとすると，それまでに歩いた道のりが
$36＋13＋12＋6.5＝67.5$（m）となり，9で割ると $67.5÷9＝7.5$
次郎君が太郎君とFで出会うまでに歩いた道のりは $7.5×5＝37.5$（m）
$37.5＝12＋5＋7＋7＋6.5$ より，次郎君が通った道順は，**A→E→D→C→B→F**である。

8 (1) $(11.6-2)\div 40=0.24$(時間) $0.24\times 60=14.4$(分) $0.4\times 60=24$(秒)より，2 km地点から 14 分 24 秒かかった。

$(11.6-2)\div 0.5=19.2$ より，道のりによって加えられる料金は $100\times 20=2000$(円)。

14 分 24 秒は $14\times 60+24=864$(秒) 1 分 30 秒は $1\times 60+30=90$(秒)

$864\div 90=9.6$ より，時間によって加えられる料金は $50\times 10=500$(円)

したがって，タクシーの料金は $600+2000+500=$**3100**(円)

(2)① 1 分 30 秒$=1.5$ 分 $1.5\div 60=\dfrac{1}{40}$(時間) よって，$50\times\dfrac{1}{40}=\dfrac{5}{4}=1\dfrac{1}{4}$(km)ごと。

② 2 km走ったあと，料金は $2000+500+250=2750$(円)加えられた。

$1\dfrac{1}{4}\times 2=2.5$(km)ごとに $50\times 2+100\times(2.5\div 0.5)=600$(円)が加えられる。$2750\div 600=4$ 余り 350 より，

$2+2.5\times 4=12$(km)を越えて何kmか走って，その分の 350 円が加えられている。

右の図より，12 kmを越えて 1 kmより長く 1.25 km以下だと 350 円が加えられるので，道のりBは

$12+1=13$(km)より長く，$12+1.25=13.25$(km)以下である。

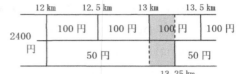

理 科

═══════════════ 《解答例》 ═══════════════

1 問1．(1)イ　(2)土が十分に水をふくんでいる条件。　　問2．水が水蒸気となって植物の体の外へ出ていくときに
まわりから熱をうばうから。　　問3．ウ　　問4．ヨウ素液　　問5．空気，水，適当な温度

問6．花がさき実ができて，養分が実にたくわえられるようになったから。

2 問1．じん臓　　問2．ウ　　問3．①，②　　問4．⑬　　問5．かん臓

問6．栄養や不要なものなどを運ぶ役割。

3 (1)イ，ウ，エ　　(2)ウ，オ　　(3)ア，エ　　(4)ウ，エ，オ　　(5)ウ，オ

(6)ア，オ　　(7)エ　　(8)ア，イ

(9)イ，オ　　(10)オ　　(11)ア，イ，エ

4 (1)c　　(2)ウ　　(3)オ，カ，キ　　(4)い，う

(5)イ，ア，エ　　(6)①ア　②東　③あ　④え　⑤お

5 (1)右図　　(2)エ　　(3)エ　　(4)エ

6 ①右図　説明…空き缶の下の方に穴をあける。

②右図　説明…空き缶の中に酸素を送りこむ。

7 (1)B，200　　(2)1200　　(3)A…600　B…400　　(4)75，2000

8 (1)ク　　(2)32　　(3)80

(4)最初は元気よく動き出し，と中でつかれて休み，つかれが残ったまま帰ってきたから。

(5)同じ種類の動物を複数用意し，同じ条件で実験を行う。

5(1)の図

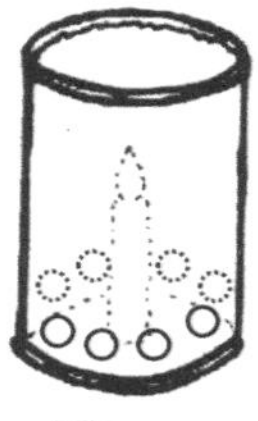

6①の図 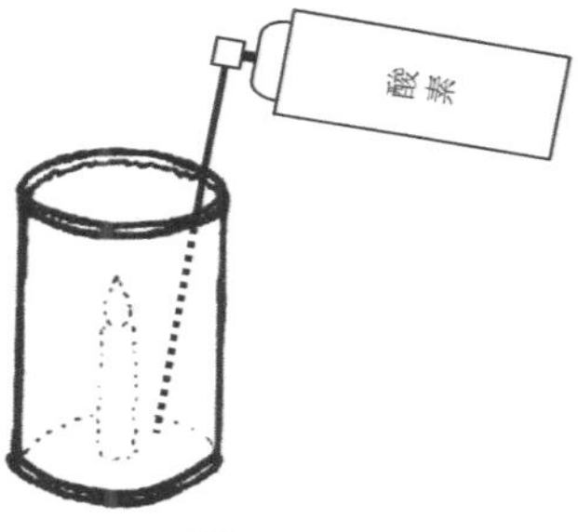　　　　6②の図

═══════════════ 《解　説》 ═══════════════

1 問1　根から吸い上げられた水が茎を通って全体に運ばれるので，根がついているイの方が長く水が出続ける。また，土が十分に水をふくんでいれば，根から吸い上げられる水の量が増えるので，びんにたまる水の量も増える。

問2　根から吸い上げた水が水蒸気となって植物の体の外へ出ていく現象を蒸散という。蒸散は葉の裏に多くある気こうで起こる。

問4　お米にふくまれているものと同じとあるので，この粉はでんぷんだと考えられる。ヨウ素液はでんぷんに反応して青紫（むらさき）色に変化する。

問6　植物は，光を受けると水と二酸化炭素を材料にして，でんぷんと酸素をつくりだす。このはたらきを光合成という。植物は光合成でつくられた養分で成長するが，実ができると光合成でつくられた養分は実にたくわえられるようになるため，イネののび方が小さくなったと考えられる。

2 問1，2　じん臓は体の背中側に2つある臓器で，尿（にょう）をつくるはたらきがある。じん臓でつくられた尿はぼうこうに運ばれ（⑨の矢印），ぼうこうで一時的にたくわえられたあと体の外へ出される。

問3　口・鼻と肺をつなぐ①と②の矢印は呼吸にかかわるものなので，気体の移動を示している。

(24)

問4　食べ物が消化されてできた栄養は，小腸で血液中にとりこまれる。

問5　小腸で血液中にとりこまれた栄養の一部はかん臓でたくわえられる。

3 (2)　夏の大三角は，こと座(ウ)のベガ，わし座(オ)のアルタイル，はくちょう座のデネブからなる。

(3)　イ，ウ，オは(青)白色をしている。なお，赤色の星は温度が低く，(青)白色の星は温度が高い。

(4)　アとイのようにさなぎにならない育ち方を不完全変態，ウ～オのようにさなぎになる育ち方を完全変態という。

(6)　イとウは固体，エは気体である。

(7)　ふりこが1往復する時間は，ふりこの長さによって決まり，ふりこのふれはばやおもりの重さには影響を受けない。ふりこの長さが長くなると，ふりこが1往復する時間が長くなる。

(8)　アにはアンモニア，イには塩化水素が溶けている。どちらもにおいがある気体で，温めると気体が出てくるため，においがする。

(10)　炭酸水には二酸化炭素が溶けているので，石灰水と炭酸水を混ぜると，石灰水に二酸化炭素を通したときと同じように白くにごる。

(11)　気体が溶けているア，イ，エは水を蒸発させると何も残らないが，固体が溶けているウとオは水を蒸発させると溶けていた固体が残る。

4 (1)　南の空では，左から右(東から西)へcの向きに動く。

(2)　図Ⅰ参照。18時ごろに南の空に見える月は，右側が半分光って見える上弦の月である。

(3)　図Ⅰで，18時の地平線の下にあるオ，カ，キは見ることができない。

(4)　(3)と同様に考えて，満月の後から新月までの間は18時ごろに月が見られない。上弦の月から満月までが約1週間，上弦の月から新月までが約3週間なので，1週間後から3週間後の間にある「い」と「う」が正答となる。

(5)　初日に見えた月はウで，その後，イ→ア(→オ→カ→キ)→エと変化し(オ，カ，キは見えない)，約4週間後には初日とほぼ同じ形のウが見える。

(6)①　太陽，地球，月(満月)の順に一直線に並んだとき，月が地球の影に入ると月食が起こる。　②　図Ⅰより，満月は太陽と反対方向にあるので，東の地平線付近に見える。

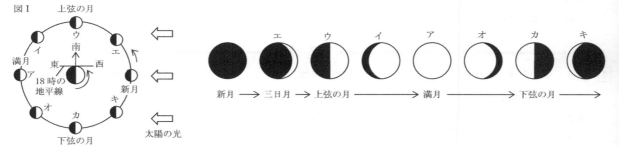

5 (1)～(3)　この星座は北斗七星であり，図Ⅱのようにして北極星の位置を知ることができる。北の空の星は，北極星を中心に1時間で約15度反時計回りに動いて見えるので，6時間後には15×6＝90(度)反時計回りに動いた位置にある。

(4)　ア．北の空に見える星座にはあてはまらない。イ．真東からのぼる星は，春分(秋分)の日の太陽と同じ動き方をするので，真上を通らない。ウ．星座をつくっている星は非常に遠くにあるため，季節によって星ののぼる位置や最高高度は変わらない。

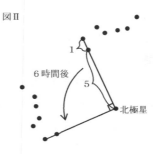

6 ろうそくが燃え続けるには新しい空気(酸素)が必要である。

7 (1) 支点の左右で棒を回転させるはたらき〔おもりの重さ×支点からの距離〕が等しくなれば,棒は水平になる。図1より,棒の重さ1000gはすべて端Aから40cm(真ん中から左に10cm)のところにかかっていると考えることができる。したがって,バネばかりを棒ABの真ん中に取り付けたとき,棒の重さによる棒を反時計回りに回転させるはたらきは1000(g)×10(cm)=10000となるので,端Bに10000÷50(cm)=200(g)のおもりをつるせばよい。

(2) 1000+200=1200(g)

(3) 端Aを支点と考えると,棒の重さによる棒を時計回りに回転させるはたらきは1000(g)×40(cm)=40000となるので,端Bを40000÷100(cm)=400(g)の力で持ち上げればよい。このとき,端AとBに取り付けたバネばかりの目盛の和が棒ABの重さと等しくなるので,端Aに取り付けたバネばかりの目盛は1000−400=600(g)を示す。

(4) (3)で,棒ABの重さがかかるところから端AとBまでの距離の比(40:60=2:3)は,端AとBに取り付けたバネばかりの目盛の比(600:400=3:2)と逆になることが分かる。これと同様に考えて,端CとDに加えた力の比が500:1500=1:3なので,棒CDの重さがかかる点から端CとDまでの距離の比は3:1であり,端Cから$100×\dfrac{3}{3+1}=75$(cm)のところにバネばかりを取り付ければよい。このときのバネばかりの目盛は500+1500=2000(g)を示す。

8 (1) 0秒後から20秒後まで(最初の20秒)はAからの位置が一定の割合で大きくなっていて,20秒後から30秒後まで(次の10秒)はAからの位置が変化していない(止まっている)。さらに,30秒後から70秒後まで(最後の40秒)はAからの位置が一定の割合で小さくなっている。Aからの位置が一定の割合で変化しているのは,一定の速さで進んでいるためである。

(2) (1)より,Aから最も離れたのが16mで,この16mを往復したので,16+16=32(m)が正答となる。

(3) この動物が最も速く動いたのは,最初の20秒で16m動いたときである。したがって,1秒では16÷20=0.8(m)→80cm動いたことになるので,毎秒80cmが正答となる。

───《解答例》───

1 (1)実験A…下図　実験B…下図　(2)標高が高い場所。　(3)[生物名／つくり]　[ハリネズミ／体の背中側全体に針をもつ。][ナナフシ／体が枝そっくりである。]などから1組　(4)リサイクル　(5)新聞紙を古紙回収に出す。／食品トレーを回収ボックスに入れる。などから1つ

2 (1)食物連さ　(2)A．ア　B．エ　C．ウ　D．イ
(3)取り除く生物をえさとする生物がいるから。／取り除く生物に食べられる生物がいるから。

3 300

4 エ

5 (1)ア，ケ　(2)イ，エ　(3)ウ，オ

6 (1)B　(2)A　(3)○　(4)B　(5)B　(6)A　(7)○　(8)×　(9)○　(10)A　(11)×　(12)B

7 (1)136.4　(2)344.8　(3)イ　(4)ミョウバン／65.2

8 (1)アルカリ　(2)酸　(3)たがいの性質を打ち消し合う反応。　(4)レモン汁／酢 などから1つ

9 (1)キ　(2)イ　(3)オ

10 (1)3：5：9　(2)Aをカ，Bをク　(3)(キ，ウ、カ)

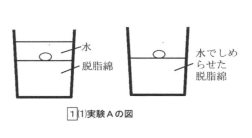

1(1)実験Aの図

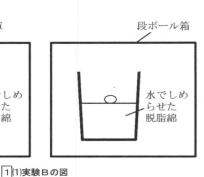

1(1)実験Bの図

───《解　説》───

1 (1)　ある条件について調べるとき，調べたい条件以外は同じ2つの実験で比べる。実験Aでインゲンマメの種子の発芽に空気が必要なことを確かめるときは，空気以外の条件が同じになるようにし，一方は種子を水の中に入れることで，空気がないようにする。また，実験Bでインゲンマメの種子の発芽に温度が必要なことを確かめるときは，一方を冷蔵庫の中に入れて温度を低くする。光の条件を同じにするため，もう一方は段ボール箱の中に入れる。

(2)　赤道付近の地域は平均気温が高いところが多い。したがって，赤道付近で平均気温が15℃～20℃になるのは，標高が高い場所だと考えられる。

2 (2)　Aには大型の肉食動物，Bには小型の肉食動物，Cには草食動物，Dには植物が当てはまる。

(3)　農薬によってある生物が取り除かれると，食物連さのつながりで，その生物を食べる生物やその生物に食べられる生物にも影響が出る。

3 ハチミツを100g作るためには，糖分が$100 \times 0.8 = 80$(g)必要である。花のミツの糖分の濃度は20%だから，花のミツを$80 \div 0.2 = 400$(g)集め，そこから$400 - 100 = 300$(g)の水を減らす必要がある。

5 (1)～(3) それぞれの形の月が東，南，西の空に見える時刻は右表の通りである。

したがって，(1)はア，ケ，(2)はイ，エ，(3)はウ，オとなる。

	東	南	西
満月	夕方6時ごろ	夜12時ごろ	明け方6時ごろ
下弦の月	夜12時ごろ	明け方6時ごろ	
三日月			夕方6時ごろ(真西の手前)

6 (1) A．気温は午後2時ごろに最も高くなり，地面の温度は午後1時ごろに最も高くなる。

(2) B．オナガガモは冬に日本で越冬し，夏には北の国でひなを育てる冬鳥である。

(4) A．アンタレスは南の空の低い位置に，ベガは南の空の高い位置に見られる。

(5) A．メダカのオスの背びれには切れこみがあり，しりびれは平行四辺形に近い形をしている。メダカのメスの背びれには切れこみがなく，しりびれは三角形に近い形をしている。

(6) B．お花・め花の区別がない植物も受粉に風や虫などの助けを必要とする。

(8) A．空気中にふくまれる二酸化炭素は約0.04%である。B．ヒトがはいた息にふくまれる二酸化炭素の割合は約4%，酸素の割合は約15%で，酸素の方が多い。

(10) B．針が左右均等にふれれば，上皿てんびんがつりあっている。

(11) A．発電機の＋極をコンデンサーの＋たんしに，発電機の－極をコンデンサーの－たんしに接続する。B．コンデンサーの＋たんしから－たんしへ電流が流れるので，コンデンサーの＋たんしを発光ダイオードの＋たんしに，コンデンサーの－たんしを発光ダイオードの－たんしにそれぞれ接続する。

(12) A．れき岩，砂岩，でい岩はたい積岩である。火山から噴出された物質が積もって，長い年月の間に固まってできた岩石は凝灰岩である。

7 (1) 表より，50gの水に食塩は18.2gまで溶けることがわかるので，水100gには食塩は$18.2 \times \dfrac{100}{50} = 36.4$(g)溶ける。したがって，$100 + 36.4 = 136.4$(g)となる。

(2) 表より，20℃の水50gにミョウバンは2.9gまで溶けることがわかるので，20gのミョウバンをすべて溶かすには，水は$50 \times \dfrac{20}{2.9} = 344.82\cdots \to 344.8$gとなる。

(3) 表より，60℃の水50gにホウ酸は7.4gまで溶けることがわかるので，60℃の水60gには，$7.4 \times \dfrac{60}{50} = 8.88$(g)まで溶ける。したがって，$10 - 8.88 = 1.12$(g)のホウ酸が溶け残っている。

(4) 表の80℃と20℃の水50gに溶ける物質の重さの差を求めると，食塩が$19.0 - 17.9 = 1.1$(g)，ホウ酸が$11.9 - 2.4 = 9.5$(g)，ミョウバンが$35.5 - 2.9 = 32.6$(g)となる。水100gではこの重さが2倍になるので，最も多くの量が出てくるのはミョウバンであり，その重さは$32.6 \times 2 = 65.2$(g)となる。

8 (1) 塩酸(強い酸性)は赤色，水酸化ナトリウム水溶液(強いアルカリ性)は黄色，食塩水(中性)はむらさき色，石けん水(弱いアルカリ性)は緑色である。実験①で洗剤にムラサキキャベツ液を加えると黄色になったので強いアルカリ性だとわかる。

(2) 実験②で酢にムラサキキャベツ液を加えると赤むらさき色になったので，弱い酸性である。

(3) 酸性の水溶液とアルカリ性の水溶液を混ぜると，互いの性質を打ち消し合う反応(中和)が起こる。

(4) 卵白やベーキングパウダーは水に溶けるとアルカリ性を示す。これらによってむらさきいもに含まれる色素が緑色に変化するので，酸性の水溶液を加えて中和させる。ケーキに加えてもよいもので酸性のレモン汁や酢などが適している。

9 (1) キの回路では，2つの乾電池だけに電流が流れるので，ショートして乾電池が熱くなって危険である。

(2) 豆電球にソケットがついていない場合，2本の導線を電球の下の金属の部分の側面と底につなぐと，豆電球が点灯する。イの右側の豆電球は2本の導線がそれぞれ側面についているので，電流は流れるが豆電球は点灯しない。

(3) 乾電池1個のときと比べて，乾電池を直列つなぎにすると豆電球は明るくなるが，乾電池を並列つなぎにしても豆電球の明るさは変わらない。また，豆電球1個のときと比べて，豆電球を直列つなぎにすると豆電球は暗くなるが，豆電球を並列つなぎにしても豆電球の明るさは変わらない。ア．乾電池1個，豆電球は直列つなぎで2個，イ．乾電池1個，豆電球1個(右側の豆電球は電流は流れるが点灯しない)，ウ．乾電池1個，豆電球は並列つなぎで2個，エ．乾電池は並列つなぎで2個，豆電球は1個，オ．乾電池は直列つなぎで2個，豆電球は1個，カ．乾電池は並列つなぎで2個，豆電球は直列つなぎで2個，キ．点灯しない，ク．乾電池は並列つなぎで2個，豆電球は1個より，オが最も明るい。

10 (1) てこでは棒を左右にかたむけるはたらきを〔ものの重さ×支点からの距離〕で表し，この値が左右で等しくなるときにつりあう。図2より，AとBの重さの比は支点からの距離の逆の比のA：B＝3：5になることがわかり，図3で，Aの重さを3，Bの重さを5，Cの重さを□とすると，□×3＝5×3＋3×4より，□＝9となる。したがって，重さの比はA：B：C＝3：5：9となる。

(2) A，B，Cの重さをそれぞれ3，5，9とする。Aをエにつるすと，てこを左にかたむけるはたらきは3×2＝6となり，BとCをO(支点)より右側のどこにつるしてもつりあわない。Bをエにつるすと，てこを左にかたむけるはたらきは5×2＝10となり，AとCをO(支点)より右側のどこにつるしてもつりあわない。Cをエにつるすと，てこを左にかたむけるはたらきは9×2＝18となり，Aをカ，Bをクにつるすと，てこを右にかたむけるはたらきは3×1＋5×3＝18となってつりあう。

(3) AをOより左側につるすと，てこを左にかたむけるはたらきは最大で3×5＝15となり，BとCをO(支点)より右側のどこにつるしてもつりあわない。BをOより左側につるすと，てこを左にかたむけるはたらきは，アにつるしたとき25，イにつるしたとき20，ウにつるしたとき15，…となる。Aをキ，Cをカにつるすとてこを右にかたむけるはたらきは3×2＋9×1＝15となり，Bをウにつるしたときにつりあう。CをOより左側につるすと，てこを左にかたむけるはたらきはアにつるしたとき45，イにつるしたとき36，ウにつるしたとき27，エにつるしたとき18，オにつるしたとき9となる。Aをつるすことで，てこを右にかたむけるはたらきがカは3，キは6，クは9，ケは12，コは15大きくなり，Bをつるすことでてこを右にかたむけるはたらきがカは5，キは10，クは15，ケは20，コは25大きくなるので，図3の(ケ，ク，ウ)や(2)の(カ，ク，エ)のとき以外につりあうつるし方はない。

═══════════════════ 《解答例》 ═══════════════════

1 (1)B．緑　C．黄　(2)A．エ　B．ウ　C．イ　D．オ　E．ア　(3)オ

2 (1)X．酸素　Y．二酸化炭素　(2)①食道　②小腸　③肺　④心臓　(3)えら

3 (1)落ち葉の多い土壌にしみこんだ水は，豊富な栄養分をふくむから。　(2)ミミズ／ダンゴムシなどから1つ
(3)海に多様な生物が存在するようになるということ。　(4)二酸化炭素を吸収してでんぷんをつくりだすは
たらき。　(5)食物連さ

4 (1)A．水　B．肥料　(2)ア．低い　イ．大きい　(3)タイヤについて外部から新たな生物がしん入するこ
とを防ぐ。　(4)あ．マグマ　い．火山灰　う．溶岩　(5)御嶽山　(6)自然現象…台風　良い面…大量の
雨水により，水資源を確保できる。　悪い面…大雨や強風により，人や建物などに被害をおよぼす。

5 (1)4　(2)地球には大気や水があり，風化作用がはたらくから。　(3)ウ　(4)月は地球より重力が小さく，
水蒸気が地表付近にとどまらないから。

6 (1)イ　(2)イ　(3)ア　(4)ひまわり8号　(5)カラーの画像を見ることができる。

7 ［名前／単位／記号］(1)［メスシリンダー／mL／エ］　(2)［電子てんびん／g／イ］
(3)［気体検知管／％／ウ］　(4)［雨量計／mm／ア］

8 (1)ア　(2)イ，ウ　(3)イ

9 (1)ウ，イ，ア　(2)イ

10 (1)15：10：2　(2)45　(3)260

═══════════════════ 《解　説》 ═══════════════════

1 (1)(2)　実験1～4の結果をまとめると右表のようになる。これらの結果から，Aは水酸化カルシウムを水に溶かした石灰水，Bは食

	A	B	C	D	E
実験1	アルカリ性	酸性か中性	酸性か中性	アルカリ性	アルカリ性
実験2	固体	固体	気体	固体	気体
実験3	白くにごる	×	×	×	×
実験4	×	×	水素	水素	×

塩を水に溶かした食塩水，Cは塩化水素を水に溶かした塩酸，Dは水酸化ナトリウムを水に溶かした水酸化
ナトリウム水溶液，Eはアンモニアを水に溶かしたアンモニア水だとわかる。ＢＴＢ溶液は酸性で黄色，中
性で緑色，アルカリ性で青色に変化するので，Bは緑色，Cは黄色を示す。

(3)　塩酸にも水酸化ナトリウム水溶液にも溶けて水素が発生するのはアルミニウムである。なお，鉄が塩酸に
溶けると水素が発生するが，鉄は水酸化ナトリウム水溶液には溶けない。また，大理石が塩酸に溶けると二
酸化炭素が発生する。

2 (1)(3) 気体が出入りする体の部分は肺である。肺で血液中にとりこまれるXが酸素，血液中から出されるY が二酸化炭素である。魚の体で酸素と二酸化炭素の交かんを行う部分はえらである。

(2) ①②口，食道(①)，胃，小腸(②)，大腸，肛門という食べ物が通る一続きの管を消化管という。

3 (1) 広葉樹の方が落ち葉などによるふ葉土の層が厚くなり，雨水が厚いふ葉土の層を通りぬける間に水がき れいになるとともに養分が溶けこんで，これが海に流れこむと植物プランクトンが増えて海が豊かになる。

(2) ミミズやダンゴムシなどのように，生物のふんや死がいなどを分解する生物を分解者という。

(4) 樹木や植物プランクトンは葉緑体という緑色のつぶをもっており，光を受けると水と二酸化炭素を材料と してでんぷんと酸素をつくりだす。このはたらきを光合成といい，光合成を行う生物を生産者という。

5 (1) 380000÷(1.1×60×60×24)＝3.9…→4日

(3) 月の直径は約3500 km，地球の直径は約13000 kmであり，地球の直径は月の約13000÷3500＝3.7…→4倍 なので，月から見た地球の直径は，地球から見た月の直径の約4倍である。

6 (1) 日本海上にすじ状の雲が広がっているのが冬の雲画像の典型で，この雲は大陸から日本に向かってふく 北西の季節風によってできる。

(2)(3) 大陸からのかわいた風が日本海上で水蒸気を大量にふくみ，日本列島にぶつかると，日本海側に大雪を 降らせる。その後，太平洋側には水蒸気を失ったかわいた風がふきつけるので，晴れが多くなる。

(5) 色がついていることで，雲と黄砂や火山灰などとの違いがはっきり区別できるようになった。

8 (1) イ．ろうそくが燃えるときに，容器内の酸素をすべて使うことはできないので，ろうそくが燃え残った ままで火が消えたあとでも，容器内に酸素は残っている。ウ．図2の容器では，容器の下に穴があいている ので，ここから新しい空気(酸素)が入ってくる。酸素が十分にある状態で木を燃やすと白い灰が残り，酸素 が十分にない状態で木を燃やすと黒い炭が残る。エ．スチールウールが燃えても二酸化炭素は発生しない。 二酸化炭素が発生するのは木や紙などの炭素をふくむ物質(有機物という)を燃やしたときである。

(2) ア．大腸のおもなはたらきは水分を吸収することであるが，水分が吸収される量が最も多いのは小腸であ る。エ．たん汁は肝臓でつくられて，たんのうにたくわえられる。

(3) ア，ウ，エ．ふりこが1往復する時間はふりこの長さによって決まっており，おもりの重さやふれはばを 変えても，ふりこが1往復する時間は変わらない。

9 (1) モーターに流れる電流の大きさを考える。2個の電池を並列につなぐときよりも直列につないだときの 方がモーターに流れる電流が大きくなる。また，単1電池は単3電池より重く，電池の重さが軽い方が速く 走る。したがって，速く走るものから順に並べるとウ，イ，アとなる。

(2) 歯車とタイヤは同じ軸に取り付けられているので，回転数は同じである。歯車が小さいときの方がモータ ーの軸が1回転したときのタイヤの回転数が多くなり，タイヤが大きいときの方がタイヤが1回転したとき に進む距離が長くなる。

10 (1)　ＡとＢの重さをＣと同じ1500ｇにして比べる。Ａは200ｇで10㎝なので，1500ｇでは$10\times\dfrac{1500}{200}=75$（㎝），

Ｂは300ｇで10㎝なので，1500ｇでは$10\times\dfrac{1500}{300}=50$（㎝）である。したがって，

Ａ：Ｂ：Ｃ＝75（㎝）：50（㎝）：10（㎝）＝15：10：2が正答となる。

(2)　3㎏→3000ｇでのそれぞれの棒の長さは，

Ａが$10\times\dfrac{3000}{200}=150$（㎝），Ｂが$10\times\dfrac{3000}{300}=100$（㎝），

Ｃが$10\times\dfrac{3000}{1500}=20$（㎝）であり，それぞれの棒の重さが

かかる点（重心という）は，棒の中央にある（右図参照）。

さらに，ＢとＣを1本の棒としたときの重心（ＢＣ）の

位置を考えると，ＢとＣの重さは等しいので，それぞ

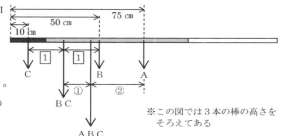

図Ⅰ

※この図では3本の棒の高さを
そろえてある

れの重心のちょうど中央（左端から30㎝）にある。同様にしてＢＣとＡを1本の棒としたときの重心の位置

を考えると，ＢＣとＡの重さの比は2：1なので，重心の間の距離をその逆の比の1：2に分ける位置（左

端から45㎝）にＢＣとＡの重心（ＡＢＣ）はある。この点にひもを取り付けると，全体が水平につり合う。

(3)　420㎝のＡは$200\times\dfrac{420}{10}=8400$（ｇ），350㎝

のＢは$300\times\dfrac{350}{10}=10500$（ｇ），70㎝のＣは

$1500\times\dfrac{70}{10}=10500$（ｇ）である。右図Ⅱを参考に

(2)と同様に考えると，ＢとＣを1本の棒とし

たときの重心の位置は，ＢとＣの重さが等し

いので，左端から$175+(350+35-175)\div2$

＝280（㎝）の位置にある。次に，ＡとＢＣの重

さの比は8400（ｇ）：21000（ｇ）＝2：5なの

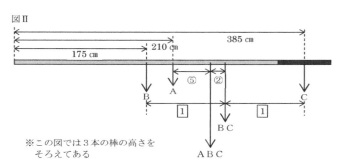

図Ⅱ

※この図では3本の棒の高さを
そろえてある

で，Ａの重心とＢＣの重心の間の距離を5：2に分ける位置に全体の重心がある。ＡとＢＣの重心の間の距

離は280−210＝70（㎝）であり，全体の重心はＡから$70\times\dfrac{5}{5+2}=50$（㎝），左端からは210＋50＝260（㎝）の

位置にある。

《解答例》

1 (1)空気／適当な温度　(2)右図

(3)結果…色が変わらない。　理由…でんぷんが発芽とその後の成長に使われたから。

2 (1)カやハエは病原体を運ぶから。　(2)リサイクル　(3)太陽光／水力／風力／地熱 などから1つ

(4)①プランクトン　②赤潮　③呼吸　④えら　⑤酸素　(5)雨水

(6)X.70　Y.0.8　ア.海水　イ.極地　ウ.高地　エ.根　オ.気こう　カ.水蒸気　キ.蒸散

(7)洗剤を使いすぎない。／油を流さない。などから1つ

3 (1)関節　(2)のばすとき…キ　曲げるとき…イ

(3)体内の器官を守る。／体を支える。／赤血球をつくる。などから1つ

4 (1)エ　(2)イ，ウ，オ　(3)イ，ウ

5 (1)92　(2)ろ過　(3)ガラス棒でかき混ぜる。／ミョウバンを細かくくだく。

6 ア.×　イ.×　ウ.○　エ.×　オ.×

7 (1)西　(2)右上図　(3)右図

8 (1)気温／風向・風速／降水量／積雪深 から2つ

(2)A.降水　B.雷　(3)右下図

9 色…色の三原色である赤，緑，青がそろい，すべての色を表現できるから。

エネルギー…少しの電気エネルギーで点灯する白色電球を作ることができるから。

10 (1)右図　(2)オ，d／カ，b

11 (1)10　(2)右／4　(3)左／6.3

7 (2)の図

7 (3)の図

8 (3)の図

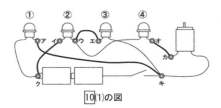

10 (1)の図

《解　説》

1 (2)イネの種子が発芽するための栄養分ははい乳にふくまれている。

2 (2)クリーンエネルギーとは，熱や電気に変えても二酸化炭素などの有害物質を出さないエネルギー源のことである。　(4)魚の口から入った水がえらを通るとき，えらに分布している毛細血管にふれ，そのときに水中の酸素が血液中に取りこまれ，血液中の二酸化炭素が水中に出される。このとき異常に発生したプランクトンがえらにつまると，魚はえら呼吸できなくなってしまう。

3 (1)骨と骨のつなぎ目を関節といい，骨と筋肉をつなぐ部分をけんという。　(3)ろっ骨や頭がい骨は体内の器官を保護し，背骨は体を支えている。また，骨の内部では赤血球が作られる。

4 (2)赤色リトマス紙の色を変えないのは，水溶液が中性または酸性のときである。オは反応後，塩酸があまる なら酸性，アルミニウムがあまるなら中性となり，アルカリ性になることはない。　(3)オ．塩酸に鉄を溶かした 液を蒸発させると黄色い固体が残る。

5 (1)出てくるミョウバンの結晶は(28.7−5.7)×200÷50＝92(g)となる。

6 ア．色がついていても透明であれば水溶液といえる。イ．水溶液の濃さはどこも同じである。エ．水溶液の体積 は，水の体積と溶かしたものの体積の和よりも小さくなる。オ．食塩同様，水に溶ける砂糖の量にも限りがある。

7 (1)図の半月のかたむき方から西にしずみかけている半月だとわかる。よってアの方位が南で，イの方位が西 になる。　(2)月は東からのぼって南の空を通り西へしずむ。　(3)左半分が光った半月（下弦の月）は新月に近づ いていくので，3日間でだんだん欠けていく。また，月は地球のまわりをまわっているため，同じ時刻に地球 から見る月の位置は1日に約12度ずつ東へずれていく。3日後の場合は12×3＝36(度)東へずれる。

8 (1)日本に約1300か所あるアメダスでは，日照時間の他に気温，降水量，風向，風速，積雪の深さを調べてい る。　(3)台風は赤道付近の海上で発生し，北上する。赤道付近では，貿易風という東風によって台風が西に移 動し，日本付近では偏西風という西風によって台風は東に移動する。

9 (1)光の三原色である赤，緑，青の光を混ぜると白い光をつくることができる。青色発光ダイオードの発明に より，すべての色を表現できるようになり，液晶テレビやスマートフォンの画面に使われるようになった。ま た，これまで使われてきた白熱電球は，電気のエネルギーを光に変えるときに熱が発生していたが，発光ダイ オードの電球は熱がほとんど発生しないので，少ない電気のエネルギーで点灯させることができる。

10 (2)それぞれの豆電球に流れていた電流のうち，最小の電流0.18Aは，最も暗くつく④の豆電球のものだとわ かる。よって，モーターに流れている電流も0.18Aだとわかる。0.18A→180mAより，電流計のマイナス端子 はbの500mAを選べばよい。また，電流計は計測したい部分に対して直列につなぐ。

11 (1)板の真ん中の点Oにかかる板の重さを□kgと する。ひもを付ける位置を右にずらしてつり合わ せた状態を真横から見た右図より，75×2＝15× □，□＝10(kg)となる。　(2)図2の板を下図のよ うに4枚の板が合わさったものとして考える。4 枚の板の真ん中にそれぞれの板の重さがかかって

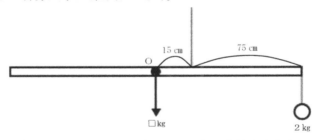

いるので，板を支えている糸にかかる力は板の重さの合計2＋1＋6＝9(kg)である。板の右端を支点とし， この支点から糸までの長さを□cmとして，真横から見た状態を下図のように考える（ただし，板は1本の糸によ って支えられているので，右端の支点が支える力は0kgになることに注意する）。てこのつり合いより，□×9 ＝54×6＋126×1＋162×2，□＝86(cm)となる。よって，Oから右に90−86＝4(cm)ずらせばよい。

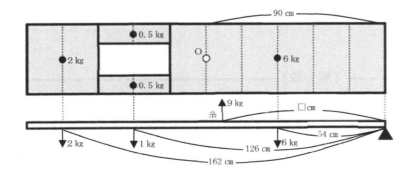

(34)

(3)図3の板を下図のように4枚の板として考える。4枚の板の真ん中にそれぞれの板の重さがかかっており、板を支えている糸にかかる力は板の重さの合計 10 kgである。板の右端を支点とし、この支点から糸までの長さを□cmとして真横から見た状態を下図のように考える。てこのつり合いより、□×10＝54×6＋126×1＋171×3，□＝96.3(cm)となる。よってOから左に 96.3－90＝6.3(cm)ずらせばよい。

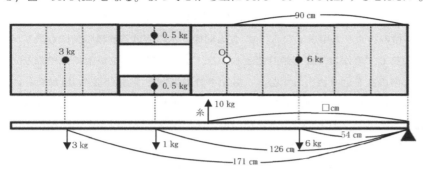

平成 ㉖ 年度　解答例・解説

―――《解答例》―――

1 (1)あ. 花粉　い. 受粉　　(2)ウ，エ　　(3)他の株の花粉で受粉しやすくなるから。

2 (1)X. 肉，犬歯が発達している。　Y. 草，臼歯が発達している。　　(2)ハチュウ　　(3)鳥類…羽毛がある。〔別解〕前足が翼のようになっている。　(い)類…歯がある。〔別解〕翼につめがある。　　(4)その生物のからだの大きさ。　　(5)ダーウィン　　(6)シーラカンス　　(7)多様性　　(8)地球温暖化

3 (1)はく動　　(2)脈はく　　(3)ウ　　(4)ウ，エ　　(5)エ　　(6)ア

4 (1)50　　(2)55

5 (1)C　　(2)F　　(3)ウ

6 (1)イ→ア→ウ　　(2)イ→ア→ウ　　(3)ウ→イ→ア　　(4)イ→ウ→ア

7 (1)①ウ，オ　②ア，エ　③ア，ウ　④イ，オ　⑤オ　　(2)手であおぐようにしてかぐ。
(3)水よう液が飛び散って危険だから。

8 (1)138　　(2)右図　　(3)リチウムイオン電池　　(4)太陽，地球，月の順に一直線にならぶから。　　(5)日食は地球上の限られた範囲でしか観察できないから。

9 (1)電熱線の長さ，水温を測定する時間の間かく　　(2)①太い電熱線　②発熱量　　(3)コンデンサー…電流を短時間しか流せないから。　光電池…電流の強さが変化しやすいから。

10 (1)16　　(2)(E－シ・セ)　　(3)62.5

11 (1)⑤　　(2)③　　(3)②　　(4)④

―――《解　説》―――

1 (2)トウモロコシの花粉は風によって運ばれて受粉が行われる。このような花を風媒花といい、他にイネやムギなどがある。一方、コスモス、リンゴ、ヒマワリなどはこん虫によって花粉が運ばれる虫媒花である。

2 (1)草食動物の臼歯は草をすりつぶすため、肉食動物の犬歯は肉を引きさくために発達している。　　(8)外来種の侵入なども原因と考えられる。

3 (3)肺を通って心臓に送りこまれる血液が流れている血管を肺静脈といい，ウが左の肺を通ってくる左肺静脈である。　(4)～(6)酸素が多い血液を動脈血という。したがって，肺を通った後の血液が流れる血管を選べばよい。エの血管を特に下行大動脈といい，からだの下の方に送り出される動脈血が流れている。ウ(肺静脈)に動脈血が流れていることに注意しよう。また，イは肺動脈，アは大静脈で，どちらにも二酸化炭素が多い血液(静脈血)が流れている。アの大静脈を特に上大静脈といい，からだの上の方から心臓に送りこまれる血液が流れている。

4 空気の体積は，表の左から □ 番目であるかに着目すると求めることができる。例えば，$\boxed{2}$ 番目は $120\text{mL}\times\dfrac{1}{\boxed{2}}=60\text{mL}$，5番目は $120\text{mL}\times\dfrac{1}{\boxed{5}}=24\text{mL}$ となっている。このことから，空気の体積が10mLになるときは $120\text{mL}\times\dfrac{1}{\boxed{}}=10\text{mL}$ が成り立ち，$\boxed{}=12$ だとわかる。おもりの重さは $5\text{kg}\times(\boxed{}-1)$ で求めることができるので，空気の体積を 10mL にするには $5\text{kg}\times(\boxed{12}-1)=55\text{kg}$ のおもりをのせればよい。また，おもりの重さが 5kg ずつふえていることに着目すると，7kg は 5kg よりも 2kg 重いので 5kg よりも $2\text{kg}\div5\text{kg}=\boxed{0.4}$ 大きくなる。5kg が $\boxed{2}$ 番目だから 7kg は $\boxed{2.4}$ 番目であり，空気の体積は $120\text{mL}\times\dfrac{1}{\boxed{2.4}}=50\text{mL}$ となる。

5 (1)川の曲がった部分では，外側の方が流れが速く，しん食作用が強い。　(2)川底との摩擦がないFの部分の流れが最も速い。　(3)このような地形を扇状地といい，川の上流から運ばれてきた比較的大きな粒の土砂がたい積している。このため，水はけがよく水田を作るのに適していない。一方，果樹は水の少ないところに植えた方が実がおいしくなる。

6 (1)温められた水は上に行き，そこに新しい水が流れこんでくる。このため，水の温度が早く上がる順に並べると，(エ→)イ→ア→ウとなる。このような水の温まり方を対流という。　(2)図2では，エの部分を温めると次にその真上のイの部分が温まる。右側の水がすべて温まると，その水が左側に流れこみ，左側の上へ移動してアの部分を温め，最後に下に移動してウの部分を温める。　(3)(4)温めた部分からの鉄板上でのひと続きの距離が短い順に温度が早く上がる。したがって，図3では(エ→)ウ→イ→ア，図4では(エ→)イ→ウ→アの順となる。このような熱の伝わり方を伝導という。

7 (1)それぞれの水よう液について下表を参考にしよう。

	石灰水	炭酸水	うすいアンモニア水	食塩水	濃い塩酸
におい	×	×	○	×	○
溶けているもの	固体(水酸化カルシウム)	気体(二酸化炭素)	気体(アンモニア)	固体(食塩)	気体(塩化水素)
性質	アルカリ性	酸性	アルカリ性	中性	酸性
アルミニウムはく	とけない	とけない	とけない	とけない	とける

8 (1)太陽と月の見かけの大きさがほぼ同じになるのは，太陽と月の直径の比と太陽と月の地球までの距離の比がほぼ同じになるためである。したがって，$0.35\text{万km}\times\dfrac{15000\text{万km}}{38\text{万km}}=138.1\cdots\text{万}\rightarrow138\text{万km}$ が正答となる。

(2)月から地球までの距離が2倍になると，月の見かけの大きさは $\dfrac{1}{2}\times\dfrac{1}{2}=\dfrac{1}{4}$ 倍 になる。　(3)人工衛星は太陽電池による電気を利用しているが，地球の影に入ると発電ができなくなるという問題を解決するために，リチウムイオン電池を搭載している。

9 (2)太い電熱線のほうが電流が流れやすいため，発熱量が多くなる。

10 (1)それぞれ中央に糸を付けて水平に保つためには，それぞれの棒の左右に同じ数のおもりが必要である（右図参照）。 (2)はずしたおもりは，そのおもりが付いていた棒の支点までの間のどこかにつけ，さらにもう１つのおもりを同様の範囲につけなければ水平に保

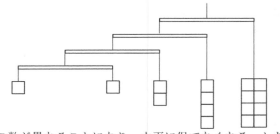

つことができない。それができるのはＤとＥのみであるが，Ｄでそのようにすると１つ上の棒で左右のおもりの数が異なることになり，水平に保てなくなる。したがって，はずすことができるのはＥのおもりのみでり，Ｅから１つはずしてセにつけると棒を時計回りに回転させるはたらきが 200 g ×3.75 cm＝750 小さくなるが，もう１つのおもりをシにつけることで 200 g ×3.75 cm＝750 大きくなり，ふたたび棒を水平にすることができる。

(3)支点からおもりをつるす位置までの距離の比と左右のおもりの数の比が逆になるようにすると水平に保たれる。右図のように考えて，ＦＭ間の水平距離を求めればよい。

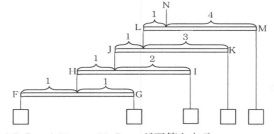

ＦＭ＝ＦＨ＋ＨＪ＋ＪＬ＋ＬＭ が成り立つので，

ＦＨ＝30 cm×$\frac{1}{2}$＝15 cm， ＨＪ＝30 cm×$\frac{1}{3}$＝10 cm，

ＪＬ＝30 cm×$\frac{1}{4}$＝7.5 cm， ＬＭ＝30 cm より， 15 cm＋10 cm＋7.5 cm＋30 cm＝62.5 cm が正答となる。

11 ２つのかん電池は並列よりも直列につないだ方が回路に流れる電流が強くなる(電球が明るく光る)。また，２つの電球は直列よりも並列につないだ方が回路に流れる電流が強くなる。以上のことから，①～⑥で電流の流れ方を考える。①では，２つのかん電池が直列，２つの電球が直列につながる。電球の明るさを $\frac{直列につながれた電池の数}{直列につながれた電球の数}$ で表すことで比較する（並列につながれた場合は１つと考える）。①の明るさはどちらも $\boxed{1}$ である。②では，２つとも電球がつかない。③では，２つのかん電池が並列，２つの電球が直列につながるので，明るさはどちらも $\boxed{\frac{1}{2}}$ である。④では，上の電球には２つのかん電池が直列につながり，下の電球には上のかん電池からのみ電流が流れる。したがって，上の電球の明るさは $\boxed{2}$，下の電球の明るさは $\boxed{1}$ である。⑤では，２つのかん電池が直列，２つの電球が並列につながるので，明るさはどちらも $\boxed{2}$ である。⑥では，２つのかん電池が並列，２つの電球が並列につながるので，明るさはどちらも $\boxed{1}$ である。以上から，(1)は⑤，(2)は③，(3)は②，(4)は④が正答となる。

平成 ㉕ 年度 解答例・解説

《解答例》

1 (1)ア．だ液 イ．胃 ウ．消化液 エ．水分 オ．かん臓 (2)右図

2 (1)ミツバチに花粉を運ばせて，受粉させるため。 (2)a．化石 b．二酸化炭素

(3)c．光合成 d．でんぷん (4)b．石灰水 d．ヨウ素液

(5)石炭〔別解〕天然ガス (6)動物…ナナホシテントウ 使われ方…害虫であるアブラムシを食べさせる。

3 (1)①，④ (2)イ，オ，ケ (3)イ，オ，ケ (4)冬は気温が低く食べ物が少ないため，ショウリョウバッタは活発に活動できないから。

4 (1)ウ，カ (2)ア，エ，オ (3)ウ，エ，オ，カ (4)ア，イ，ウ，オ，カ (5)ウ

5 (1)30 (2)24 (3)28

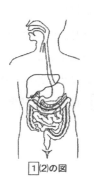

1(2)の図

6 (1)ウ　(2)オ　(3)イ　(4)エ

7 (1)③　(2)糸を引くことでふり子の長さが短くなったから。

　　(3)おもりの最下点と最高点の高さの差は変わらないから。　　(4)②

9 5の図

8 (1)ア．両はし　イ．時間待つ　(2)右　(3)①ウ　②キ　③キ　④イ　(4)小さくなる

9 (1)ウ　(2)キ　(3)ウ　(4)48／おそ　(5)右図

10 (1)マグマが冷えて固まってできた岩石。　　(2)岩石にふくまれるつぶが角ばっているか丸みをおびているかの違い。

　　(3)岩石(ウ)にふくまれるつぶは，流れる水のはたらきで角がけずられて違いができた。

《解　説》

1 (1)口から食道，胃，十二指腸，小腸，大腸，こう門までのひと続きを消化管という。　　(2)肝臓は胃よりも大きく，体重のおよそ$\frac{1}{50}$の重さがある。

2 (1)こん虫によって，花粉が運ばれ受粉が行われる花を虫媒花という。他に，風媒花や水媒花などもある。

　(2)(ｂ)燃やすと二酸化炭素が発生する物質を有機物という。　　(3)葉緑体が光をあび，水と二酸化炭素を材料として使い，酸素とでんぷんをつくるのが光合成である。　　(4)石灰水は二酸化炭素と反応して白くにごり，ヨウ素液はでんぷんと反応して青むらさき色になる。　　(6)アブラムシやカイガラムシなどの害虫に対し，ナナホシテントウを益虫という。

3 (1)カブトムシが成虫のすがたでいるのは夏だけである。①は４月ごろ，④は冬である。　　(2)サクラの若葉がしげり出すのは花が咲き終わった４月ごろである。　　(3)ハクチョウは冬鳥で，日本で冬をすごす。

4 (1)ウは塩化水素，カはアンモニアが水にとけたもので，どちらもにおいのある気体である。　　(2)アは水酸化カルシウム，エは食塩，オは水酸化ナトリウムが水にとけたもので，すべて白い固体である。　　(3)酸性とアルカリ性の水よう液を混ぜ合わせるとおたがいの性質を打ち消しあう中和が起こる。中和によってできる白い固体を塩といい，できた塩が水にとけるかとけないかで，にごらないかにごるかが決まる。アとイでは水にとけない炭酸カルシウムができ，白くにごる。アとウでは水にとける塩化カルシウムができる。イとオでは水にとける炭酸ナトリウムができる。イとカでは水にとける炭酸アンモニウムができる。ウとオでは水にとける塩化ナトリウム(食塩)ができる。ウとカでは水にとける塩化アンモニウムができる。　　(4)ア，オ，カはアルカリ性，イ，ウは酸性，エは中性である。

5 (1)ａ，ｂ，ｃの重さの比は３：６：１である。それぞれをおもりとして考えたとき，真ん中のおもり(ｂ)の重さは，距離と逆の比で左右のおもり(ａ，ｃ)の重さに分けることができる。したがって，ａの重さは
$3+\left[6\times\frac{20(cm)}{40(cm)+20(cm)}\right]=5$，ｃの重さは $1+(6-2)=5$ となる。左右でおもりの重さが等しいので，ひもはＰＱのちょうど真ん中に付ければよい。　　(2)ｂの重さ６はｂの重心(ＡＢのちょうど真ん中)にはたらく。ａの重さ，ｂの重心にはたらく重さ，ｃの重さについて(1)と同様の計算をする。ａの重さは
$3+\left[6\times\frac{30(cm)}{30(cm)+30(cm)}\right]=6$，ｃの重さは $1+3=4$ となるので，ひもを付ける位置はＡから
$60(cm)\times\frac{4}{6+4}=24(cm)$ となる。　　(3)折り曲げられたａの部分(長さ30cm，重さ６)，重なりがないｂの部分(長さ20cm，重さ２)，折り曲げられたｃの部分(長さ10cm，重さ２)の重心について，(1)や(2)と同様の計算をすればよい。下図で，ａｂ：ｂｃ＝25(cm)：15(cm)＝５：３なので，ｂの重さ２のうち $2\times\frac{3}{5+3}=0.75$ がａにかかり，$2-0.75=1.25$ がｃにかかる。したがって，重さの比が ａ：ｃ＝6.75：3.25 となるので，重心はａの重心から
$(15+10+10+5)(cm)\times\frac{3.25}{6.75+3.25}=13(cm)$ となり，Ａからは 15+13=28(cm) となる。

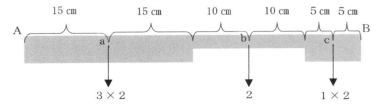

6 (1)ウでは，豆電球や電流計がある道すじと導線だけの道すじに分かれているため，電流はすべて導線だけの道すじへと流れる。 (2)オでは，豆電球の中を電流が通らないため，強い電流が直接電流計に流れてしまう。 (3)かん電池は直列にしたほうが電流が大きく，豆電球は並列にしたほうが電流が大きくなる。

(4) (3)とは逆に，かん電池を並列に，豆電球を直列につないだものを選ぶ。なお，カとクでは豆電球が点灯しない。

7 ふり子の長さが長いほど，おもりが1往復する時間は長くなる。(1)では糸を引くことによってふり子の長さが短くなるので，1往復する時間は短くなり，(4)では砂が落ちていくにつれて重心が下に移動するので，ふり子の長さが長くなっていくことになり，1往復する時間はだんだん長くなっていく。角度については，右図の通り，ふり子の長さが長い方が角度が小さくなることがわかる。

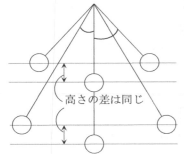
高さの差は同じ

8 (3)空気にふくまれる気体の割合はちっ素がおよそ80％，酸素がおよそ20％である(①)。これに対し，②では息をふきこんだことにより，二酸化炭素の割合が少し増える。したがって，Aがちっ素，Bが酸素，Cが二酸化炭素である。③ロウソクの燃焼により，空気中のすべての酸素が使われるわけではなく，使われない酸素の方が多い。④二酸化炭素は水にとけるので，その体積分風船は小さくなる(4)。すべてとけるわけではないので，とけ残った二酸化炭素のみが検知される。

9 (1)(3)太陽，地球，月の順で一直線にならんだときに，月食が起こる可能性がある。 (2)太陽，月，地球の順で一直線にならんだときに，日食が起こる可能性がある。このときの月は新月である。 (4)月は約1カ月(30日)後の同じ時刻に同じ位置に見えるから，1日で 360(度)÷30(日)＝12(度) 東にずれる。地球は1日(24時間)で約1周(360度)西から東へ回転している(自転という)ので，1時間(60分)で 360÷24＝15(度) である。したがって，地球が12度のずれに追いつくのに 60(分)×$\frac{12(度)}{15(度)}$＝48(分) かかる。 (5)愛知県での1月の日の入りの時刻はおよそ午後5時である。したがって，この月が南の空に見えた時刻はおよそ午後6時であり，午後6時に南の空に見える月は図のオである(地球から見て，右半分が光って見える上弦の月となる)。

10 (1)岩石(イ)や岩石(ウ)をたい積岩というのに対し，マグマが冷えて固まってできた岩石を火成岩という。 (2)(3)岩石(イ)にふくまれるつぶは川を流れてくる間に他の石や川底などにぶつかり，角がとれ丸みをおびる。それに対し，岩石(ウ)にふくまれるつぶは火山が噴火すると，直接海底などに積もるため角ばっている。

平成 ㉔ 年度 解答例・解説

━━━━━━━━ 《解答例》 ━━━━━━━━

1 (1)ア，イ (2)5つの液体は，2つがアルカリ性，1つが酸性，2つが中性である。 (3)ア，オ，キ
(4)2つの液体を蒸発皿に入れて加熱する。白い結晶が残れば食塩水，白い結晶が残って黒くこげれば砂糖水，何も残らなければ水である。

2 (1)12 (2)16

3 (1)4, 6　　(2)4, 9　　(3)右図　　(4)9

4 (1)あ. 血液　い. じん臓　　(2)尿　　(3)ぼうこう　　(4)右図

3(3)の図

5 (1)水は根から吸い上げられるから。　　(2)下図　　(3)下図　　(4)下図

(5)下図　　(6)けんび鏡　　(7)葉　　(8)植物のからだの中の水を，気孔から蒸発させる

はたらき。

6 (1)同じご飯つぶで水とだ液の反応を見るため。　　(2)スライドガラスの位置で，ちょ

うど体温と同じくらいの温度にするため。　　(3)ヨウ素液

(4)スライドガラスA…青むらさき色になる。　　スライドガラスB…ヨウ素液の色から変化しない。

(5)だ液のはたらきで，でんぷんが他の物質に変化すると考えられる。

4(4)の図

7 (1)あ. 洪水　い. ニュージーランド　う. 津波　　(2)火山灰

8 (1)a＝b－c　　(2)11ｇ

9 (1)ウ　　(2)イ　　(3)台風の中心が到達すると予想される範囲は，日がたつにつれて広くなるから。　　(4)下図

10 (1)ア，エ，カ，ケ，サ，セ　　(2)ア　　(3)発光ダイオードより豆電球の方が大きな電流が必要だから。

(4)ウ　　(5)コンデンサーは電気がたまるほど，電流が流れにくくなるから。

(6)豆電球に比べ，発光ダイオードは明かりがついた時の電気の消費量が少

ない。　　(7)コンデンサーにたまった電気をなくすため。

5(2)の図

5(3)の図

5(4)の図

5(5)の図

9(4)の図

────────《解　説》────────

1 (2)実験2で，赤色リトマス紙が青色にならないのは酸性か中性の液体だから，アルカリ性の液体が2つあることが
わかる。また，実験3で，青色リトマス紙が赤色にならないのはアルカリ性か中性の液体だから，酸性の液体が1つ
あることがわかる。したがって，中性の液体も2つあることがわかる。　　(3)酸性の液体が塩酸，炭酸水，アルカリ性
の液体が石灰水，水酸化ナトリウム水よう液，アンモニア水，中性の液体が食塩水，砂糖水，水である。塩酸が入っ
ているとすると，実験1より，アンモニア水は入らず，実験4より水酸化ナトリウム水よう液も入らなくなるので，
アルカリ性の液体が石灰水だけになってしまう。このことから酸性の液体は炭酸水だとわかり，アルカリ性でにおい
のあるアンモニア水とアルミニウムがとける水酸化ナトリウム水よう液も入っていることがわかる。

2 (1)40℃の水100ｇに物質を64ｇまでとかすことができるので，40℃の水50ｇには $64×\dfrac{50}{100}=32$（ｇ）までとかすこ
とができる。したがって，32－20＝12（ｇ）となる。　　(2)20℃の水200ｇに物質は $32×\dfrac{200}{100}=64$（ｇ）とけるので，
80－64＝16（ｇ）がとけきれずに出てくる。

3 (1)夕方に月が出る4月6日である。　　(2)明け方に月がしずむ4月9日である。　　(3)太陽が東の地平線から出て1時
間程度で，月が西の地平線にしずむので，右側が少しだけ欠けた月になる。　　(4)太陽の出が月の出の約6時間後であ
れば，図のような月（下弦の月）になる。最も近いのは10月9日である。

4 (4)じん臓は左右に1つずつある。

(40)

⑤ (2)～(5)ホウセンカのような双子葉類の茎は，水が通る管(道管という)が輪状になっているが，トウモロコシのような単子葉類の茎は道管が全体に散らばっている。

⑥ (4)スライドガラスBでは，だ液のはたらきででんぷんが他の物質(糖)に変わり，Aではでんぷんがそのまま残っている。

⑧ (2)Bに3g，Cに2gのおもりをのせると1g，Bに2gをのせると2g，Bに3gをのせると3g，Bに7g，Cに3gにのせると4g，Bに2gと3gをのせると5g，Bに7g，2g，Cに3gにのせると6g，Bに7gをのせると7g，Bに7g，3g，Cに2gをのせると8g，Bに7g，2gをのせると9g，Bに7g，3gをのせると10g，Bに7gと3gと2gをのせると12gをはかることができるので，11gだけはかることができない。

⑨ (2)暴風域の風速は毎秒25m以上である。1時間＝3600秒だから，風速は毎時 $25×3600＝90000(m)＝90(km)$ となる。 (3)予報円は，台風の中心が到達すると予想される範囲である。 (4)北半球では，台風の中心に向かって反時計回りに風がふきこむ。

⑩ (1)発光ダイオードは一方向の電流のみを通す特性がある。熱が発生せず，小さな電流でも発光するので，身のまわりで広く使われている。また，コンデンサーは電気をたくわえる機能をもつ。コンデンサーが＋極と－極に分かれているので，発電機の＋極とコンデンサーの＋極を，発電機の－極とコンデンサーの－極をつなぐ。

社 会

━━━━━━━━━━━━━━━━ 《解答例》 ━━━━━━━━━━━━━━━━

1 問１．②大阪　④札幌　⑤さいたま　　問２．東京都内に通勤・通学する人が多いから。　　問３．Ⅹ

　問４．①Ⅰ．沖縄県　Ⅱ．千葉県　　②神奈川県／大阪府

2 問１．ア．薪　イ．バイオマス　　問２．Λ　　問３．Ａ．え　Ｂ．あ　　問４．う

　問５．加工して消費者に直接販売したり，商品開発に利用したりする。

3 問１．ニューヨーク　　問２．グリーンランド　　問３．核兵器の廃絶

　問４．①長崎　②石炭　　問５．①猛暑　②熱帯　　問６．え

　問７．消費者が電力会社を自由に選べるようになったこと。

4 問１．Ｂ→Ａ→Ｃ　　問２．①出土した土器の用途。　②地層から時期を調べられる理由。

　問３．矢のささった人骨／頭部のない人骨／集落を囲んだ濠や柵／周りを見渡せる櫓　などから２つ

　問４．Ｄ→Ｆ→Ｅ　　問５．聖徳太子が天皇中心の政治を行った理由。

　問６．⑤水墨画／能／茶の湯／生け花　などから１つ　⑥仏教の力で国家を守ろう

5 問１．Ａ．平安京　Ｂ．藤原道長　Ｃ．三浦　Ｄ．35　Ｅ．黒船　　問２．寝殿造

　問３．外国船を砲撃する政策　　問４．オランダ／ロシア／イギリス

6 ①オランダ　　②ゴッホ　　③人形浄瑠璃　　④国学　　⑤解体新書

7 問１．イ　　問２．言論による運動／実力による運動　　問３．西南戦争

　問４．主権が天皇にあるという特色。　　問５．ウ→イ→ア→エ

　問６．ア．ヨーロッパ　イ．アジア　ウ．輸出　　問７．Ａ．政党　Ｂ．軍部〔別解〕軍人

　問８．選挙権年齢が満18歳以上に引き下げられた。

8 問１．あ．1950　い．警察予備隊　う．サンフランシスコ　え．高度経済成長期　　問２．ドイツ

　問３．日米安全保障

━━━━━━━━━━━━━━━━ 《解　説》 ━━━━━━━━━━━━━━━━

1 **問１**　都道府県庁所在地のうち，人口数が「東京23区」以下「神戸市」以上の都市は多い順に，横浜市，大阪市，名古屋市，札幌市，福岡市である。表より，②は昼夜間人口比率が最も大きいことから大都市である大阪市だとわかる。④は県外からの通勤・通学者数が群を抜いて少ないことから札幌市だとわかる。⑤は人口増減率がプラスであること，昼間より夜間の人口が多いことから，東京のベッドタウンとして社会増加率が高いさいたま市だとわかる。

　問２　①には横浜市があてはまる。昼夜間人口比率が100％に満たないのは，夜間に対して昼間の人口が少ない場合だということを覚えておけば，横浜市とさいたま市では，昼間は隣接する東京都内で働いていたり学んだりして，夜間に家に帰ってきて生活する人々が多くいることを導き出せる。

問3　東京都では鉄道網が発達しているので，鉄道・電車の割合が最も大きいXを選ぶ。Yは滋賀県，Zは沖縄県の交通手段別割合である。

問4①　Ⅰ．「歴史的にも独特な文化」「『三線』を利用した音楽」などから沖縄県である。　Ⅱ．「大河川(利根川)」「日本有数の漁港(銚子漁港)」「テーマパーク・レジャーランド数(東京ディズニーリゾートなど)が全国一」「海水浴場(九十九里浜)」などから，千葉県である。　②　2018年3月現在，国内には21件の世界遺産がある(右表参照)。

地方	世界自然遺産	世界文化遺産（略称）
北海道	知床	
東北	白神山地	平泉 (明治日本の産業革命遺産)
関東	小笠原諸島	日光の社寺 富岡製糸場 国立西洋美術館
中部		白川郷・五箇山の合掌造り集落 富士山 (明治日本の産業革命遺産)
近畿		法隆寺地域の仏教建造物 姫路城 古都京都の文化財 古都奈良の文化財 紀伊山地の霊場と参詣道
中国四国		原爆ドーム 厳島神社 石見銀山
九州	屋久島	琉球王国のグスク 明治日本の産業革命遺産 沖ノ島

2　問1　(イ)のバイオマス発電では，廃棄材を燃やすことで，エネルギーとして再利用している。

問3　A．日本では2010年に超高齢化社会(全人口に対する65歳以上の高齢者の割合が21%を超える社会)へ突入した後，高齢者の割合が年々高くなっている。
B．近年の第1次産業就業者数の割合は4%前後である。

問4　日本が木材を輸入している主な国は，カナダ，アメリカ，ロシアなどである。

問5　解答の中に「加工」や「販売」など，第2・3次産業の内容を入れてまとめよう。6次産業化が果たされると，生産者と消費者との距離が近くなり，消費者が安心して購入できるようになる利点がある。

3　問1　国際連合は，戦争の反省から，世界の平和と安全を守ることを目的に設立された機関である。

問2　「北極圏にある世界最大の島」と【ア】の直後の「氷」を結びつけると，グリーンランドが導き出せる。

問3　ノーベル平和賞をあたえられたICAN(核兵器廃絶国際キャンペーン)は，日本の被爆者とも連携して，核兵器が壊滅的な被害をもたらす兵器であるという認識を世界に広めている。

問4②　軍艦島の正式名称は「端島」である。石炭の採掘がさかんに行われていたが，1960年代に主要なエネルギー源が石炭から石油にかわるエネルギー革命が起こると，1970年代前半にはすべての島民が島を離れ，現在の軍艦島は無人島となっている。

問6　2011年の福島第一原子力発電所の事故の影響を受け，全国の原子力発電所が一時停止した(一部は現在も停止中)。それ以降，不足する電力分を火力発電でまかなうようになったため，火力発電による発電の割合が増えた。

問7　電力小売全面自由化によって，それまで各地域の電力会社が独占して販売していた電気を，消費者が電力会社や料金メニューを自由に選択して買えるようになった。

4　問1　Aは「青森県」から三内丸山遺跡なので縄文時代，Bは「群馬県」「2万年から3万年ぐらい前の石器」から岩宿遺跡なので旧石器時代，Cは「佐賀県」「集落は〜『くに』をつくっていきました」から吉野ケ里遺跡なので弥生時代である。

問2　それぞれの質問前後の先生の言葉から，てがかりになるところを見つけよう。　①は，直後の「食べ物などをたくわえたり，煮炊きするため」が，直前の「(遺跡から見つかった)さまざまなもの」の説明であることを読み取ると，土器の用途に関する質問だと導き出せる。　②は，直後で「古い地層は〜時期が大まかに分かるから」と地層から時期を調べられる理由を説明していることを読み取ろう。

問4　Dは「世界で最も古い木造建築物」「聖徳太子」から法隆寺なので飛鳥時代，Eは「禅宗」「枯山水」「簡単な表現から深い意味を考えさせる」から室町時代，Fは「聖武天皇」「大仏」から東大寺なので奈良時代である。

問5　「冠位十二階」は家柄にとらわれず実力のある人物を登用するため，「遣唐使の派遣」は唐の進んだ制度や文化を取り入れるため，「十七条憲法」を定めたのは，豪族に役人としての心構えを説くためである。これら3つの共

通点を考えると，聖徳太子が天皇を中心とした政治を目指していたことが導き出せる。

問6⑥　聖武天皇の治世の頃，全国的な伝染病の流行やききんが起きて災いが続いたことから，聖武天皇と光明皇后は，仏教の力で国家を守ろうと全国に国分寺や国分尼寺を，都に総国分寺として東大寺を建設した。

⑤　問1　(A)・(B)については，「千年前」「娘を天皇のきさきにして権力をもった」から，平安時代に摂関政治(娘を天皇のきさきとし，生まれた子を次の天皇に立て，自らは天皇の外戚として摂政や関白となって実権をにぎる政治)によって勢力をのばした藤原氏を導き出そう。摂関政治は，藤原道長・頼通親子の頃に最もさかえた。「この世をば わが世とぞ思ふ 望月の 欠けたることも なしと思へば」は栄華を極めた藤原道長が詠んだ歌である。

(D)・(E)については，「浦賀」「異国船」からペリー来航を導き出そう。1853年にペリー率いる黒船が浦賀に来航し，日本に開国を求めた。

問2　平安時代の貴族の住宅に見られる建築様式は寝殿造である。

問3　1837年，幕府は異国船打払令に従い，日本人漂流民をともなって通商を求めてきたアメリカのモリソン号を砲撃した。この幕府の対応を批判した渡辺崋山・高野長英らは，蛮社の獄で厳しく罰せられた。

問4　アメリカ・オランダ・ロシア・イギリス・フランスと結んだ通商条約を，安政の五ヵ国条約と呼ぶ。

⑥　①・②資料Aの浮世絵は，長崎での貿易が許可されていたオランダを通してヨーロッパへと伝わった。浮世絵の技法は，ゴッホをはじめとするヨーロッパの多くの画家に強い影響を与えた(ジャポニズム)。　③資料B中央の人形から，人形浄瑠璃を導き出そう。　④資料Cの『古事記伝』は国学者の本居宣長によって書かれた。　⑤「西洋の医学書を訳した」から『解体新書』を導き出せる。オランダ語で書かれた『ターヘル・アナトミア』を杉田玄白・前野良沢らが訳して，1774年に出版したものである。資料Dは『蘭学事始』の内容である。

⑦　問1　五箇条の御誓文では，外国の文化を取りいれ，世論に従って新しい政治を行うという明治新政府の方針が明らかにされたので，イが誤り。

問2・3　言論によって働きかける自由民権運動の中では，薩摩藩や長州藩出身の人物が政府の要職を占める藩閥政治が批判され，国民全体で国の方針を決める国会の開設などが要求された。1877年に西郷隆盛が実力によって西南戦争を起こし，徴兵令によって編成された軍隊によって鎮圧されると，言論による自由民権運動が本格的に盛り上がるようになった。

問4　大日本帝国憲法は，天皇が国民に与えるという形で出された欽定憲法(君主がきめた憲法)であった。

問5　アは1910年，イはポーツマス条約の内容なので1905年，ウは下関条約の内容なので1895年，エは外務大臣の小村寿太郎がアメリカとの間で関税自主権の完全回復に成功した1911年のできごとである。

問6　ヨーロッパを主戦場とした第一次世界大戦が始まると，日本はヨーロッパに向けて軍需品を輸出し，ヨーロッパの影響力が後退したアジアへは綿織物の輸出を拡大した。これにより，第一次世界大戦が終結する1918年まで日本は好景気(大戦景気)となった。

問7　1932年に海軍の青年将校が犬養毅首相を暗殺し(五・一五事件)，後継の斉藤 実 首相が政党の総裁ではない軍人であったため，政党政治はとだえた。

⑧　問1　(あ)・(え)．第二次世界大戦後，アメリカを中心とする資本主義諸国とソ連を中心とする社会主義諸国の2つの陣営の間で続いた，実際の戦火をまじえない対立を冷戦(冷たい戦争)という。冷戦時にソ連は北朝鮮を，アメリカは韓国を支援したため，韓国と北朝鮮の間で対立が激化し，1950年北朝鮮が韓国に突如侵攻して朝鮮戦争が始まった。冷戦時，アメリカは日本をアメリカ側の国として独立させるためにサンフランシスコ平和条約を結び，非軍事化や民主化よりも，経済の発展を優先させた。その結果，朝鮮で軍事物資の需要が増えたこともあり，戦後荒廃していた日本の経済は復興し，1950年代後半からは高度経済成長と呼ばれる高成長の時代を迎えた。

問2　第二次世界大戦後，ドイツは東西に分裂したが，東ドイツの首都ベルリンの一部は，西ドイツの領土(西ベルリン)とされていた。東ドイツ国民が西ベルリンを通って西ドイツに脱出することが多発したため，労働人口の流出をおそれた東ドイツは1961年に西ベルリンを取り囲む壁(ベルリンの壁)を築き封鎖した。その後1989年にベルリンの壁が崩壊されると，翌年には東西ドイツが統一された。

問3　日米安全保障条約で，日本はアメリカ軍の駐留を認めた。

━━━━━━━━━━━━━━━━━━ 《解答例》 ━━━━━━━━━━━━━━━━━━

1 問1．[作物名／記号]　A．[米／ウ]　B．[小麦／イ]　C．[てんさい／エ]　D．[じゃがいも／ア]
　　問2．C　　　問3．ア，イ　　　問4．地力の低下や病虫害を防ぐため。　　　問5．米を栽培できる北限

2 問1．②　　　問2．長野県…②　沖縄県…⑥　東京都…⑤　　　問3．ウ　　　問4．③

3 問1．1．ア　2．×　3．ウ　4．×　　　問2．①，⑤
　　問3．河川がはんらんしやすく，河川整備が行われた　　　問4．雪どけ水が流れるから。　　　問5．洪水

4 問1．ア．十七条の憲法　イ．紫式部　ウ．万葉集　　　問2．え　　　問3．娘を天皇のきさきとし，生まれた子を
　　次の天皇に立て，その摂政・関白となる方法。　　　問4．橋や用水路の建設　　　問5．【A】1　【B】3

5 問1．北条時宗　　　問2．エ→イ→ア→ウ　　　問3．イ　　　問4．ウ　　　問5．旗本〔別解〕御家人
　　問6．ウ

6 問1．応仁の乱　　　問2．い　　　問3．将軍との主従関係を確認させるため。　　　問4．①エ　②ア　③イ
　　問5．[記号／人名・語句]　[あ／前野良沢] [お／国学]

7 問1．1．プーチン　2．千島　3．下関　4．イギリス　5．社会　6．サンフランシスコ
　　問2．遼東半島を清に返還すること。　　　問3．樺太の南半分　　　問4．資源を獲得するため。　　　問5．ウ
　　問6．ア，ウ　　　問7．イ，ウ

8 問1．ア．中華人民共和国　イ．日中平和友好　　　問2．東シナ海　　　問3．ア．雪舟　イ．②
　　問4．国際連盟に訴えた。　　　問5．パンダ

━━━━━━━━━━━━━━━━━━ 《解　説》 ━━━━━━━━━━━━━━━━━━

1 問3　乳用牛…北海道の飼育頭数が群を抜いて多い。大消費地に近く，比較的冷涼な気候の栃木県が上位である。
　　肉用牛…北海道が1位であり，鹿児島県・宮崎県がそれに続く。乳用牛ほど，全体に占める北海道の割合は高くない。
　　豚…鹿児島県が1位・宮崎県が2位であり，北海道の飼育頭数は乳用牛や肉用牛ほど多くない。
　　にわとり(肉用)…2013年以降は宮崎県が1位であり，鹿児島県・岩手県がそれに続く。
　　にわとり(たまご用)…茨城県・千葉県が多い。
　　問4　同じ耕地に同じ種類の作物を続けて植える連作を行うと，土地の養分のバランスがくずれて作物が病気になり
　　やすくなったり，害虫が多く発生したりして，収穫量が少なくなってしまう。
　　問5　日本では米の品種改良が進められてきたので，寒い地域でも米が栽培できるようになった。

2 問1　Yにあてはまる調味料は「みそ」である。みそは主に長野県で生産されていて，「信州みそ」が特に全国区の
　　知名度をほこる。①は「しょうゆ」，③は「す」，④は「さとう」である。
　　問2　温泉地が多く，65歳以上人口割合が高い①・②は，新潟県・長野県であり，畑面積の大きい②が長野県，小
　　さい①が新潟県と判断する。製造品出荷額の最も多い③が愛知県であり，2番目に多い④が大阪府である。製造品出
　　荷額等・65歳以上人口が最も少ない⑥が沖縄県と判断できるから，⑤が東京都となる。

問3　自然豊かな新潟県や長野県の数値が大きいことから判断する。

問4　①は4つのメディアのなかで最も広告費が大きいのでテレビ，②は近年の広告費の増加が著しいのでインターネット，③はインターネットにおされて広告費が減少している新聞，残った④はラジオとなる。

3　アは信濃川，イは阿賀野川，ウは淀川，エは利根川，オは北上川，カは阿武隈川，キは筑後川である。

問1　2…酒匂川などが富士山を源流としている。利根川は大水上山(新潟県と群馬県の境にある山)を水源とするので注意しよう。　3…琵琶湖の説明として正しい。淀川は滋賀県内では瀬田川，京都府では宇治川と呼ばれている。4…日本の最西端である与那国島は東経122度に位置する。したがって，日本には河口が東経120度より西側にある河川は存在しない。

問2　アの信濃川は新潟県・長野県，オの北上川は岩手県・宮城県を流れる。

問3　筑後川は日本三大暴れ川の一つであり，暴れ川にはほかに利根川・吉野川がある。暴れ川はそれぞれ異名をもち，関東地方を流れる利根川を「坂東太郎」，九州地方を流れる筑後川を「筑紫次郎」，四国地方を流れる吉野川を「四国三郎」と呼ぶ。

問4　北西季節風の影響で冬の間に積もった雪が，春になって暖かくなるととけ出して河川に流れこむ。雪どけ水は米作りや野菜作りなどに用いられる。

問5　都市部は，地面がアスファルトやコンクリートなどで覆われていることが多いので，雨水が地中にしみこまず集中豪雨の際には洪水が起こりやすい。そのため，都市部の地下に地下調節池や放水路をつくっておき，いざという時には調節池や放水路に川の水を流し込んで，河川を流れる水の量を調節している。

4　問1　ア　聖徳太子(厩戸王)の業績として，役人の心構えを示した十七条の憲法の制定・功績や手柄に応じて役人に取り立てた冠位十二階の制定・法隆寺の建立・遣隋使の派遣などがあげられる。

イ　国風文化のころにかな文字を用いてつくられた文学作品として，紫式部の『源氏物語』，清少納言の『枕草子』，紀貫之の『土佐日記』などがあげられる。

問2　防人とは，律令制がとられていたころ，北九州の警備についた兵士のことをいう。当初は手当てや補償もなく民衆にとって重い負担となった。

問3　藤原氏は摂関政治(娘を天皇のきさきとし，生まれた子を次の天皇に立て，自らは天皇の外戚として摂政や関白となって実権をにぎる政治)によって勢力をのばした一族である。藤原道長・頼通親子の頃に最もさかえた。

問4　行基は，民衆とともに橋や用水路などを作り，仏の教えを説いた僧である。一時期迫害されたものの，東大寺の大仏造りに協力し，聖武天皇によって大僧正に任命された。

問5　1は平安時代，2は飛鳥時代，3は奈良時代，【A】は平安時代，【B】は奈良時代である。

5　問2　アは1404年，イは1392年，ウは15世紀後半，エは1368年のできごとである。

問3　長篠の戦いが起こったのは1575年，鉄砲が日本に伝わったのは1543年だから，1575－1543＝32(年)より，最も近いイが正答となる。

問5　旗本は一万石未満で，将軍に謁見できる武士のこと，御家人は一万石未満で，将軍に謁見できない武士のこと。鎌倉時代の御家人とは異なるので，注意しよう。なお，大名(一万石以上の武士)を監視したのは大目付である。

6　問1　細川氏(細川勝元)と山名氏(山名持豊)の幕府内での勢力争いや，8代将軍足利義政の跡継ぎ争いなどを理由として，1467年に京都を主戦場とする応仁の乱が始まった。11年間の戦いの後，京都は荒廃し，全国各地で下剋上の風潮が広まって戦国時代が始まった。

問2　石見銀山(島根県)から採れた銀は，西まわりで長崎に運ばれると，南蛮貿易によってヨーロッパに輸出された。

問3　参勤交代は，徳川家光が武家諸法度に追加した制度である。将軍と大名の主従関係の確認という意味合いを持ったが，参勤交代にかかる費用や江戸で命じられる御手伝普請(城の修築など)のために，藩の財政は苦しくなった。

問4 ①の干鰯は主に千葉県の九十九里浜でつくられたからエにあてはまる。②の綿布は大阪には河内・久留米・小倉などの綿布が集められたからアがあてはまる。③の絹は主に関東地方でつくられたからイがあてはまる(群馬県の桐生織や茨城県・栃木県の結城紬など)。

問5 平賀源内はエレキテルを発明した人物, 儒学は身分秩序を重視する学問である。

7 **問2** 清での利権獲得を目指すロシアは, ドイツ・フランスをさそい, 日本が得た遼東半島を清に返還するよう要求した(三国干渉)。その後, ロシアは清から遼東半島の旅順や大連を租借し, 清における自国の勢力範囲を確立した。

問3 ポーツマス条約は,「北緯50度以南の樺太(サハリン)を割譲すること」「韓国における日本の優越権を認めること」「旅順・大連の租借権」「満州の長春以南の鉄道の利権をそれぞれゆずること」「沿海州・カムチャツカ半島沿岸の漁業権を認めること」を主な内容とした。

問4 1937年に始まった日中戦争で, アメリカやイギリスは, フランス領インドシナを経由する「援蔣ルート」で中国を支援した。1940年, 日本は援蔣ルートを断ち切り, 石油やゴムなどの資源を獲得するため, 東南アジアに南進した。この動きに対し, アメリカは石油などの輸出を禁止する決定を下し, オランダやイギリスもこれに同調した(ABCD包囲陣)。

問5 広島への原爆投下は8月6日, ソ連の対日参戦は8月8日, 長崎への原爆投下は8月9日である。

問7 アは1975年, イは1990年, ウは1993年, エは1960年代, オは1972年のできごとである。

8 **問2** 東シナ海は, 日本・韓国・中国に囲まれた海である。

問3イ 松前藩はアイヌの人々(蝦夷地), 対馬藩は朝鮮, 薩摩藩は琉球王国, 長崎はオランダ・中国との窓口になった。

問4 満州事変が起こると, 中国は「日本の侵略行為」として国際連盟に訴え, リットン調査団が満州に派遣されるきっかけをつくった。

平成 **28** 年度 解答例・解説

=== 《解答例》 ===

1 **問1.** ①記号…ア/白神　②樹木…え　地図記号…ア　③C　**問2.** う
問3. 図Ⅲ…知床 【い】昆布　図Ⅳ…志摩 【ろ】真珠 【は】サミット　図Ⅴ…島原 【に】有明

2 **問1.** (あ)北海道　(い)山形県　(う)宮崎県 【A】ろ　**問2.** アメリカ

3 **問1.** 【あ】札幌 【い】仙台 【う】さいたま 【え】京都 【お】広島 【か】福岡　**問2.** ウ
問3. A. 大分県　B. 北海道　**問4.** A

4 **問1.** 【1】銅鐸 【2】埴輪　**問2.** 鉄の加工　**問3.** 和歌　**問4.** 宋
問5. 足利義満〔別解〕足利義持　**問6.** 日本の銀と品物を交換すること。　**問7.** 朱印状

5 **問1.** (ア)アメリカ　(イ)小村寿太郎　(ウ)立憲改進　(エ)普通選挙　(オ)裁判員
問2. 国会が制定した法律が憲法に違反していないか審査する　**問3.** 賠償金を獲得できなかったこと。
問4. 学問のすゝめ　**問5.** 野口英世　**問6.** 日本人乗客を見捨てたイギリス人船長を, 日本の法律で裁くことができなかったから。　**問7.** ウ

6 **問1.** 1. 三河　2. 平治　3. 武田　4. 米騒動　5. 塩　6. 酒　7. 浮世　8. 古事記
問2. A. 木簡　B. 御家人の先祖代々の領地を保護すること〔別解〕新たな領地を与えること
C. 仏教が日本に伝わる以前の日本人のものの見方や考え方
問3. ア. へ　イ. ろ　ウ. ほ　エ. は　オ. い　カ. と

━━━━━━━━━━━━━━━━ 《解　説》 ━━━━━━━━━━━━━━━━

① 問１．①白神山地は，青森県と秋田県の県境にまたがっている。　②日本において，人の手が入っていない原生林といえば，そのほとんどがアの広葉樹林である。　イ．畑　ウ．針葉樹林　エ．茶畑　オ．水田

③C．「なまはげ」は，秋田県の男鹿半島で行われる伝統行事である。

問２．常総市は茨城県の内陸に位置する都市だから，「う」が正答。

問３．図Ⅲ…知床半島は世界自然遺産に登録されている。　図Ⅳ…真珠の養殖は，長崎県の大村湾・愛媛県の宇和島・三重県の志摩半島でさかんに行われている。　図Ⅴ…有明海は筑後川がそそぐ河川である。

② 問１．（あ）米が２位，肉用牛が１位だから北海道である。　（い）米が４位，ブドウが３位だから山形県である。（う）豚が２位，肉用若鶏（ブロイラー）が１位だから，畜産業がさかんな宮崎県である。

問２．バイオ燃料の原料となるトウモロコシは，南北アメリカ大陸でさかんにつくられており，日本はアメリカ（83.6％）・ブラジル（8.3％）・アルゼンチン（6.0％）の順に多く輸入している（2014年）。

③ 問１．日本の人口100万人以上の都市は，すべて政令指定都市である。【あ】と【い】はⅠのヒントをもとに考える。【あ】は，北海道の道庁所在地の札幌市である。【い】は，東北地方の地方中枢都市の仙台市である。【う】と【え】はⅡのヒントをもとに考える。神奈川県川崎市より北にあり，かつ内陸の都市だから，【う】は東京・神奈川のベッドタウンのさいたま市である。【え】は，名古屋市と大阪市の間にある都市だから京都市である。【お】と【か】は，Ⅲのヒントをもとに考える。【お】は中国地方の地方中枢都市だから広島市，【か】は九州地方の地方中枢都市で，最も南に位置する人口100万人以上の都市だから福岡市である。2014年１月時点，福岡県北九州市の人口は約98万人であり，100万人は超えていない。

問２．ア．東京都の人口増加率は10〜20％，千葉県の人口増加率は30％以上だから誤り。　イ．福岡県の人口増加率は10〜20％だから誤り。　ウ．北海道・秋田県・島根県・大分県のいずれも人口増加率が０％未満だから正しい。　エ．宮城県の人口増加率は10〜20％だから誤り。

問３．A．北海道には知床，秋田県には白神山地，島根県には石見銀山がある。　B．大自然の広がる北海道で宿泊する外国人の数は，東京都・大阪府に次いで多い（2015年）。

問４．３項目のすべてで全国１位であるBは東京都である。３項目のすべてで，ほかの３都府県より人数の少ないDは高知県である。AとCで，出張・業務で訪れる人の数が多いAが愛知県，観光・レクリエーションで訪れる人の数が多いCが古都として名高い京都府である。

④ 問１．【１】銅鐸などの青銅器は，祭りの道具として用いられた。　【２】埴輪は，古墳時代に作られた素焼きの焼き物である。船や家などをかたどったもの・人型のものなどがあり，古墳の上や周囲に並べられた。

問２．「金属の加工」などもよい。鉄の加工技術は，軍事面では鉄剣・鉄刀・矢じりなどをつくるために，農業面では鉄の刃先をつけた「くわ」や「すき」などをつくるために用いられた。

問３．和歌は，男女の心の交流に欠かせないものであり，当意即妙な受け答えが好まれた。

問４．10世紀後半に唐が滅んで宋が興った。宋を滅ぼして13世紀後半に成立した王朝が元である。

問５．1404年，足利義満は，倭寇の取りしまりを条件に明と貿易することを許された。このとき，倭寇と正式な貿易船を区別するために勘合という合い札が用いられたので，勘合貿易ともよばれる。なお，足利義満は1394年に息子の義持に将軍職をゆずっていたため，1404年時点で将軍ではなかった。問題文では「将軍の名」が問われているので，本来の答えは「足利義持」となる。

問6．日本の石見銀山から産出された銀は，南蛮貿易によって輸出され，世界で流通する銀の三分の一を占めるほどとなった。その一方で，大量の銀が流入したヨーロッパでは，通貨価値が大きく変動し，物価が高騰した。これにより，民衆の生活は苦しくなったが，資本の蓄積が進められ，資本主義発展の契機となった。

問7．朱印状を持つ船(朱印船)によって行われた貿易を朱印船貿易という。

5 問1．ア．日露戦争のさ中に起こった日本海海戦で日本が勝利したことを機に，アメリカのセオドア・ルーズベルト大統領の仲介で，日本は比較的優位な条件でロシアと講和を結んだ。この講和はアメリカのポーツマスという都市で結ばれたので，その都市の名をとってポーツマス条約という。　ウ．国会の開設が約束されると，板垣退助は1881年に自由党を，大隈重信は1882年に立憲改進党をつくった。　エ．1925年，国に納めた税金の額に関係なく，満25歳以上の男子に選挙権が与えられた。　オ．裁判員制度は，重大な刑事事件の一審について，くじで選ばれた裁判員が裁判官とともに裁判に参加し，有罪か無罪か，有罪であればどのような量刑が適当かを決定する制度である。

問2．裁判所が国会や内閣に対してもつこの権限を違憲審査権という。

問3．右表参照。

問6．ノルマントン号事件は，和歌山県沖で船が沈没した際，イギリス人船長が日本人の乗客を見捨てたにもかかわらず，

日清戦争後の下関条約(1895年)	日露戦争後のポーツマス条約(1905年)
○清国は日本に賠償金を支払う	○賠償金規定はなし
○清国は日本に台湾・澎湖諸島・遼東半島を譲り渡す　※ロシア主導の三国干渉を受け，遼東半島は後に清に返還	○ロシアは旅順・大連の租借権，南満州鉄道の利権，南樺太を日本に譲り渡す
○清国は朝鮮の独立を認める	○ロシアは日本の韓国に対する優越権を認める

日本の法律で裁けなかったために軽い刑罰で済んだ事件である。これにより，領事裁判権(治外法権)の撤廃を求める声が高まった。

問7．5問1オの解説の下線部を参照。

6 問1．2．平治の乱(1159年)は，保元の乱で活躍した平清盛と源義朝の対立や貴族間の対立から起こった乱である。　3．Iの地では長篠の戦いが起こったところである。　5．塩は海水からとることができるが，海に面していない内陸では得ることの難しい資源だった。　6．「たるにつめて」から考える。樽廻船では主に酒が運ばれた。　8．712年につくられた歴史書を『古事記』，720年につくられた歴史書を『日本書紀』という。

問2．A．木簡は調や庸の荷札として用いられた。

問3．桑名市・松阪市は三重県の都市である。

7 問1．(1)1945年8月9日，ソ連は日ソ中立条約を破って満州や朝鮮に侵攻した後，ポツダム宣言を追認するという形をとった。

問2．A．1941年(太平洋戦争開戦)　B．1945年(ポツダム宣言受諾)　C．1951年(サンフランシスコ平和条約の締結)　D．1940年(日独伊三国同盟の締結)　E．1953年(朝鮮戦争の休戦)　F．1936年(二・二六事件)　G．1943年(学徒出陣)

━━━━━━━━━━━━━━ 《解答例》 ━━━━━━━━━━━━━━

1　問1．ア．ニューヨーク　イ．グリーンランド　問2．う　問3．バター　問4．広島県

2　問1．A．山形県　B．長野県　C．熊本県　D．北海道　問2．イ　問3．オ　問4．う
　　問5．い　　問6．い

3　問1．5　問2．北海道／宮城県　問3．①ア　②ウ　A．大阪府　問4．中国　問5．え
　　問6．①エ　②ウ

4　問1．A．イ⇒エ⇒ウ⇒ア　B．ウ⇒ア⇒エ⇒イ　C．ア⇒エ⇒ウ⇒イ　問2．北条
　　問3．中臣鎌足〔別解〕藤原鎌足　問4．あ，い　問5．聖武天皇　問6．床の間

5　問1．A．下関　B．神戸　C．横浜　D．新潟　問2．ア．清　イ．薩摩　ウ．1972　エ．居留
　　問3．山形　問4．廃藩置県　問5．あ，え

6　問1．板垣退助　問2．土地を持っている人　問3．①〜③…②　④〜⑥…⑤　⑦〜⑨…⑦
　　問4．伊藤博文　問5．君主の権力が強い

7　問1．①関東大震災　②1931　③満州国　④国際連盟　⑤軍部
　　問2．戦争当事国に軍需品を輸出し，アジア市場に向けた綿織物の輸出を拡大したから。
　　問3．生命線　問4．え　問5．生糸の最大の輸出先であるアメリカへの輸出が激減したから。
　　問6．電気洗濯機／電気冷蔵庫

8　問1．ア．憲法改正　イ．武力　問2．日本国憲法の施行　問3．う　問4．1．健康　2．文化
　　問5．国会

━━━━━━━━━━━━━━ 《解　説》 ━━━━━━━━━━━━━━

1　問2．い．一日の最高気温が 25℃以上である日を夏日，30℃以上である日を真夏日，35℃以上である日を猛暑日という。また，一日の最低気温が0℃未満である日を冬日，一日の最高気温が0℃未満である日を真冬日という
　　問3．酪農農家が減少しているなか，暑さに弱い乳用牛からとれる生乳の量が酷暑のために減ったことが，2014年のバター不足につながった。

2　問1．『D』は，「スキー場」「温泉地」「ゴルフ場」のいずれでも上位3位以内に入っている都道府県である。「スキー場」が上位であることから，積雪量の多い地域だとわかり，「ゴルフ場」のような広い面積を必要とする施設の数が日本で最も多いことから，広い面積を持つ地域だとわかる。以上より，北海道が正答。なお，ここでの「温泉地」は，宿泊施設を備えている温泉場を指す。
　　問2．イ．長野県軽井沢市は，群馬県との県境付近に位置する都市である。
　　問4．う．八ヶ岳山ろくでは，夏でも涼しい気候をいかして農作物の出荷を遅らせる抑制栽培が行われており，レタス・はくさいなどの高原野菜がさかんに栽培されている。

問5．い．製造業などの第二次産業の割合は約25%，サービス業などの第三次産業の割合は約71%となっている。

問6．い．木曽川は，長野県中西部の鉢盛山を水源とする河川である。　　「あ」の長良川は岐阜県大日ヶ岳，「う」の天竜川は長野県の諏訪湖，「え」の大井川は赤石山脈を水源とする河川である。「お」の富士川は，赤石山脈を水源とする釜無川と，甲武信岳・国師ヶ岳を水源とする笛吹川が甲府盆地で合流し，駿河湾に注ぐ河川である。

3 問1．千葉ロッテマリーンズ・東京ヤクルトスワローズ・読売ジャイアンツ・埼玉西部ライオンズ・横浜DeNAベイスターズの5つである。

問2．北海道には泊発電所，宮城県には女川原子力発電所がある。

問3．ア．東京・神奈川の順に多いから人口である。　　イ．愛知県が最も多いから工業出荷額である。　　したがって，ウは小売業販売額となる。Aに入る都道府県は，ア～ウのいずれでも上位であることから考えよう。

問4．X．中国は，近年急速に工業化が進み，経済発展が著しい国である。　　Yは韓国である。

問5．「あ」は秋田県(秋田まげわっぱ)，「い」は岩手県，「う」は山形県(天童将棋駒)，「お」は福島県の，それぞれ伝統工芸品である。

4 問1．A．ア．鎌倉時代　イ．古墳時代　ウ．平安時代　エ．飛鳥時代

B．ア．平安時代　イ．江戸時代　ウ．飛鳥時代　エ．鎌倉時代

C．ア．東大寺正倉院(奈良時代)　イ．南蛮屏風(戦国時代)　ウ．銀閣(室町時代)　エ．平等院鳳凰堂(平安時代)

問2．初代将軍源頼朝の妻北条政子の父，時政が初代執権の職についた。

問3．大化の改新では，中大兄皇子(後の天智天皇)・中臣鎌足らが活躍した。中臣鎌足は，亡くなる間際に，天智天皇から藤原の姓を賜った。Aのウの下線部は，藤原氏を指している。

問4．飛鳥時代，大化の改新の中で，それまで皇族や豪族が所有していた土地や人民を国家のものとする公地公民の方針が示され，農民たちに土地(公地)を与える班田収授法の整備が進められた。

問6．床の間には，掛け軸や生け花などの美術品が飾られた。

5 問1．A．明治時代に講和会議が開かれた場所であることから考える。　　B．日米修好通商条約で開かれた港は，神奈川(横浜)・兵庫(神戸)・長崎・新潟・函館の5つ。このうち，1995年の阪神・淡路大震災で被害を受けたのは神戸港である。　　D．日米修好通商条約で開かれた港のうち，表中で明らかになっていない港は函館・新潟のみであり，このうち港が「県」にあるのは，新潟県のみである(明治時代の欄を参照)。

問2．ア．下関条約は日清戦争の講和条約である。　　イ．琉球王国は，17世紀初頭に薩摩藩に攻められ，以後，中国と日本の両方に服属した。　　ウ．同年，日本と中国は日中共同声明を発表し，国交を回復した。

問3．新潟港に立ち寄った船(＝北前船)が，西廻り航路をまわっていた。北前船は，蝦夷地・東北地方の日本海側の港をまわり，大阪に年貢米や特産品を運ぶ船である。庄内平野は，当時から日本有数の米の産地であった。

問4．廃藩置県の後，各地におかれた県には中央から県令が，府には府知事がそれぞれ派遣された。

問5．遼東半島は，中国→日本(下関条約で獲得)→中国(三国干渉で返還)→ロシア(清より旅順・大連を租借)→日本(ポーツマス条約で旅順・大連の租借権をロシアから獲得)→中国の順に支配する国が移り変わった。

6 問1．Aの手紙は，板垣退助らが提出した民撰議院設立建白書である。1881年，板垣退助は自由党を結成した。

問2．地租改正は，土地の所有者に税の負担義務を負わせて地券を交付し，課税の対象を収穫高から土地の価格に変更し，現金で税を納めさせた政策である。

問4．Bの手紙は，伊藤博文が憲法制定の見通しが立ったことについて述べたものである。

問5．伊藤博文は，君主権の強いドイツ(プロイセン)の憲法を参考にして草案を作成した。

7 問1．③1932年，満州国の成立を認めなかった犬養毅首相が，海軍の青年将校らによって暗殺されるという

事件(五・一五事件)が起こった。

問2．第一次世界大戦により，日本はヨーロッパに向けて軍需品を輸出し，ヨーロッパの影響力が後退したアジアへの綿織物の輸出を拡大したほか，日本と同様に戦場とならなかったため景気の良かったアメリカへの生糸の輸出が増加した。

問4．え．ポーツマス条約(1905年)で長春以南の鉄道の利権を獲得した日本は，1906年，旅順・長春を結ぶ半官半民の南満州鉄道株式会社を設立した。

問5．1929年，アメリカのニューヨークのウォール街から世界恐慌が始まった。その後，生糸の最大の輸出先であったアメリカへの生糸の輸出量が激減したため，養蚕農家は大打撃を受け，多額の借金を抱えることとなった。

8　問2．日本国憲法は，1946年11月3日に公布され，その半年後の1947年5月3日に施行された。現在，憲法が公布された11月3日は文化の日，施行された5月3日は憲法記念日として，国民の祝日となっている。

問4．日本国憲法第25条に定められている生存権をもとに，日本では社会保障制度が整備されている。

問5．3つの機関とは，行政権をになう内閣，立法権をになう国会，司法権をになう裁判所のこと。裁判官をやめさせるかどうかの裁判を弾劾裁判といい，国会が裁判所に対して行使しうる権限である。

平成㉖年度　解答例・解説

《解答例》

1　問1．A．利根　B．千葉　C．紀伊　D．北上　　問2．三陸　　問3．イ　　問4．①🝔　②♂
問5．ウ　　問6．ア

2　問1．Ⅰ．名古屋　Ⅱ．横浜　Ⅲ．東京　Ⅳ．清水　Ⅴ．四日市　　問2．①は　②灯油，軽油　③お
④シリコン　⑤スーパーコンピュータ　⑥い，え　⑦タイ　⑧少ない燃料で長い距離を走れること。
問3．国内の産業が空洞化すること。　　問4．①け　②お　③く　④う　⑤い

3　問1．ウ，カ，エ，イ，キ，オ，ア　　問2．①重要無形　②東大　③天皇中心　④藤原頼通　⑤古墳

4　問1．A．防塁〔別解〕石塁　B．高麗　C．執権　　問2．福岡　　問3．い　　問4．元寇での恩賞が十分にもらえなかったから。

5　問1．A．ウ　B．オ　C．イ　D．エ　　問2．Ⅰ．GHQ　Ⅱ．減反　　問3．価格　　問4．闇市
問5．一農家あたりの田の面積が増えたことで，機械の導入や用水路の整備が容易になったから。

6　問1．1．伊藤博文　2．大隈重信　3．ポーツマス　4．関税自主権　5．政党　　問2．ア．山口県
イ．鹿児島県　　問3．A．は，い，に，ろ　B．ロシアが中国〔清〕に対して独占的な権益を得ることを防ぐため。　C．軍備の拡張　D．ク　E．天皇中心の国のあり方を変えようとする社会主義が，民衆に広まることを防ごうとする考え。

7　問1．1．満州　2．疎開　　問2．アメリカ　　問3．ソ連　　問4．北京　　問5．警察予備隊
問6．内閣　　問7．ウ，ア，イ，エ

《解　説》

1　問2．[X]直後の「リアス式」に着目する。リアス海岸は，三陸海岸のほか，福井県の若狭湾岸や三重県の志摩半島などに見られる。
問3．イ　牡鹿半島は宮城県に位置する半島である。

問4．②　みかん，りんごなどの木に果実がなるものは♂(果樹園)，すいか，いちごなどをはじめとする野菜類は✔(畑)の地図記号が用いられる。

問5．ウ　豚の飼育頭数が最も多いのは鹿児島県である。

問6．南から順に，焼津港(静岡県)→境港(鳥取県)→石巻港(宮城県)→気仙沼港(宮城県)→八戸港(青森県)よって，アが正答。

2　問1．I　成田空港に次いで輸出額が多く，輸入額も上位だから名古屋港。　II　自動車の輸出が主であり，輸出額が名古屋港に次いで多いから横浜港。　III　輸入額が名古屋港より多いから東京港。　IV　問題文の条件「駿河湾」より，清水港。　V　問題文の条件「伊勢湾」より，四日市港。

問2．※①原油はサウジアラビア・アラブ首長国連邦の順，石炭はオーストラリア・インドネシアの順，鉄鉱石はオーストラリア・ブラジルの順に，それぞれ輸入量が多い。　②「ハイオク」は，オクタン価の高いガソリンのことなので不適。　④シリコンは資源が豊富であり，高純度化しやすいため，半導体として用いられることが多い。　⑥ジャストインタイム方式(必要なときに必要なものを必要なだけ生産すること)を思い浮かべられるかどうかがポイント。自動車会社は，車の組み立てやエンジンの製造などを行い，そのほかの部品等は関連工場から入手している。　⑦タイのチャオプラヤ川の氾濫により，現地の工場が被害を受け，日本の自動車生産台数が減少した。　⑧耳にすることの多い「燃費がよい」は，低燃費と同じ意味である。

問3．「産業の空洞化」とは，企業が賃金の安い海外に工場を移すことで，国内の産業が衰退すること。雇用の減少などの問題が生じている。

問4．①1円硬貨はアルミニウムでできており，アルミニウムはボーキサイトから作られる。　②いずれも炭田として有名だった地である。　③カドミウムは亜鉛と似た性質を持つ金属である。　④いずれも銅山のある地である。　⑤島根県にある石見銀山が世界遺産に登録されている。

3　問1．ア　能(室町時代)　イ　螺鈿紫檀五絃琵琶(奈良時代)　ウ　屈葬(弥生時代)
エ　十七条の憲法(飛鳥時代)　オ　平等院鳳凰堂(平安時代)　カ　鉄剣(古墳時代)　キ　かな文字(平安時代)

問2．①「重要文化財」には有形(形のあるもの)が指定されるため，ここでは不適。　②東大寺の正倉院に納められている。　③3つ目の「天皇の命令には必ず従え」と，4つ目の「地方の役人は」以下の文から考える。　⑤埼玉県の稲荷山古墳や熊本県の江田船山古墳から，ワカタケルの名が刻まれた鉄剣・鉄刀が発見されている。

4　問1．A　石塁とは石の防塁のこと。

問2．1274年の文永の役で元・高麗連合軍は，博多湾岸に上陸した。

問3．下線部アは1281年。鎌倉幕府は1333年に滅んだから，いが正答。

問4．元寇は防衛戦であり，新たな領地を得ることができなかったため，幕府は十分な恩賞を与えることができなかった。そのため，分割相続で生活の苦しくなっていた御家人は，幕府に不満を持つようになった。

5　問1．A　租の税率を答えればよい。　B　幕末の頃の身分別の人口割合は，百姓(約85％)・武士(約7％)・町人(約5％)・その他(約3％)。　C　享保の改革で新田開発がすすめられたため，耕作地は飛躍的に増加した。　D　石高の4割を年貢として納めることを四公六民，石高の5割を年貢として納めることを五公五民という。

問2．I　GHQ(連合国軍最高司令官総司令部)　II　減反政策…主に米の作付面積を減らすこと。

問3．1873年，地租改正により，土地の価格(地価)の3％を現金で納めることとされた。なお，この税率は1877年に2.5％に引き下げられた。

問5．一つの農家が持つ耕地が大きく増えたことに加え，長方形に耕地が区画されたことで，用水路といった

かんがい設備(農地に水を送るための設備)が整備され，機械を用いた耕作が容易になった。

6 問1．1 伊藤博文は 1885 年に内閣制度を発足し，自ら初代内閣総理大臣に就任した。 3 日露戦争の講和条約であるポーツマス条約で南満州鉄道の権益を獲得したことを受け，南満州鉄道株式会社が設立された。

5 第一次護憲運動は，憲法にもとづいた政治を行う(＝民衆によって選ばれた多数派が政治を行う)，政党政治を求めた運動である。

問3．A い 1889 年 ろ 1890 年 11 月 は 1885 年 に 1890 年 7 月 B イギリスは，東アジアで勢力を強めているロシアを牽制するため，日本の軍事力を利用しようと考えた。また，日本としても，ロシアの南下政策に対抗する必要があったため，1902 年，日本とイギリスは日英同盟を結んだ。

C 約 3 億 6000 万円の賠償金のうち，62.6％が軍備拡張のために用いられた。

D ク 1936 年に起こった二・二六事件により，軍部の発言力が強まった。

E 普通選挙法により，一般の人々も選挙権を持つようになった。そこで政府は，天皇中心の国のあり方を批判し，私有財産制を否定する運動が一般の人々に広まることを防ぐため，治安維持法を制定した。

7 問1．1 1932 年，関東軍は満州国を建国した。

問3．1945 年 8 月 9 日，ソ連は日ソ中立条約を破棄し，満州や南樺太に侵攻した。

問4．日中戦争は，北京郊外の盧溝橋で日本軍と中国軍が衝突したことで始まった。

問5．1950 年に発足した警察予備隊は，1952 年に保安隊，1954 年に自衛隊に改編された。

問6．内閣は，天皇の国事行為に対して責任を負っている。

問7．ア 1972 年 イ 1998 年 ウ 1964 年 エ 2005 年

※出典…2 問2．①『日本国勢図会 2012/13』

平成 25 年度 解答例・解説

― 《解答例》 ―

1 問1．ア 問2．埼玉 問3．群馬県…イ 静岡県…ウ 問4．ア 問5．中東諸国の情勢により価格が変動するから。 問6．電化製品の製造には，多くの電力を必要とするから。

2 問1．A．イ B．ウ 問2．ア 問3．①オ ②ウ ③エ 問4．E．ア F．ウ

3 問1．ア．かき イ．ダム ウ．ブナ 問2．水俣〔別解〕新潟水俣 問3．山梨

4 問1．A．大雪 B．白 問2．ア，キ，ス 問3．大分

5 問1．①銅鏡 ②権威 ③農具 ④石包丁 ⑤佐賀 問2．用水をめぐる争い(下線部は田に引く水でも可) 問3．物見やぐらを備え，むらの周囲をほりや柵で囲んだ。 問4．大和…奈良県 河内…大阪府

6 問1．A．織田信長 B．鑑真 C．紫式部 問2．ア 問3．西アジアからシルクロードを通って中国へ伝わったものだから。 問4．以前からの領地が保護された。 問5．執権 問6．漢字より画数の少ないかな文字が生まれたから。 問7．物価が上がったから。

7 問1．国名…ア．アメリカ イ．イギリス ウ．ドイツ エ．ロシア 戦争名…オ．日露戦争 カ．日中戦争 キ．日清戦争 ク．第一次世界大戦 国名…ケ．中国 地名…コ．遼東 問2．①は ②い

問3．③シ ④ス ⑤タ 問4．満州事変の翌年に満州国を建国したが，これを承認しない国際連盟を脱退し，国際的な孤立を深めていった。

8 問1．A．大日本帝国 B．主権 問2．廃藩置県 問3．兵役 問4．西南戦争

問5．新聞／集会／演説／雑誌などから2つ 問6．ア 問7．戦争をしない平和な国に生まれ変わる。

問8．25, 20　　問9．日本国民統合

━━━━━━━━━━━━━━━━━━ 《解　説》 ━━━━━━━━━━━━━━━━━━

⒈ 問1．ア.長野県，イ.福島県，ウ.愛媛県，エ.和歌山県。

問3．イ.4県のうち，最も畑の面積が大きい群馬県。大消費地に近いため，近郊農業がさかんに行われている。

ウ.果樹園の割合が高い静岡県。みかんなどが栽培されている。　　エ.水田単作地帯が広がる富山県。残ったアは愛知県。

問4．ア.九州新幹線は，佐賀県鳥栖市は通るが，佐賀市は通過しない。

問5．1973年に石油危機が起こると，石油価格が大幅に値上がりし，輸入量も制限された。その後，一時期は中東依存度が下がったが，2012年現在，石油のほとんどは中東諸国から輸入している。

問6．2012年現在，日本では火力発電が占める割合が非常に大きい。火力発電は化石燃料を燃焼して発電するため，二酸化炭素を多く排出する。

⒉ 問1．チューリップは富山県，オリーブは香川県で生産量が多い。

問3．①人口が5県で最小だから鳥取県。②人口密度が5県で最大だから香川県。③と④で人口の割に人口密度が小さい④が北海道。残った③が新潟県。

問4．E.食料品，パルプ・紙が上位だから北海道。F.石油化学工業がさかんな香川県(瀬戸内工業地域)。残ったGは富山県。

⒊ 問2．水俣病は熊本県の水俣湾沿岸で，新潟水俣病は新潟県の阿賀野川流域で，それぞれ有機水銀を原因として発生した。

問3．山梨県の西湖で再発見され，絶滅から野生絶滅に区分変更された。

⒋ 問2．ア.北海道，キ.東京都，ス.鹿児島県。日本にある世界自然遺産はほかに，青森県・秋田県にまたがる白神山地がある。(2012年現在)

問3．大分県の九重山(久住山)が国立公園に指定されている。

⒌ 問1．②権威を示すものとして使われたことは，権力者の墓である古墳から発見されることからもわかる。

問4．大和地方には箸墓古墳や石舞台古墳が，河内地方には世界最大級の前方後円墳である大仙古墳がある。

⒍ 問1．①江，②光明皇后，③北条政子，⑤和宮親子内親王。

問2．ア.年貢は領主(大名など)に対して納める税であり，大名が幕府に対して納める税ではない。

問4．新しい領地を与えることを新恩給与，以前からの領地を認めることを本領安堵という。

問6．紀貫之による『土佐日記』は，かな文字を用いて著されている。

問7．金が国外に流出するのを抑えるために質を落とした小判を大量に発行し，貨幣価値が下がって物価が上昇した。また，商人が買いしめるなどしたため，生糸を始めとする輸出品は品薄になって値上がりした。

⒎ 問1．イ.日英同盟(1902～1922)。　　ウ.日独伊三国同盟(1940年)。　　カ.日中戦争(1937～1945年)。　　キ・コ.ロシア・ドイツ・フランスによる三国干渉。

問2．②い.これを大戦景気という。ろ.日露戦争(オ)に関する文。

問3．③シ.旅順，④ス.盧溝橋，⑤タ.台湾。

問4．満州国を承認しないとした決定は，リットン調査団の報告による。

⒏ 問2．廃藩置県によって，中央から県令・府知事が派遣され，それまでの封建制度が改められた。

問3・4．1873年に出された徴兵令により，平民が主体となった新政府軍は，西南戦争においても士族(武士)の反乱をしずめることに成功した。

問5．自由民権運動は，言論や出版によって国会の開設や憲法の制定を求めた運動。これにより，1881年に国会開設の勅諭（ちょくゆ）が出された。

問6．ア．直接国税を15円以上納める満25歳以上の男子に限られた。

問7．戦車などが溶（と）かされ，武器とは関係のないものが作り出されている。

問8．1925年の普通選挙法では，選挙権は満25歳以上の男子に限られていた。

平成㉔年度 解答例・解説

《解答例》

1 　問1．9，1　　問2．ウ　　問3．う　　問4．神戸

　　問5．[1]A．北.キ　南.イ　　B．ア，ウ，オ　　C．④　　[2]青森

　　問6．トルコ　　問7．[1]国…アメリカ　役職…大統領　[2]ウラン　[3]エ　[4]ウ

　　問8．生活保護　　問9．[1]②　[2]①　[3]発電所　[4]ろ　　問10．畜産業

　　問11．[1]豊田　[2]市原　[3]水島

2 　問1．1．飛鳥　2．蘇我　3．大化の改新　4．国　5．ポルトガル　6．清少納言　7．聖武　8．北条政子

　　問2．隋が滅びて唐が建国された。　　問3．ア　　問4．宣教師を追放した。　　問5．ウアエオイ

3 　問1．あ．長安　い．明　う．正答なし　え．東京オリンピック　　問2．郡

　　問3．1．は　2．に　3．い　4．ろ　　問4．勘合　　問5．に，ほ　　問6．い

　　問7．オランダ語の医学書を日本語に訳して出版した。　　問8．岩倉具視

　　問9．高齢者社会が進行しているから。

4 　問1．疎開　　問2．配給制で手に入れた。　　問3．1944　　問4．軍国主義的な内容

　　問5．①焼夷弾（しょういだん）　②木造家屋が多かったから。　　問6．は，ほ　　問7．8，15

　　問8．正しい情報が報道されなかったから。

5 　問1．あ．ソ連　い．アメリカ合衆国　　問2．主権　　問3．④③①②　　問4．③

　　問5．え．核兵器　お．持ちこませない　　問6．イ

《解　説》

1 　問1．関東大震災の犠牲者は，死者9万1344人にのぼった。

　問2．台風の暴風雨により洞爺丸（とうやまる）が沈没し，死者・行方不明者数は1155人に及んだ。

　問3．伊勢湾台風での犠牲者は5000人以上であった。

　問4．神戸ルミナリエは，阪神・淡路大震災の犠牲者を追悼するために毎年12月に行われている行事。

　問5．[1]A．八戸(青森県)・いわき(福島県)　B．釜石(岩手県)・相馬(福島県)・陸前高田(岩手県)　C．相馬野馬追は相馬で行われる祭り。

　[2]東北新幹線は，東京駅から新青森駅まで総延長674.9km。

　問6．1890年，和歌山県串本町沖で発生したエルトゥールル号遭難事件での日本の対応が評価され，友好関係が築かれた。

　問7．[2]ウランは，原子力発電の燃料となるエネルギー資源。

　[3]第五福竜丸は静岡県の焼津港所属の漁船。ビキニ環礁で行われた水爆実験で死の灰を浴び，乗組員1名が亡くなった。

　問8．憲法第25条は生存権を保障している項目である。

問9．［1］蔵王山は宮城県と山形県の県境に位置する連峰。

［2］猪苗代湖，磐梯山は会津（福島県）の観光地となっている。

［3］岩手県に松川地熱発電所が，秋田県に大沼・澄川地熱発電所がある。

［4］桜島・霧島は鹿児島県，雲仙岳は長崎県にある。

問11．豊田市は9兆1072億円，市原市は4兆2772億円。全体的に上位の都市には愛知県や静岡県の都市が多い。

2 問2．630年，中国では隋に変わって唐が建国された。

問3．織田信長が滅ぼした石山本願寺あとに，大阪城を築いた。

問4．豊臣秀吉は，宣教師を追放したが貿易は続けさせた。

問5．ア．平安時代，イ．江戸時代，ウ．奈良時代，エ．鎌倉時代，オ．室町時代。

3 問1．［あ］長安は唐の都として栄えた。　［い］足利義満は，倭寇の取りしまりを条件に，明との貿易を許された。［う］本来の正答と考えられる南満州鉄道株式会社は，1896年（明治39年）に設立した。問題文では「昭和に入り」とあるが，昭和は1926年から始まっているため，正答はない。　［え］東京オリンピックが開かれた頃は，日本の高度経済成長期にあたる。

問4．倭寇と貿易船を区別するため，勘合という合札を用いた。

問7．オランダ語の医学書を訳して，『解体新書』を出版した。

問9．近年，高齢者の運転による事故が増えていることからも，公共交通機関の利用が重要視されている。

4 問1．都市の小学生は，地方へ集団疎開させられた。

問2．ほとんどの生活物資が配給制になった。

問7．8月15日，天皇が国民に敗戦を告げた（玉音放送）。

問8．大本営は，日本が戦争に勝っているような報道をしていた。

5 問2．日本国憲法の三大原則は，国民主権・平和主義・基本的人権の尊重。

問5．非核三原則を唱えた佐藤栄作首相は，ノーベル平和賞を受賞した。

算数 （50分）

※100点満点
（配点非公表）

<注意>
①答えは解答らんに書くこと。
②テスト2の1，2の2の裏を計算用紙として使ってよい。
③円周率は 3.14 とする。
④用紙は切り取らないこと。

1

次の □ に当てはまる数を求めなさい。

（1） $2.75 - 2.7 \div \dfrac{9}{5} - \dfrac{5}{7} \times \left(\dfrac{4}{3} - 0.4\right) =$ □

（2）空の水そうに，あといの2つの蛇口から水を入れます。水そうを水でいっぱいにするのに，あだけ開くと 72 分，あといを両方開くと 30 分かかります。はじめに，あといを開き，□ 分後にあを閉じたところ，はじめから 35 分で水そうがいっぱいになりました。

2

ある中学校の今年度の入学者の人数は，昨年度と比べて，男子は 25% 減り，女子は 5 人増えたので，全体として 10% 減りました。今年度の男子と女子の人数の比が 4：5 のとき，今年度の女子の人数を求めなさい。

（求め方）

（答え）　　　　　人

3

図1は底面が正方形の四角柱です。この四角柱の2つの底面の面積の和と，4つの側面の面積の和の比は1：6です。
（1）この四角柱の1つの底面と1つの側面の面積の比を求めなさい。
（2）図1の四角柱11個をすきまなくはり合わせて図2の立体をつくると，その表面積は 684cm² でした。図2の立体の体積を求めなさい。

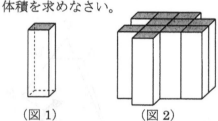

（図1）　　　　（図2）

底面：側面

（1）　：ナ	（2）　　　　cm³

4

1 から順番に整数がいくつか並んでいます。その中から 7 と 14 を除いても，並んでいる整数の平均は変わりませんでした。整数はいくつまで並んでいますか。

5

図1のように，しきりのついたふたのない水そうに水がいっぱいまで入っています。この水そうを矢印の方向にゆっくり 45° かたむけたところ，図2のようになりました。図3は水そうを真上から見た図です。すべての側面としきりは長方形で，厚さは考えないものとします。
（1）図2のようになったとき，あの部分にある水の体積を求めなさい。
（2）かたむけた水そうをもとにもどしたとき，うの部分の水面の高さは何 cm になりましたか。

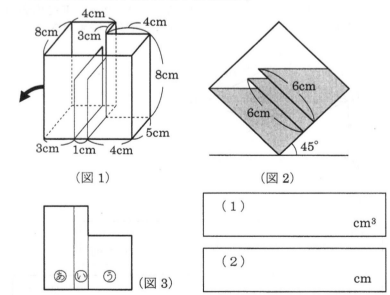

（図1）　　　　　（図2）

あ　い　う　（図3）

（1）　　　　　　cm³
（2）　　　　　　cm

6

図1の台形 ABCD を BE で折り返したところ，図2のように CE と DE が重なりました。このとき，三角形 BCE の面積が，もとの台形の面積の半分になりました。
（1）DE と EC の長さの比を求めなさい。
（2）図2の重なっている部分の面積と，もとの台形の面積の比を求めなさい。

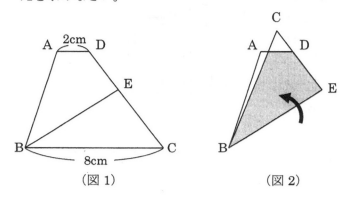

（図1）　　　　　　　（図2）

	DE：EC		重なっている部分：もとの台形
（1）	：	（2）	：

7

下の図のように，A，B，C，D，E，F の6地点をむすぶ道があります。（四角形 ABDE は長方形です。）太郎君と次郎君は同時に A を出発して，すべての道を1回だけ通ります。太郎君は A→B→C→D→E→A と歩いてから，残りの道を歩きます。

（1）次郎君が A→E→D→B→A と歩いてきたとき，A で太郎君と出会いました。A で出会う前，D に先に着いたのはどちらですか。そのとき，もう1人は D から何m手前にいましたか。
（2）次郎君は A→E と歩いてから，残りの道を歩きます。太郎君と次郎君の速さの比が 9：5 のとき，2人は F で出会いました。このとき，次郎君が通った道順を答えなさい。

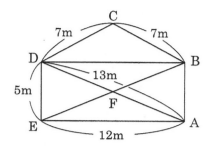

（1）		
	君	m 手前

（2） A→E→	出会った → F

8

あるタクシーの料金は，走った道のりが 2km 以下のとき，かかった時間に関わらず 600 円です。2km を越えたときは，走った道のり 500m ごとに 100 円が加えられ，かかった時間1分30秒ごとに 50 円が加えられます。

【加えられる料金】

					（2km 地点からかかった時間）			
2km	2.5km	3km	3.5km		0分	1分30秒	3分	4分30秒
100円	100円	100円			50円	50円	50円	

（1）このタクシーが 11.6km の道のり A を時速 40km で走ったとき，タクシーの料金はいくらになりますか。
（2）このタクシーが道のり B を時速 50km で走ります。
　① 2km 走ったあと，何 km ごとに時間の料金 50 円が加えられますか。
　② タクシーの料金は（1）のときと比べて 250 円高くなりました。道のり B は何 km より長く，何 km 以下ですか。

（1）	
	円

（2）①	
	km ごと

（2）②		
	km より長く，	km 以下

（50分）

1　それぞれ異なる5つの液体があります。5つの液体は、「　ア：アンモニア水　イ：塩酸　ウ：さとう水　エ：食塩水　オ：水酸化ナトリウム水よう液　カ：石灰水　キ：炭酸水　ク：水　」のうちのどれかであるとわかっています。次の実験1〜4の結果をもとに、下の（1）〜（4）の問いに答えなさい。

[実験1]　軽く加熱したときににおいがしたのは、5つの液体のうちの1つだけだった。

[実験2]　赤色リトマス紙の色を変色させなかったのは、5つの液体のうちの3つだった。

[実験3]　青色リトマス紙の色を変色させなかったのは、5つの液体のうちの4つだった。

[実験4]　アルミニウムをとかしたのは、5つの液体のうちの1つだけだった。

（1）ア〜クから、軽く加熱したときににおいがする液体をすべて選び、記号で答えなさい。

（2）実験2と実験3の結果から、わかることを書きなさい。

（3）実験1〜4の結果から、5つの液体のうちの3つは何であるかわかります。その3つをア〜クの記号で答えなさい。

（4）残る2つの液体が何であるかを、この2つの液体に同じ実験をして確かめました。どんな実験をして、どのような結果を確かめれば、残る2つの液体が何であるかを知ることができますか。

2　右の表は、水100gにある物質を何gまでとかすことができるかを表したものです。この表を見て、次の問いに答えなさい。

水の温度（℃）	20	40	60	80
水100gにとかすことができる重さ（g）	32	64	110	170

（1）40℃の水50gに物質20gをとかしたよう液は、さらに何gの物質をとかすことができますか。

（2）80℃の水200gに物質80gをとかしたよう液を20℃に冷やすと、何gの物質がとけきれずに出てきますか。

3　与謝蕪村の有名な俳句『菜の花や　月は東に　日は西に』と同じ風景が見られる日を探します。次の太陽の出入の時刻と月の出入の時刻の表を参考にして、下の問いに答えなさい。

【太陽の出入の時刻】

月	日	出	入	月	日	出	入	月	日	出	入	月	日	出	入
1	1	07:00	16:51	4	1	05:39	18:14	7	1	04:41	19:11	10	1	05:47	17:36
	6	07:01	16:55		6	05:32	18:18		6	04:44	19:10		6	05:51	17:29
	9	07:01	16:57		9	05:28	18:20		9	04:45	19:09		9	05:53	17:25
	16	07:00	17:04		16	05:19	18:26		16	04:50	19:07		16	05:59	17:16
	21	06:58	17:09		21	05:13	18:30		21	04:53	19:04		21	06:03	17:10
	26	06:56	17:14		26	05:07	18:34		26	04:57	19:01		26	06:08	17:04

【月の出入の時刻】

月	日	出	入	月	日	出	入	月	日	出	入	月	日	出	入
1	1	11:14	—	4	1	12:19	01:36	7	1	16:35	01:51	10	1	17:58	06:35
	6	14:17	04:05		6	17:50	04:39		6	20:48	07:13		6	21:23	11:05
	9	17:04	06:35		9	21:26	06:49		9	22:25	10:19		9	—	13:15
	16	—	10:48		16	02:19	13:52		16	02:05	16:41		16	06:35	17:35
	21	04:56	15:04		21	04:50	18:33		21	06:48	20:03		21	11:53	22:25
	26	08:16	20:18		26	08:19	22:50		26	12:08	23:00		26	14:56	02:32

（2012年　名古屋）

（1）この表にある日の中から、俳句と同じ風景を見るのに最も適した日を答えなさい。

（2）『菜の花や　月は西に　日は東に』と変えた場合に、同じ風景を見るのに最も適した日を表の中から答えなさい。

（3）（2）のとき、月はどのような形をしていますか。解答らんに、月の明るく見える部分のりんかくを書きなさい。ただし、かげの部分を書く必要はありません。

（4）10月に右の図のような形の月を見ることができるのは何日ですか。最も適した日を表の中から答えなさい。

4　人のからだの中のさまざまな場所でいらなくなった物について、次の問いに答えなさい。

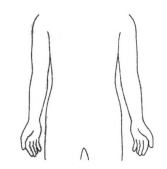

（1）いらなくなった物は何によってどこに運ばれますか。下の（あ）（い）にあてはまる言葉を答えなさい。
　　　　　　　　　　「（　あ　）によって（　い　）に運ばれる。」

（2）（1）で、（あ）からいらなくなった物を（い）でとり除くと、何がつくられますか。

（3）（い）でつくられた（2）は一時的にどこにためられますか。

（4）解答らんの人のからだの図に（い）と（3）および、それらをつなぐ管を書きこみなさい。
　　ただし、言葉や番号を書きこむ必要はありません。

5　食紅をとかした水にホウセンカとトウモロコシの根をひたして、水が植物のからだのどこを通るのか調べます。次の問いに答えなさ
　い。

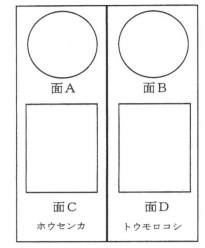

（1）『根』をひたすのはなぜですか。説明しなさい。

（2）ホウセンカのくきを横に切った面Aに、赤く染まる部分を書きなさい。

（3）トウモロコシのくきを横に切った面Bに、赤く染まる部分を書きなさい。

（4）ホウセンカのくきを縦に切った面Cに、赤く染まる部分を書きなさい。

（5）トウモロコシのくきを縦に切った面Dに、赤く染まる部分を書きなさい。

（6）面A〜Dを観察するのに用いる器具の名前を1つ書きなさい。

（7）水は、植物のからだにある通り道を通って、どこに運ばれますか。

（8）蒸散とはどのようなことですか。説明しなさい。

6　次の実験に関して、下の問いに答えなさい。

【手順1】スライドガラスを2枚用意し、1つのご飯つぶの2分の1ずつをそれぞれにのせ、わりばしでつぶしてよくのばす。

【手順2】それらを45℃の湯を入れたプリンの空き容器の上にのせて、一方には水を加える。（これをスライドガラスAとする。）
　　　　もう一方にはだ液を加える。（これをスライドガラスBとする。）

【手順3】5分後に、それぞれに同じように（　あ　）をかけて、色のちがいを調べる。

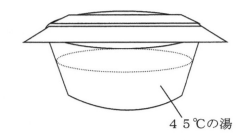

（1）手順1で、1つのご飯つぶを2分の1ずつに分けたのはなぜですか。説明しなさい。

（2）手順2で、湯の温度が体温よりも高い45℃にしてあるのはなぜですか。説明しなさい。

（3）手順3の（あ）にあてはまる薬品を答えなさい。

（4）実験の結果、スライドガラスA，Bで、色のちがいはどのようになりますか。

（5）（4）の結果から、どのようなことが考えられますか。

45℃の湯

7　次の文章を読んで、下の問いに答えなさい。

　2011年には世界各地で様々な自然災害が起こった。オーストラリアやタイでは（　あ　）が発生した。インドでは40年ぶりに
記録的な大寒波がおそい、これにともないインド政府は路上生活者のために住まいを提供した。2月には（　い　）で、3月には日
本で巨大な地震が発生した。日本では太平洋沖が震源だったため、（　う　）の被害もあった。また、アイスランドで起きた自然災害
により、ヨーロッパの航空網が一時的にマヒをするに至った。

（1）文章中の（　あ　）〜（　う　）にあてはまる言葉を答えなさい。

（2）下線部に関して、この原因は大気中に飛散したあるものの影響が大きかった。あるものとは何か、答えなさい。

8　重さagの皿A、bgの皿B、cgの皿Cを、てんびんに滑車を取り付けて右の図のようにつり合わせました。図の滑車は、力の大
　きさは変えずに、力の向きを変えるはたらきがあります。つりひもは棒の中央に結んであります。
　次の問いに答えなさい。

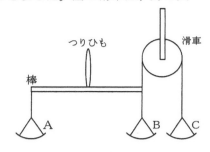

（1）a，b，cの関係を式で表しなさい。

（2）2gと3gと7gのおもりがそれぞれ1個ずつあります。Aの皿に粉末の薬品をのせて、1g、
　　2g・・・と整数値の重さの薬品をはかりとりたいと思います。1gから12gまでの間で、一度に
　　はかりとることができない重さは何gですか。すべて書きなさい。1gから12gまですべてはかり
　　とることができる場合は、「なし」と書きなさい。

9　台風について、次の問いに答えなさい。

（1）図1は、去年の台風15号の進路予想図です。20日12時から21日0時までの台風の速度として予測される値は下のどれになりますか。ア〜ウから最も適切なものを記号で答えなさい。

　　　　　　　　ア．毎時300km　　　イ．毎時90km　　　ウ．毎時30km

（2）暴風域の円の中では、風速はいくら以上ですか。（1）のア〜ウから最も適切なものを記号で答えなさい。

（3）図1で、予報円の大きさが、日がたつにつれて大きくなるのはなぜですか。説明しなさい。

（4）図2は、NASAの人工衛星が撮影した去年の台風9号の衛星写真です。解答らんの図に、風が吹く向きを表す矢印を4本、雲の部分に書きこみなさい。

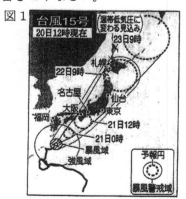
（中日新聞　2011年9月　気象らんより）

Hurricane Season 2011: Tropical Storm Muifa (Western North Pacific Ocean)　より部分拡大
http://www.nasa.gov/mission_pages/hurricanes/archives/2011/h2011_Muifa.html

10　豆電球や発光ダイオード、コンデンサー、手回し発電機を使って次の実験をしました。次の実験1〜3の結果をもとに、下の（1）〜（7）の問いに答えなさい。

　　［実験1］手回し発電機に豆電球や発光ダイオードをつなぎ、手回し発電機のハンドルを回して明かりをつけた。
　　［実験2］手回し発電機にコンデンサーをつなぎ、ハンドルを回して電気をためた。
　　［実験3］電気のたまったコンデンサーに豆電球あるいは発光ダイオードをつなぎ、明かりのついている時間を比べた。

（1）次の表1は、手回し発電機に発光ダイオードをつなぐ場合と、コンデンサーをつなぐ場合について、たんし（または極）のつなぎ方を表したものです。また表2は同様に、電気のたまったコンデンサーに発光ダイオードをつなぐ場合について、つなぎ方を表したものです。表のア〜セの中から、正しいつなぎ方をすべて選び、記号で答えなさい。

表1

		発光ダイオード		コンデンサー	
		＋	－	＋	－
発電機	＋	ア	イ	カ	キ
	－	ウ	エ	ク	ケ

表2

		発光ダイオード	
		＋	－
コンデンサー	＋	サ	シ
	－	ス	セ

（2）実験1で、豆電球や発光ダイオードに明かりをつけた場合、ハンドルの手ごたえの違いはどうなりますか。次のア〜ウの中から最も良いものを記号で選びなさい。

　　　　ア．豆電球のほうが重い　　　　イ．違いはない　　　　ウ．発光ダイオードのほうが重い

（3）（2）はどうしてですか。理由を簡単に書きなさい。

（4）実験2で、ハンドルの手ごたえはどのようになりますか。次のア〜ウの中から最も良いものを記号で選びなさい。

　　　　ア．途中から重くなる　　　　イ．ずっと同じである　　　ウ．途中から軽くなる

（5）（4）はどうしてですか。理由を簡単に書きなさい。

（6）実験3では、同じ量の電気がたまったコンデンサーにつないだ場合、豆電球より発光ダイオードのほうが、長時間明かりがついていました。豆電球に比べて発光ダイオードの長所は、実験1〜3からわかること以外に、どのようなことがありますか。

（7）実験3では、実験を終えた後にコンデンサーの＋たんしと－たんしをつなぎます。その理由を簡単に書きなさい。

1　日本の各地方や災害などについて、下の各問いに答えなさい。

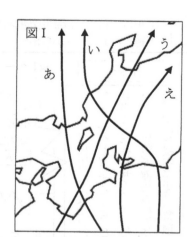
図Ⅰ

問1．今までの日本の災害の中で、最大の被害者数（死者・行方不明者約10万人）を出したものは1923年の何月何日に起きましたか。

問2．1954年の「洞爺丸台風」では、本州と北海道を結ぶ連絡船が沈没しました。沈没したのは、次のどの港の沖合いですか。記号で選びなさい。
　　ア　小樽　イ　苫小牧　ウ　函館　エ　釧路　オ　根室

問3．1959年、名古屋地方に大きな被害をあたえた「伊勢湾台風」の進路を図Ⅰの中から記号で選びなさい。

問4．図Ⅱのルミナリエは、災害の犠牲者への鎮魂と都市の再生への夢と希望をたくして、1995年に始まり、2011年で17回目をむかえました。この催しが行われる都市名を答えなさい。

図Ⅱ　ルミナリエ（光の芸術）

問5．東北地方について[1]～[2]の問いに答えなさい。
　[1]次のア～クの東北太平洋岸の都市について、A～Cの問いに答えなさい。
　　ア　石巻　イ　いわき　ウ　女川　エ　釜石　オ　気仙沼　カ　相馬　キ　八戸　ク　陸前高田
　　A：上のア～クの中で、最も北の都市と最も南の都市を、それぞれ記号で選びなさい。
　　B：上のア～クの中で、宮城県の都市をすべて記号で選びなさい。
　　C：上のア～クの中のある都市で行われる有名な祭りを、次の①～④の中から記号で1つ選びなさい。
　　　　①　ねぶた　　　②　やまがさ　　　③　かんとう　　　④　のまおい
　[2]東北新幹線終点の駅がある都市名を答えなさい。

問6．和歌山県沖で沈没した船の船員を助けられたことから、紀伊半島の水害に対して援助の手をさしのべた親日的な国があります。その国は2011年に日本と同じく地震の被害を受けました。その国の名を答えなさい。

問7．次の文章は、1939年、物理学者アインシュタイン博士が書いた手紙の一部を要約したものです。これを読んで[1]～[4]の問いに答えなさい。

> 閣下
> 　最近の研究は、（　＊　）が近い将来、新しい重要なエネルギー源となるかもしれないという期待を抱かせるものです。大量の（　＊　）による核連鎖反応が有望なものとなってきました。この新たな現象はきわめて強力な新型の爆弾の製造につながるかも知れません。

　[1]手紙の送り先である「閣下」とは、どこの国のどんな役職の人ですか。（国名は一般に使われる、省略した名前でかまいません。）
　[2]文中の（　＊　）にあてはまる地下資源を答えなさい。
　[3]1954年3月1日に核実験で被ばくした遠洋マグロ漁船「第五福竜丸」の母港がある県名を次の中から記号で選びなさい。
　　ア　鹿児島県　イ　高知県　ウ　和歌山県　エ　静岡県　オ　千葉県
　[4]現在、日本の原子力発電所は17か所で、原子炉の数はどれほどありますか。最も近いものを次の中から記号で選びなさい。
　　ア　10　イ　30　ウ　50　エ　70　オ　100

問8．憲法にある「健康で文化的な最低限度の生活を営む権利」に基づく制度で、東日本大震災の発生などをきっかけに、2011（平成23）年3月、半世紀ぶりに受給者数が200万人をこえた制度を答えなさい。

問9．次の日本の山について[1]～[4]の問いに答えなさい。
　①　磐梯山　②　蔵王山　③　八幡平　④　浅間山　⑤　岩木山
　[1]宮城県と山形県の県境になっている山を、上の①～⑤の中から記号で1つ選びなさい。
　[2]猪苗代湖に最も近い山を上の①～⑤の中から記号で1つ選びなさい。
　[3]地図帳を見ると③の山付近には　☼　の記号がいくつか見られます。この施設は何を利用しているものか答えなさい。
　[4]火山の多い九州では2011年に「新燃岳」が噴火しました。九州の代表的な火山である桜島・雲仙岳・霧島山の正しい位置を図Ⅲの中から選んで、その組み合わせを、次の（い～へ）から記号で答えなさい。

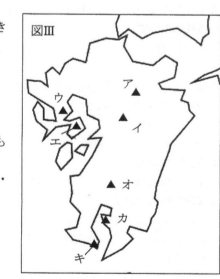
図Ⅲ

	い	ろ	は	に	ほ	へ
桜島	オ	カ	キ	オ	カ	キ
雲仙岳	イ	エ	ウ	エ	ウ	イ
霧島山	ア	オ	イ	ア	イ	オ

問10．今回の災害で東北地方の産業は地震、津波、放射能による被害のほかに、世間の評判やうわさによる風評被害も受けました。農林水産業・鉱工業・製造業や小売業などの他に、とりわけ大きな風評被害を受けたのは、現地のどのような産業ですか。

問11．図Ⅳに示した、「日本の製造品出荷額の高い都市」（『県勢2012』による）について、[1]～[3]の問いに答えなさい。
　[1]　A　の都市名を答えなさい。
　[2]　B　の石油化学工業が発達している、千葉県の都市名を答えなさい。
　[3]倉敷市南部の地区（港）名を答えなさい。

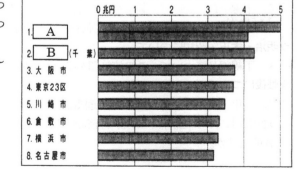
図Ⅳ　日本の製造品出荷額の高い都市

[2] ６年さくら組では歴史新聞特集号を作ることになりました。次の下書きの１ページから３ページを見て、下の各問いに答えなさい。

☆１ページ　（　１　）時代特集

社説

六四六年に出された政治方針〔すべての土地と人民を（　４　）のものにすること。戸籍をつくり人々に田を割り当てて耕作させること。税の制度を統一することなど〕に基づき進められてきた政治制度が間もなく完成。やはり根本は律令の整備である。

中国に大きな変化！！　[A]

クローズアップ（　２　）氏
六世紀後半、他の豪族をしりぞけ、権力を持ち、天皇をしのぐ。
七世紀前半、さらに権力を持つ。
七世紀半ばごろ、乙巳の変によりほろぼされる。

《ことば》乙巳の変とは、七世紀半ばに行われた（　３　）と呼ばれる改革の始まりとなった事件。
その後、日本に元号年号が始まる。

クローズアップ聖徳太子
五七四年　太子誕生。馬小屋の前で？！
五九三年　推古天皇の摂政となる。
六〇三年　冠位十二階の制度を定める。
六〇四年　十七条憲法を制定する。
六二二年　太子なくなる。

☆２ページ　秀吉特集

大阪城完成
[B]にできる。

太閤検地始まる
これによって年貢が増えるようになると考えられる。

キリスト教政策に変化
[C]

小麦粉原料のお菓子あります。（　５　）語ではパン・カステラといいます。堺直送！

＜催物のお知らせ＞
茶の湯を皆で楽しむ会が、１０月に都の北西の北野の地で行われます。太閤殿下をはじめ、利休先生やそのお弟子さんも参加。皆さんもどうぞ。

☆３ページ　歴史に名を残した　女性特集

ア（　６　）	紫式部とほぼ同時期に活やく。「枕草子」を書いた。
イ　天璋院篤姫	１３代将軍の妻。薩摩出身。将軍家の救済と１５代将軍の助命に力をつくし、これを実現したといわれる。
ウ　光明皇后	夫の（　７　）天皇とともに仏教をあつく信仰した。夫が死ぬと、その遺品を東大寺におさめた。それら宝物は現代にも伝わる。
エ（　８　）	初代将軍の妻。尼将軍とも呼ばれ、幕府を倒そうとした朝廷の動きに対し、家来たちを説得して幕府の武士の団結を訴えた。
オ　日野富子	８代将軍の妻。将軍のあとつぎ問題で夫と意見が対立し、のちに京都で１１年間くりひろげられた内乱の一つの原因を作った。

問１．（　１　）～（　８　）にあてはまる語句・人名を入れなさい。
☆１ページについて
問２．[A]には日本の政治に影響を与える、大きな変化を答えよ。
☆２ページについて
問３．[B]に入る大阪城の場所の正しい説明を次の中から選びなさい。
　ア　一向宗の拠点（石山本願寺）があった所
　イ　祇園祭りが行われている所
　ウ　初めて楽市楽座の行われた所
問４．[C]にあてはまる秀吉のキリスト教政策の特徴を答えなさい。
☆３ページについて
問５．ア～オの人物を時代の古い順からならべなさい。

[3] 交通の歴史に関する右の文章を読み、下の各問いに答えなさい。
問１．右の文中の[あ]～[え]にあてはまる言葉などを答えなさい。
☆古代について
問２．下線部Aについて、古代の地方の分け方の名称を「道」「国」「里」のほかにひとつ答えなさい。
問３．下に示した、平城京があった当時の世界のおもな都市(い～に)を、日本からみて西からならべなさい。
　　　西　[1]　—　[2]　—　[3]　—　[4]　東(日本)
　い　バグダッド　ろ　敦煌　は　ローマ　に　コンスタンチノープル（今のイスタンブール）
☆中世について
問４．下線部Bについて、中国へ渡るのに必要だった証明書を何といいますか。
☆江戸時代について
問５．五街道にあてはまるものを次の（い～ほ）の中からすべて選びなさい。
　い　北海道　ろ　南海道　は　西海道　に　東海道　ほ　中山道
問６．下線部Cについて、当時、朝鮮とオランダ以外に、日本と交流をしていた国を次の（い～に）からすべて選んで答えなさい。
　い　中国　ろ　ドイツ　は　琉球　に　イタリア
問７．下線部Dについて、蘭学がさかんになるきっかけをつくったのは前野良沢・杉田玄白らです。彼らは協力して何をしましたか。
☆明治・大正・昭和について
問８．下線部Eについて、この使節団を率いた大使の名前を答えなさい。
☆戦後について
問９．近年、電車やバスなど公共交通機関の大切さが見直されてきています。その理由として、交通渋滞、環境、経済の問題のほか、どのような社会の変化があるからですか。

時代と特徴

古代　天皇の命令により、大規模な道路の建設が始まった。道路の幅は１０メートルに及び、A 地方の区画を定めるためにつくられた。都からの伝令が、各地の役所に伝えられ、全国からも税となる食料や物資が集まり、都の繁栄を支えた。都(平城京)の道路は、碁盤の目状に区切られていた。これは当時の中国の都(都市名[あ])をまねしてつくられたものだった。

中世　鎌倉時代には、肥料や牛や馬などが耕作に使用されるようになり、農業の生産力が向上した。各地では商業が活発になり交通路も発達した。海上交通の発達がめざましく、海外との交易も進んだ。室町時代においてはB 足利義満が積極的に中国(王朝名[い])と貿易を進めた。

江戸時代　江戸を中心に整備された五街道には、防衛のために関所が設けられた。また、海上交通もさかんにおこなわれた。海外との関係では、C 鎖国がとられていたが、交流がなくなったわけではなかった。中でも、朝鮮からは、将軍がかわるごとに朝鮮通信使が来日した。D オランダからは、蘭学とよばれる新しい学問が入ってきた。

明治・大正・昭和　馬車や人力車にはじまり、鉄道などの新しい交通が発達した。鉄道が初めて開通した路線は、新橋から横浜までで、その後急速に日本中に広まっていった。それにともない、工業も発展して日本の近代化がおしすすめられた。E 1871 年には、アメリカの蒸気船にのり、海外を視察した使節団もあった。昭和に入り、大陸への進出のために[う]鉄道会社がつくられた。

戦後　1950 年代の中ごろから急速に経済が発展した。1964 年の[え]の開催に向けて、高速道路や新幹線の建設がすすんだ。また、空港の建設により海外への渡航もしやすくなった。

4　健一君は戦争体験の聞き取りをしました。次の文章を読み、年表を参考に、下の各問いに答えなさい。

Ⅰ　山梨に住むおばあちゃんの話

　まだ小学校に上がる前のことだったけど、都会から、a 上等の着物をもってきて、米と交換してくれとたのみに来た人たちがいたよ。

　… b 東京から親元を離れて、集団で避難してきた小学生たちもいた。そういうのを【 X 】というんだよ。

　… 戦争が終わり、また学校が始まると、まず、先生が、c 教科書を開いて今から指示するところを筆で塗りつぶしなさいと言ったよ。先生の言葉がはやくてね、ついていくのが大変だったけど、一生懸命に塗りつぶした。すると、ほとんどが塗りつぶされてしまうようなページもあってね、なんだかふしぎな気持ちだったよ。

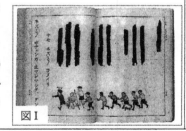
図Ⅰ

Ⅱ　空襲を体験した人の話

　…突然、頭上で異様な音がした。ちょうど夕立のようなザザーッという音である。間もなく道路にたくさんの筒状のものが、ボトン、ボトンと落ち始めた。それらは、地上に当たると、生きもののようにはねあがって（その高さは私の背丈ほどもとびあがる）再び落ちる。そして、ドロドロとした液体をはきちらす。その液体は、コンクリートといわず、柱といわず、へばりついて、アッという間に燃え出す。…

図Ⅱ

Ⅲ　お父さんの小学校時代の先生のお話

　d アメリカとの戦争が始まると日本はあっという間に占領地を広げた。当時、先生は小学生で、新聞などを見ては、世界地図に日本が占領した場所に旗を立てていた。すると、そのうち日本と、同盟国のドイツ・イタリアで世界全体を占領してしまうのではないかと思ったほどだった。

　… e その日は朝から大人たちがあわただしかった。どうやら天皇陛下がラジオで話すそうで、みんな集まれと言われた。みんな厳粛な顔をして放送を待った。天皇陛下の声はそのときはじめて聞いたが、難しい言葉で何を言っているのかさっぱり分からなかった。だけどそのうち、すすり泣く人や、ひざを落とす人たちがあらわれ、f その時、日本は戦争に負けたのだと気づいた。

問1．文章Ⅰの中にある【 X 】にあてはまる言葉を答えなさい。

問2．下線部 a について、この当時、都市部では米が十分に手に入れられなかったことがわかる。人々はこのころ米をはじめ、さとうやマッチなどをどのように手に入れていたのか答えなさい。

問3．下線部 b について、このようなことは何年に始められましたか、右の年表を参考に答えなさい。

問4．下線部 c について、塗りつぶされた教科書は図Ⅰのようになった。このように塗りつぶしを指示された部分は、おもにどんな内容が書かれていた部分ですか。

問5．文章Ⅱは、図Ⅱの兵器が使用された時の様子を表している。

　① この兵器の名前を答えなさい。

　② この兵器が日本の都市を攻撃するのに非常に有効であった理由を、当時の日本の都市の特徴を考えて答えなさい。

問6．下線部 d について、アメリカとの戦争を開始した後、日本が新たに得た占領地を、次からすべて選び、記号を答えなさい。

　　い ハワイ　ろ 台湾　は フィリピン　に ソ連　ほ ビルマ（今のミャンマー）

問7．下線部 e について、「その日」とは何月何日ですか。

問8．下線部 f について、この文章の「先生」は、日本が不利な状況にあるとは思っていなかったようです。それはなぜだと考えられますか。

1938	国民や物資の全てを統制できる権限を政府にあたえた法律ができる。
1939	鉄製品の回収が始まる。
1940	国民服が制定される。
1941	言論・出版・集会の取りしまりが厳しくなる。
1942	「欲しがりません勝つまでは」の標語。
1943	大学生が戦場にかりだされる。
1944	日本本土への空襲が本格化する。
1945	小学校を除いて、授業が停止される。

5　次のA～Dの文章を読んで、下の各問いに答えなさい。

A．① 日本はサンフランシスコ講和会議で48か国と平和条約を結んだ。しかしこの時、（ あ ）などとは平和条約を結ぶことができなかった。

B．日本と（ あ ）が国交を回復し、その同じ年に② 日本は国際連合に加盟した。

C．世界が（ あ ）を中心とする国々と（ い ）を中心とする国々に分かれて対立する中で、③ 朝鮮戦争が起こった。

D．④ 日本国憲法が公布された。日本国憲法では、国民が（ う ）を持つと定められ、大日本帝国憲法の下で（ う ）を持っていた天皇は、国や国民のまとまりの象徴とされた。また、日本国憲法では⑤ 戦争を永久に放棄することを決め、⑥ 基本的人権の尊重を定めている。

問1．上の文中の（ あ ）（ い ）にあてはまる国名を答えなさい。（国名は一般に使われる、省略した名前でかまいません。）

問2．上の文中の（ う ）にあてはまる語句を答えなさい。

問3．上の文中の下線部①～④のできごとを、年代の古い順にならべなさい。

問4．現在の自衛隊のもととなった警察予備隊がつくられたのは、上の文中の下線部①～④のどの時期のことか、①～④の記号で答えなさい。

問5．Dの文中の下線部⑤の考え方の下で、国会や内閣は、下の文章にあらわされる原則を定めています。下の文章の（ え ）（ お ）にあてはまる語句を答えなさい。

　　　　　　「（ え ）を持たない、つくらない、（ お ）。」

問6．Dの文中の下線部⑥に対して、大日本帝国憲法では人権をどのように定めていましたか。次のア～ウの中から選びなさい。

　ア　生まれながらにして自由、平等であるという人権が認められていた。

　イ　自由、平等の人権が認められていたが、法律による制限を強く受けた。

　ウ　自由、平等の人権は認められていなかった。

解答らん

※100点満点
（配点非公表）

1
(1)　(2)

(3)　(4)

2
(1)　g　(2)　g

(3)

3
(1)　月　日　(2)　月　日　(4)　10月　日

(4)

4
(1)あ　い　(2)　(3)

5
(1)

(2) A　(3) B　(4) C　(5) D　(6)

(7)

(8)

6
(1)

(2)

(3)

(4)スライドガラスA　スライドガラスB

(5)

7
(1)あ　い　う　(2)

(4)

8
(1)　(2)

9
(1)　(2)

(3)

10
(1)

(2)　(3)

(4)　(5)

(6)

(7)

社会

テスト3の4　　受験番号　1 0 0 □ □ □　　名古屋　東海中学校（平成24年度）

1

問1	月	日
問2		
問3		
問4	市	

問5
[1]	A	北	
		南	
	B		
	C		
[2]	市	
問6		

問7
[1]	国	役職
[2]		
[3]		
[4]		

| 問8 | |

問9
[1]	
[2]	
[3]	
[4]	

| 問10 | |

問11
[1]	市
[2]	市
[3]	地区（港）

2

問1
1		5	
2		6	
3		7	
4		8	

問2	
問3	
問4	
問5					

古 ──────→ 新

3

問1
あ	
い	
う	
え	

| 問2 | |
| 問3 | 1 | 2 | 3 | 4 |

問4	
問5	
問6	
問7	
問8	
問9	

4

問1	
問2	
問3	年
問4	

問5
| ① | |
| ② | |

問6	
問7	月	日
問8	

5

問1
あ	
い	
問2	う	
問3				

古 ──────→ 新

| 問4 | |

問5
| え | |
| お | |

| 問6 | |

算数

※100点満点
（配点非公表）

（50分）

<注意>
①答えは解答らんに書くこと。
②テスト2の1，2の2の裏を計算用紙として使ってよい。
③円周率は3.14とする。
④用紙は切り取らないこと。

1

次の □ に当てはまる数を求めなさい。

（1）$\dfrac{9}{8} \div 1.5 + 0.5 - \dfrac{6}{7} \times \left(\dfrac{3}{2} - \dfrac{4}{5}\right) =$ □

（2）消しゴム1個とえんぴつ3本をセットで買うと，消しゴムだけ定価の25％引きになり，1セット252円で買えます。これを6セット買ったら，定価で消しゴム6個とえんぴつ18本を買うより，えんぴつ2本分安くなります。

消しゴム1個の定価は □ 円です。

（3）1以上9以下の異なる4つの整数があります。4つの整数の和は15で，積が15の倍数のとき，4つの整数の積は □ です。

2

図のような長方形ABCDと半径3cmの円があります。円の中心Oは，点Aを出発して，対角線AC上を毎秒0.5cmの速さで点Cまで移動します。

（1）円が長方形にすべて含まれている時間は，中心Oが点Aを出発して何秒後から何秒後までですか。
（2）（1）の時間に，円が通過した部分の面積を求めなさい。

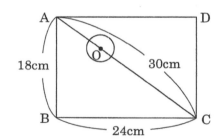

（1） □ 秒後から □ 秒後まで

（2） □ cm²

3

いくつかの直方体を組み合わせた立体が，図のように机の上に置いてあります。AB，CD，EFの長さはすべて7cmで，机と接している面の面積は43cm²です。色がついた面について，あの面積は15 cm²，いとうの面積の和は22 cm²です。

（1）辺AGの長さを求めなさい。
（2）この立体の表面積を求めなさい。

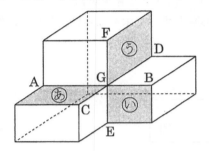

（1） □ cm　　（2） □ cm²

4

図は，半径5cmの円柱形の茶筒を，3個まとめてひもで結んだものと，4個まとめてひもで結んだものです。ひもの太さや結び目は考えないものとします。
（1）図の3個まとめて結んだひもの長さと，4個まとめて結んだひもの長さの差は何cmですか。
（2）いくつかある茶筒を，3個ずつまとめてひもで結んでいったら2個余りました。また，4個ずつまとめてひもで結んでいったら3個余りました。余った茶筒はひもで結びません。使ったひもの長さは，3個ずつまとめたときの方が292.6cm長くなりました。
茶筒はいくつありますか。

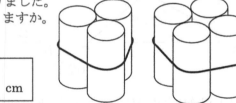

（1） □ cm

（2）（求め方）

（答え） □ 個

5

0 から $\frac{5}{18}$ ずつ増えていく数の並びがあり，20 になるまで続きます。ただし，約分できる数は約分してあります。

$$0 \ , \ \frac{5}{18} \ , \ \frac{5}{9} \ , \ \cdots \cdots \ , \ 20$$

（1）分母が 6 である数はいくつありますか。
（2）分子が 10 である数をすべて求めなさい。ただし，整数は除きます。

（1）	
	個

（2）

6

図1のように，三角形 ABC の辺 AB が辺 BC と重なるように折ります。折り目を BD，点 A が重なる点を E とします。

ただし，辺 AB より辺 BC のほうが長い三角形について考えるものとします。

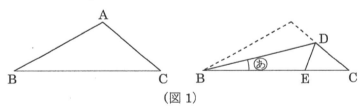

（図1）

（1）辺 AB と辺 AC の長さが等しい三角形 ABC を，図1のように折ったところ，CD と CE の長さが等しくなりました。角 ㋐ は何度ですか。
（2）辺 AC の長さが 3cm の三角形 ABC を，図1のように折ったところ，三角形 CDE の周の長さは 5cm でした。このあと三角形をもとにもどし，さらに図2のように点 B が点 D と重なるように折りました。折り目を FG とすると，三角形 DGC と三角形 AFD の周の長さの差は 2.6cm でした。AD の長さを求めなさい。

（図2）

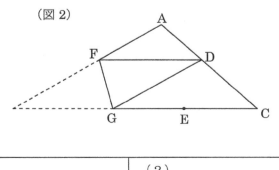

（1）		（2）	
	度		cm

7

底面が 1 辺 4cm の正方形である四角柱の容器があります。図1のように，点 O を支点として，この容器がかたむく装置を作ります。容器の内側には A の位置にしきりがあり，この容器に水を一定の割合で入れていきます。水面が B の位置にくると，容器はかたむいて，水がすべて流れ出たあと，図1の位置にもどり，このとき床と容器が当たる音が鳴ります。

ただし，水面が B の位置にきたときから，音が鳴るまでの時間は考えないものとします。

（1）空の容器に，水をある割合で 2 分間入れたところ，音が何回か鳴りました。水を入れ始めてから 1 分後に，水面は図2の C の位置にありました。水を入れ始めてから 2 分後に，水面は AB 間の A から何 cm のところにありますか。たとえば，図2の点 C は A から 9.5cm のところです。
（2）空の容器に，水をある割合で 5 分間入れました。水を入れ始めてから 2 分後に，水面は図2の C の位置にありました。また，2 分後から 5 分後までの 3 分間に音が 9 回鳴りました。このとき，水を入れる割合は，1 分間に何 cm³ でしたか。

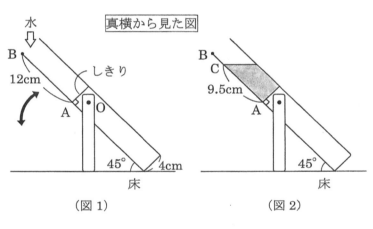

（図1）　　　　（図2）

（1）	
A から	cm のところ

（2）	
	cm³

1 以下の文章は食べ物のゆくえについて述べたものです。文章を読んで、（1）、（2）の問いに答えなさい。

口からとり入れられた食べ物は、かみくだかれて（　ア　）と混ぜられる。その後、食道をとおって（　イ　）、小腸へと運ばれるあいだにさまざまな（　ウ　）と混ざり、消化される。消化された養分は、おもに小腸で（　エ　）とともに吸収される。吸収された養分は血液によって（　オ　）に送られる。その後、たくわえられたり、全身に運ばれたりする。

（1）文中の（ア）～（オ）に当てはまる言葉を答えなさい。

（2）解答らんの図に、（オ）の位置と形が分かるように書き入れなさい。

2 太郎君の家族はイチゴがりに出かけました。以下の会話文を読んで、（1）～（6）の問いに答えなさい。

太郎君　「いっぱいイチゴが育っているね。どれもおいしそうだね。」

お母さん「あら？ミツバチがいるわ。ハウスのどこかが破れているのかしら？」

お父さん「このミツバチは、わざと放しているんだよ。」

太郎君　「そうなんだ！お父さん、あそこにある装置は何？」

お父さん「あれは、灯油を使ったヒーターだね。ヒーターといっても温めるためだけに使われているんじゃないんだよ。灯油は、石油から作られるよね。石油は、もともとはいろいろな生物が死んでできたのは知ってるかな？」

太郎君　「うん！（　a　）燃料っていうもんね。」

お父さん「よく知っているね。じゃあ、灯油をはじめ、石油を燃やすと何ができるか分かるかな？」

太郎君　「えーと、（　b　）！」

お父さん「そう！（　b　）だね。あと、水などもできるんだ。あのヒーターの優れている点は、ハウスを温めながら、（　b　）ができるところにあるんだ。」

（1）下線部に関して、ハウス内にミツバチを放している目的を答えなさい。

（2）（　a　）、（　b　）に当てはまる言葉を答えなさい。

（3）この温室で見つけたヒーターの優れている点を以下にまとめました。（　c　）、（　d　）に当てはまる言葉を答えなさい。

ハウス栽培で使われるヒーターは、植物が成長するのにふさわしい温度にしていると同時に、（　b　）を発生させている。（　b　）を材料として植物は（　c　）を行い、養分である（　d　）を作ることができる。

（4）（　b　）、（　d　）の有無を調べるには、それぞれどのような薬品を用いれば良いですか。

（5）「（　a　）燃料」には石油以外にどのようなものがありますか。

（6）(1)の目的以外に、農作物の成長・発育を助けるために用いられる動物と、その使われ方をあげなさい。ただし、土をたがやしたり、ふんなどを肥料のもとにしたりする例は除きます。

3 右の図はカブトムシ、ショウリョウバッタ、ギンヤンマの卵から成虫への変化を示したものです。（1）～（4）の問いに答えなさい。

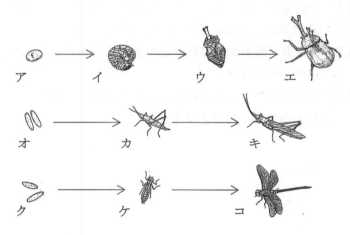

（1）カブトムシが図のエのすがたでいるころのようすとして、正しくないものを下の①～④からすべて選び、番号で答えなさい。
　①　ツバメが家ののき下に巣をつくり始める。
　②　ヘチマの花がさく。
　③　エンマコオロギのよう虫が草むらで見られる。
　④　カマキリの卵が木の枝についている。

（2）サクラの若葉がしげり出すころ、右図の虫たちはどのようなすがたをしていますか。ア～コからそれぞれ選び、記号で答えなさい。

（3）ハクチョウがわたってくるころ、右図の虫たちはどのようなすがたをしていますか。ア～コからそれぞれ選び、記号で答えなさい。

（4）(3)でショウリョウバッタのすがたを選んだ理由を、「食べ物」と「気温」という言葉を使って説明しなさい。

4　　下のア〜カの６種類の水よう液があります。（1）〜（5）の条件に当てはまる水よう液をすべて選び、ア〜カの記号で答えなさい。

　　ただし、当てはまるものがない場合には「なし」と答えなさい。

　　ア：石灰水（せっかいすい）　　イ：炭酸水　　ウ：塩酸　　エ：食塩水　　オ：水酸化ナトリウム水よう液　　カ：アンモニア水

（1）温めるとにおいがする。

（2）加熱して水を蒸発させると白い固体が残る。

（3）他の５つのどの水よう液と混ぜ合わせてもにごらない。

（4）赤色リトマス紙か青色リトマス紙のどちらか一方だけを変色させる。

（5）鉄とアルミニウムのどちらもとかす。

5　　太さの一様な長さ１ｍの針金があります。図１のように、この針金を30cm

　　のａの部分、60cm のｂの部分、10cm のｃの部分とします。（1）〜（3）

　　の問いに答えなさい。

（1）ａ、ｂ、ｃの３つの部分に切断し、重さを無視することができる長さ60cm

　　の棒ＰＱに図２のようにつるして、棒ＰＱを水平に保とうとします。Ｐ点

　　から何 cm のところにひもを付けてつるしたらよいですか。

（2）図３のように、Ａ点とＢ点のところでａの部分とｃの部分をＡＢに対し

　　てそれぞれ直角に折り曲げ、ｂにひもを付けてＡＢを水平に保とうとしま

　　す。折り曲げたＡ点から何 cm のところにひもを付けてつるしたらよいです

　　か。

（3）図４のように、Ａ点とＢ点のところでａの部分とｃの部分をＡＢに対し

　　てそれぞれ 180 度折り曲げ、ｂにひもを付けてＡＢを水平に保とうとしま

　　す。折り曲げたＡ点から何 cm のところにひもを付けてつるしたらよいです

　　か。

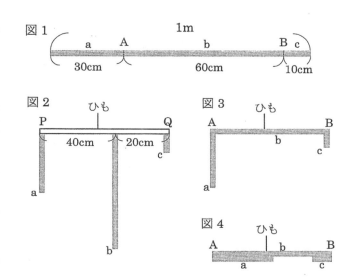

6　　右のア〜クの図のように、かん電池２個、豆電球２個、電流計、

　　スイッチを導線でつなぎました。スイッチを入れたとき、（1）〜（4）

　　に当てはまるものをア〜クの記号で答えなさい。ただし、答えが２つ以

　　上ある場合はすべて答え、当てはまるものがない場合には「なし」と答

　　えなさい。

（1）かん電池が熱くなって大変危険なのはどれですか。

（2）電流計がこわれてしまうのはどれですか。

（3）電流計が最も大きな数値を示すのはどれですか。ただし、(2)で選ん

　　だものは除きます。

（4）電流計が最も小さな数値を示すのはどれですか。ただし、豆電球が

　　点灯しないものは除きます。

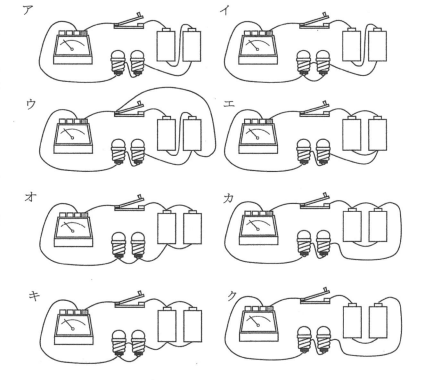

7　1本の糸におもりをつけ、右の図1のように、固定された支柱からおもりまでの長さを25cmにし、

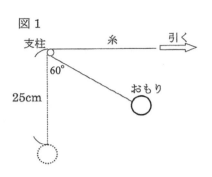

支柱の真下から60°持ち上げた高さからおもりを放しました。（1）～（4）の問いに答えなさい。

（1）おもりを放した後、糸を図1の矢印のようにゆっくり右に引いていくと、おもりが1往復する
　　　時間と、ふれる角度はどうなりますか。下の①～⑦から選び、番号で答えなさい。
　　　①　時間は短くなり、角度は小さくなる　　　②　時間は長くなり、角度は小さくなる
　　　③　時間は短くなり、角度は大きくなる　　　④　時間は長くなり、角度は大きくなる
　　　⑤　時間は短くなり、角度は変わらない　　　⑥　時間は長くなり、角度は変わらない
　　　⑦　どちらも変わらない

（2）(1)で、時間の答えを選んだ理由を説明しなさい。

（3）(1)で、角度の答えを選んだ理由を「最下点」という言葉を使って説明しなさい。

図2

（4）おもりのかわりに図2の砂時計でふり子を作ると、ふり子が1往復する時間と、ふれる角度は、砂が落ちていくに
　　　したがってどうなりますか。(1)の①～⑦から選び、番号で答えなさい。

8　気体検知管を用いて、さまざまな気体にふくまれる成分の割合を調べました。（1）～（4）の問いに答えなさい。

（1）　下の①～⑤は、気体検知管の使い方を、順を追って説明したものです。（　ア　）、（　イ　）に当てはまる言葉や文を書きなさい。
　　　①　気体検知管の（　ア　）を折り取る。
　　　②　カバーゴムと気体採取器を取り付ける。
　　　③　調べたい気体が入った容器に気体検知管を入れ、気体採取器のハンドルを引く。
　　　④　決められた（　　イ　　）。
　　　⑤　気体検知管の目盛りを読む。

（2）調べたい気体が入った容器には、図の気体検知管の左右どちらを入れますか。左・右で答えなさい。

（3）下の①～④の気体について、ふくまれる成分の割合を示したグラフはア～キ
　　　のどれですか。ただし、わずかにしかふくまれない成分はグラフには示されてい
　　　ません。また、同じグラフを何回選んでもよろしい。
　　　①　空のポリエチレンの袋に入れた空気
　　　②　空のポリエチレンの袋にストローでふきこんだ息
　　　③　空気の入った容器の中で、フタをしたままロウソクを燃焼させた後の気体
　　　④　二酸化炭素だけを満たした風船の中に、さらに水を入れてふった後の気体

ア	A		
イ	C		
ウ	A		B
エ	A		C
オ	A	C	
カ	B	C	
キ	A		B	C

※すべてのグラフで同じアルファベットは同じ気体を表すものとします。

（4）(3)の④で風船をふっていると、風船の大きさはどうなりますか。「大きくなる」、「変わらない」、「小さくなる」のいずれかで答えな
　　　さい。

9　月の見える形は毎日変化していきます。ほぼ見えない時は新月、新月の日の3日後に一部だけ

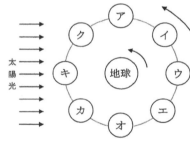

　　　が見える月を三日月、そして新月から15日後に見える月を満月といいます。右の図は、地球と
　　　月と太陽光の関係を表したものです。（1）～（5）の問いに答えなさい。

（1）満月の時の月の位置を、ア～クの記号で答えなさい。

（2）日食の時の月の位置を、ア～クの記号で答えなさい。

（3）月食の時の月の位置を、ア～クの記号で答えなさい。

（4）月の出の時刻は毎日少しずつ変化します。1日につき平均約何分ずつ変化しますか。早くなるかおそくなるかとあわせて、答えな
　　　さい。

（5）1月のある日、日の入りの1時間後に南の空に月が見えました。この時の月の形を、明るく見える部分の輪かくを書いて示しなさ
　　　い。

10　右の写真は東海中学校の正門の一部です。この門に使われている岩石(ア)は、火山灰がたい積
　　　してできた岩石(イ)や、海底にたい積した砂やどろが固まってできた岩石(ウ)ではありません。
　　　（1）～（3）の問いに答えなさい。

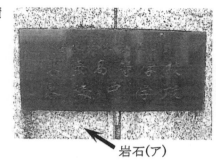

（1）岩石(ア)はどのようにしてできた岩石ですか。

（2）岩石(イ)と岩石(ウ)を見分けるには、どのような違いを比べればよいですか。

（3）(2)で見分けた違いはどのようにしてできましたか、説明しなさい。

岩石(ア)

1　次の文は、ある小学生が「私たちのくらす【　Ａ　】県」について紹介するため特色をまとめたものです。それについて、下の各問いに答えなさい。

●私たちの県は、海に面していません。海に面していない県は、私たちのくらす県をふくめて、８つあります。
●県の中央にある湖の周辺は、かつては製糸業がさかんで桑畑も多く見られましたが、今は精密機械工業とａ 電子機器工業がさかんです。
●りんごの生産が全国第２位です。高原で野菜の栽培も行われ、ｂ 畑や樹園地（果樹園）の割合が他の県と比べて高いです。
●県庁所在地は県の北部にあり、ｃ 新幹線の駅もあります。また、有名なお寺があって、この地はそのお寺を中心に発展しました。
●雪どけ水が豊富で山が多いことから、水力発電がさかんです。水力発電は、ｄ 発電する時にｅ 二酸化炭素を出しません。

問１．【　Ａ　】県は右図のア〜エの中のどれですか、１つ選びなさい。図はすべて上が
　　　北です。ただし、縮尺はそれぞれ変えてあり、湖はえがかれていません。

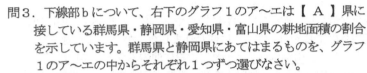

ア　　　イ　　　ウ　　　エ

問２．下線部ａについて、右の表１は「電子部品など」と「情報通信機器」の製品出
　　　荷額上位の府県を示しています。【　Ａ　】県より東にあって、海に面していない
　　　【　Ｂ　】県を答えなさい。

問３．下線部ｂについて、右下のグラフ１のア〜エは【　Ａ　】県に
　　　接している群馬県・静岡県・愛知県・富山県の耕地面積の割合
　　　を示しています。群馬県と静岡県にあてはまるものを、グラフ
　　　１のア〜エの中からそれぞれ１つずつ選びなさい。

問４．下線部ｃについて、次のア〜エの県庁所在地の中で新幹線の
　　　駅がないものを１つ選びなさい。
　　　ア．佐賀市　イ．新潟市　ウ．宇都宮市　エ．盛岡市

問５．下線部ｄについて、日本の火力発電の燃料は1973年以降、石油の割合が
　　　低くなっています。その理由の１つは、石油の価格が不安定だからだと考え
　　　られますが、なぜ価格が不安定になるのかを答えなさい。

問６．下線部ｅについて、二酸化炭素の出る量を減らすために、消費電力の少
　　　ない電化製品が登場していますが、電化製品が多く作られると二酸化炭素
　　　の出る量が増える場合もあります。その理由をかんたんに答えなさい。

表１	1位	2位	3位	4位	5位
電子部品など	三重県	【Ａ】県	愛知県	大阪府	【Ｂ】県
情報通信機器	【Ａ】県	【Ｂ】県	神奈川県	栃木県	愛知県

経済産業省『平成22年（2010年）工業統計調査』により作成。

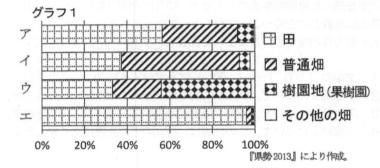

グラフ１

田
普通畑
樹園地（果樹園）
その他の畑

0%　20%　40%　60%　80%　100%

『県勢2013』により作成。

2　次の ア〜オ の各道県について、下の各問いに答えなさい。

ア．北海道　イ．富山県　ウ．香川県　エ．新潟県　オ．鳥取県

チューリップ　　ライチョウ
絵Ａ

オリーブ　　ホトトギス
絵Ｂ

写真Ｃ（アツシ織）

	人口（万人）	人口密度（人/km²）
①	58.5	167
②	99.2	529
富山県	108.8	256
③	236.2	188
④	548.6	70

表Ｄ　　　　『県勢2013』により作成。

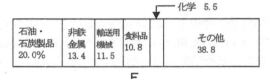

パルプ・紙　　　　輸送用機械 5.3

食料品 31.6%	石油・石炭製品 16.7	鉄鋼 9.4	6.8	その他 30.2

Ｅ

化学 5.5

石油・石炭製品 20.0%	非鉄金属 13.4	輸送用機械 11.5	食料品 10.8	その他 38.8

Ｆ

生産用機械 7.8

化学 13.7%	電子部品 12.8	金属製品 11.0	非鉄金属 9.9	その他 44.8

Ｇ

『県勢2013』により作成。

問１．絵Ａ・Ｂは、「道県の花と鳥」です。Ａ・Ｂにあてはまる道県を、上の ア〜オ の中から選びなさい。
問２．写真Ｃの伝統工芸品がつくられている道県を、上の ア〜オ の中から選びなさい。
問３．表Ｄ中の①・②・③にあてはまる道県を、上の ア〜オ の中から選びなさい。
問４．グラフＥ〜Ｇは、北海道・富山県・香川県の製造品出荷割合を示しています。ＥとＦにあてはまる道県を、上の ア〜ウ の中から選びなさい。

3　次の文章を読んで、下の各問いに答えなさい。

　国際連合が定めた2011年の「国際森林年」を記念し、森林保護に力をつくした「フォレストヒーローズ」（森林の英雄たち）の一人に東日本大震災の
被災地、宮城県気仙沼市で【ア】養殖業を営む畠山重篤さんが選ばれた。畠山さんは【ア】養殖のかたわら、気仙沼湾に注ぐ大川の上流で植林を続け
てきた。ニューヨークにある国連本部で表彰式が行われ、畠山さんは「木を植えることも大切だが、流域に住む人々の心に（自然保護の）木を植える
ことが大切」と訴えた。畠山さんは次のように語っている。「落葉樹は秋になると葉が落ちる。何年もの間に落葉樹の地面は厚い腐葉土におおわれるこ
とになります。この落ち葉が、土とともにたっぷり雨水を吸ってたくわえ【イ】の役割を果たすのです。水は少しずつ浸み出し、川に流れ込んでいきま
す。これで水はたっぷり栄養を含むことができるのです。海にとって、川はとても大事なのです。陸の栄養分を海に運んでくれるからです。栄養のある
川の水が流れ込んでこそ、魚や貝のエサとなるプランクトンがたくさん育つのです。だから、【ウ】やナラなどの落葉樹の森が必要なんですよ」。

（『ニュースがわかる 2012年4月号』毎日新聞社と『美味しんぼ』小学館より）

問１．文中の【ア】〜【ウ】にあてはまる語句を答えなさい。ただし、【ア】は広島県が全国の約半分を生産している養殖海産物で、【ウ】は世界遺産に
　　　登録されている白神山地の原生林の代表的樹木です。
問２．工場排水で海がよごれ、その海の魚を食べたことで多くの人が病気になり、大きな問題になりました。この病気は何という公害病ですか、答えな
　　　さい。
問３．秋田県の田沢湖にいた「クニマス」は、流入する川がよごれたために絶滅してしまいました。しかし、2011年に別の湖で発見されました。その湖
　　　のある県を、答えなさい。

4　「日本のおもな国立公園」について、下の各問いに答えなさい。

資料「日本のおもな国立公園」（2013年1月現在）

ア．知床	イ．釧路湿原	ウ．【A】山	エ．陸中海岸	オ．尾瀬	カ．上信越高原	キ．小笠原	ク．富士箱根伊豆
ケ．【B】山	コ．山陰海岸	サ．阿蘇くじゅう	シ．霧島錦江湾	ス．屋久島	セ．西表石垣		環境省ホームページにより作成。

問1．資料の【A】と【B】にあてはまる山を、下の文を参考にして答えなさい。
　　【A】北海道中央部にある火山群で、最高峰の旭岳は標高2291m。　　【B】石川県と岐阜県の境にあり、信仰の山として知られる。
問2．資料の国立公園の中で世界自然遺産と重なる地域を、ア～セの中から3つ選びなさい。
問3．阿蘇くじゅう国立公園は2県にまたがる国立公園です。熊本県と何県かを答えなさい。

5　次の文章を読んで、下の各問いに答えなさい。

　稲を育てる技術とともに、金属器が大陸から日本に伝わってきました。金属器の伝来は日本社会を大きく変えていきます。
　日本に伝わったおもな金属器は青銅器と鉄器でした。青銅器は銅剣、（　①　）、銅鐸などがあり、それらはおもに祭りや（　②　）を示すものに使われるようになりました。また、鉄器は鉄剣のほか、おのや小刀、クワやスキなど、武器以外に工具や（　③　）に使われました。かつては収穫のとき（　④　）という石器で稲の穂をつみとっていましたが、鉄製のカマを使うようになりました。a 田が広がるにつれ、次第に他のムラとの争いが多くなります。（　⑤　）県のb 吉野ヶ里遺跡は、争いが当時、多かったことを示しています。争いが続くうち、強い力を持つ豪族が現れます。3世紀、中国に使者を送った卑弥呼もその一人です。彼女は中国の皇帝から（　①　）や織物を与えられています。
　各地に豪族が力を持つようになると、渡来人がもたらした技術を使って巨大な古墳がつくられるようになります。大仙古墳は5世紀につくられた日本最大の前方後円墳です。このような古墳はc 大和・河内に集中しており、同地方を支配する大和朝廷が強大化していたのを示しています。

問1．文中の（　①　）～（　⑤　）にあてはまる語句を答えなさい。
問2．下線部aについて、米作りに関して「土地の取り合い」以外では、どのような争いが考えられますか。
問3．下線部bについて、吉野ヶ里遺跡は争いにそなえてどのような工夫がされていますか。かんたんに答えなさい。
問4．下線部cについて、この地域は、現在のどの府県にありましたか。それぞれ答えなさい。

6　次の文章は、歴史上の女性①～⑤に自己紹介をしてもらったら、それぞれこのように語るだろうかと想像して書いてみたものです。①～⑤の文章を読み、下の各問いに答えなさい。

①　当時、武家に生まれた女性は、武家同士の関係を深めるため結婚することが多くありました。私の母は【A】の妹ですが、そのような結婚をしました。私の姉は、【A】のあとを引き継ぎ天下を統一した方の子どもを産みましたが、大阪城での戦いで、その子とともに幕府に滅ぼされました。その幕府の将軍は私の夫でした。私の息子も将軍になり、a この幕府が大名を支配するしくみは、おおかた、この将軍の代までには整備されました。

②　夫は仏教の力で政治を安定させようと考え、仏教の制度を整えるため中国から【B】をお招きしました。また、国分寺を各国につくり、その中心の東大寺には大仏をつくりました。夫が亡くなった後、私は夫の愛用の品を、ゆかりの深い東大寺へ納めました。b そのなかには海外から伝わったものも含まれていましたよ。

③　私の夫は、かつて戦いに敗れた武士の総大将の息子でした。やがて、朝廷の重要な地位を独占し栄えていた一族をたおすため、夫も立ち上がりました。c 夫は、頼ってくる武士たちと主従関係を結び、かけつけた弟たちに戦いをまかせ、武士の社会を実現するしくみをつくりました。夫と二人の息子も死んだ後、朝廷は私たちを滅ぼそうとしましたが、家来の武士たちの団結のおかげで、d この大事件を乗り切りました。

④　私は、一条天皇のお后の彰子様に仕えた【C】です。彰子様のお父様は自分の娘を、4人も天皇の后になさいました。天皇の后になるには高い教養が必要です。私は彰子様のお話し相手でお世話係でした。e 当時は、文章を書くのが楽になっていましたので、私もすてきな男性を主人公に恋愛小説を書いてみましたわ。私が書いた作品は好評で、一条天皇もお読みになったようです。

⑤　私は天皇の妹で、将軍の妻になりました。当時、外国への接し方について、日本国内では大きく意見が分かれていました。幕府は、私の兄の許しをえずにf 諸外国と貿易をはじめ、結果、多くの人々の生活がいっそう苦しくなりました。開国に反対し、天皇中心の政治をめざす人たちは幕府への反発を強めました。そこで、幕府は朝廷との関係をよくするため、私を将軍の妻にしたいと願い出ました。

問1．文中の【A】～【C】にあてはまる人物の名前を、それぞれ答えなさい。
問2．下線部aについて、この幕府が大名を支配しているようすとして正しくないものを、次のア～エの中から1つ選びなさい。
　　ア．大名たちに対し、それぞれの領地で取れる年貢の半分を、幕府に納めさせた。
　　イ．大名は、自分の妻や子供を、幕府がある都市で生活させなければならない。
　　ウ．武家諸法度に違反した大名はとりつぶすなどして、きびしく罰した。
　　エ．大名たちに、幕府の城の修理や、河川工事などの費用や労力を負担させた。
問3．下線部bについて、これらはおもに唐との交流によってもたらされましたが、唐以外のアジア各地のものもみられます。それはどうしてか答えなさい。
問4．下線部cについて、このように主従関係を結んだ武士たちは、従うことでどのような利益を得ましたか。「新領地を得ること」以外で答えなさい。
問5．下線部dについて、この事件がおこる前ごろから、将軍をたすけ政治をとりまとめる役割をもった役職は何ですか、答えなさい。
問6．下線部eについて、このように「文章を書くのが楽になった」のは、どのような変化があったからですか、かんたんに答えなさい。
問7．下線部fについて、多くの人々の生活が苦しくなったおもな理由を、かんたんに答えなさい。

7 日本が明治以降した戦争について、下の各問いに答えなさい。

戦争名＼国名	（ オ ）	（ カ ）	（ キ ）	（ ク ）
（ ア ）	講和条約のなかだちをした。	（ ケ ）を援助した。		（ ウ ）と戦争した。
（ イ ）	日本と同盟を結んでいた。	（ ケ ）を援助した。		日本と同盟を結んでいた。
（ ウ ）		戦争中に日本と同盟を結んだ。	講和後、他国とともに日本に（ コ ）半島の返還を求めた。	（ ア ）、（ イ ）、（ エ ）、日本などと戦争をした。
（ エ ）	日本と戦争をした。		講和後、他国とともに日本に（ コ ）半島の返還を求めた。	（ ウ ）と戦争した。戦争中、国内で革命が起きた。
説明A		①		②
説明B	③日本は講和で、「この地」などを借りる権利を譲られた。	④「この地」付近でたたかいが始まり、両国の全面戦争になった。	⑤日本は戦後、「この地」を含む地域を譲られ、まもなく植民地にした。	

問１．上の表はオ～クの戦争に対する各国の動きをまとめたものです。ア～エには国名を、オ～クには戦争名を、ケには国名を、コには地名をそれぞれ答えなさい。

問２．表中の説明Ａの①と②にふさわしい文を下の（い～は）からそれぞれ選びなさい。
　い．このころから日本の好景気が始まり、戦争中に輸出が輸入を上回るようになった。
　ろ．日本国民の多くは戦争に賛成したが、与謝野晶子は詩で戦争に反対する気持ちを表現した。
　は．日本は相手国の首都を占領したが、戦争が長期化したため、政府は国民に戦争の協力をよびかけた。

問３．表中の説明Ｂの文章③～⑤に示されている「この地」を、右の地図のサ～チからそれぞれ選びなさい。

問４．満州事変で、日本は世界の中でどのようになっていきますか。「満州国」「国際連盟」の単語を順番に入れて、５０字以内で説明しなさい。

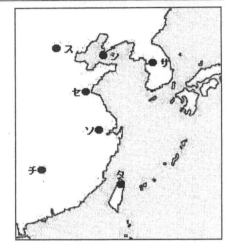

8 次の文章を読んで、下の各問いに答えなさい。

　明治になってから政治はしばらくの間、一部の藩の出身者によって行われていました。政府が次々に行う改革で、a 武士だった人たちは今まで得ていた収入を失い、生活に困る人も出てきました。また、b 一般の人々にもあらたな負担が加わり、生活は楽になりませんでした。c 武士だった人たちは反乱を起こしましたが、すべて政府の軍隊によってしずめられました。これ以降、d 言論で政治を変えていこうとする運動が盛り上がります。

　この運動は国会を開き、憲法をつくることを政府に要求し、政府もそれを約束しました。そうしてできた憲法が（ Ａ ）憲法です。また、それにともなって国会も開かれました。この憲法では天皇の力が強大だったのですが、国民の自由も制限付きでしたが認められました。国民の声も反映させるために選挙がおこなわれましたが、e はじめのうちは限られた人のみしか選挙権はありませんでした。

　日本はその後も近代化を進め、欧米の国々の一員に認められるくらい成長しました。そうしたなか、人々の民主主義への意識も高まり、やがて男子に限っては一定の年齢に達すると選挙権をもてるようになりました。女性の地位向上をめざす運動もこのころ、高まりました。しかし、その一方で政府は民主主義をとりしまる法律も作り、どんどんそれが強化されていき、国民の不満はおさえられていきました。

　f 戦後、日本は民主主義国家として再出発するために、連合国の指令によりさまざまな改革を行いました。g 女性に選挙権も与えられ、国民の自由を押さえつけていた法律も廃止されました。h 憲法も作りなおされ、天皇は民主主義国家にふさわしい存在になり、天皇にかわり国民が（ Ｂ ）者になりました。

問１．文中の（ Ａ ）と（ Ｂ ）にあてはまる語句を答えなさい。

問２．下線部ａの原因のひとつに、彼らが属していた藩がなくされてしまう改革があります。その改革を、答えなさい。

問３．下線部ｂについて、江戸時代まで武士身分の人たちの義務だったことが、一般の人々の義務になりました。それは何か答えなさい。

問４．下線部ｃの代表的な反乱を、答えなさい。

問５．下線部ｄの人たちは自分たちの運動を、どのような方法を使って国民に広めようとしましたか。２つ、答えなさい。

問６．下線部ｅは当時の人口のどのくらいの割合の人たちでしたか。下のア～エから選びなさい。
　　ア．約１％　　イ．約１０％　　ウ．約３０％　　エ．約５０％

問７．下線部ｆについて、右の図は、戦後、中学生に配布された「あたらしい憲法のはなし」のさし絵です（一部改）。日本はどのような国に生まれ変わろうとしたのですか、この絵にもとづいて２０字以内で説明しなさい。

問８．下線部ｇで選挙権を持てる年齢が引き下げられました。何歳から何歳に引き下げられましたか。

問９．下線部ｈについて、天皇はこの憲法で「象徴」とされましたが、天皇は「日本国」以外に何の象徴とされましたか、答えなさい。

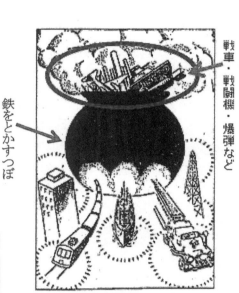

解答らん

1 (1)ア　　イ　　ウ　　エ　　オ

(2)

2

(1)

(2)a　　b　　(3)c　　d

(4)b　　d　　(5)

(6) 動物　　使われ方

3

(1)

(2)　,　,　　(4)

(3)　,　,

4 (1)　　(2)　　(3)　　(4)　　(5)

5 (1)　　cm　(2)　　cm　(3)　　cm

6 (1)　　(2)　　(3)　　(4)

7 (1)　　(2)

(3)　　(4)

8 (1)ア　　イ　　(2)

(3)①　　②　　③　　④　　(4)　　(5)

9 (1)　　(2)　　(3)　　(4)　　分ずつ　　くなる

10 (1)

(2)

(3)

社会

テスト3の4　受験番号　1 0 0 □ □ □　名古屋　東海中学校（平成25年度）

※100点満点
（配点非公表）

1
問1	
問2	県
問3	群馬県 静岡県
問4	
問5	
問6	

2
問1	A	B
問2		
問3	①	②	③
問4	E	F

3
問1	ア	
	イ	
	ウ	
問2	病
問3	県

4
問1	A	山
	B	山
問2	・ ・
問3	県

5
問1	①	④
	②	⑤ 県
	③	

問2	
問3	
問4	大和	河内

6
問1	A	
	B	
	C	
問2	

問3	
問4	
問5	
問6	
問7	

7

問1

| 国名 |
ア	
イ	
ウ	
エ	
戦争名
オ	
カ	
キ	
ク	
国名
ケ	
地名
コ	半島

| 問2 | ① | ② |
| 問3 | ③ | ④ | ⑤ |

問4（50字）

8
問1	A	憲法
	B	者
問2	
問3	
問4	
問5	・
	・
問6	

問7（20字）

| 問8 | 歳 → 歳 |
| 問9 | |

算数

（60分）

※100点満点
（配点非公表）

＜注意＞
①答えは解答らんに書くこと。
②テスト2の1，2の2の裏を計算用紙として使ってよい。
③円周率は3.14とする。
④用紙は切り取らないこと。

1

次の □ に当てはまる数を求めなさい。

（1）$\dfrac{7}{2} - \left(2.4 - \dfrac{3}{8}\right) \div \dfrac{9}{4} + 1.54 \times \dfrac{15}{11} =$ □

（2）分母が8以下でそれ以上約分できない分数を，小さいものから順に並べます。あにあてはまる分数は □ ，いにあてはまる分数は □ です。

…… , $\dfrac{3}{7}$, あ , $\dfrac{4}{7}$, い , $\dfrac{5}{8}$, ……

（3）図1の四角形の紙を図2のように折りました。角あは □ 度です。

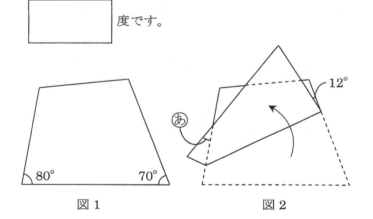

図1　　　　図2

2

右の図の四角形 ABCD，四角形 BEFG はいずれも平行四辺形で，面積の比は2：3です。辺 FG の延長と辺 AD の交点を H とします。

（1）四角形 ABCD と四角形 BEFC の面積の比を求めなさい。

（2）四角形 ABGH と三角形 HCD の面積の比を求めなさい。

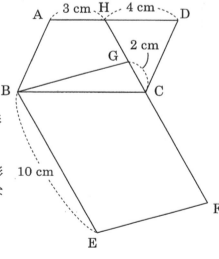

四角形　四角形
ABCD：BEFC

四角形　三角形
ABGH：HCD

（1）　　　：	（2）　　　：

3

木が等間隔に並んで立っているまっすぐな道があります。木Sから木Uまで走るのに，A君は15秒，B君は21秒かかります。
　A君は木Sの3本手前の木Rから，B君は木Sから同時に走り出しました。A君が木Uの1本手前の木Tを通過したときに，B君は木Tの6m手前にいました。A君が木Uに着いたときに，B君は木Tに着きました。
（1）木の間隔は何mですか。
（2）B君の走る速さは秒速何mですか。

R　　　　　S　　　　　　　T　U
○　○　○　○　○……○　○　○

（1）　　　　　　　m

（2）（求め方）

（答え）秒速　　　　　m

4

1から99までの数字が1つずつ書いてある99枚のカードがあります。A君がある数の倍数のカードをすべて取ったあと，残ったカードの中からB君が別の数の倍数のカードをすべて取りました。さらに残ったカードの中からC君が別の数の倍数のカードをすべて取ったところ，3人の取ったカードの枚数は14枚ずつになりました。
（1）B君が取ったカードは何の倍数ですか。
（2）取ったカードをすべてもどして，3人の取るカードの倍数は変えずに，カードを取る順番をA君→C君→B君の順に変えたところ，C君が取ったカードの枚数は，B君が取ったカードの枚数の3倍になりました。C君が取ったカードは何の倍数ですか。また，このとき，C君はカードを何枚取りましたか。

（1）　　の倍数	（2）　　の倍数　｜　　枚

5

図1は，あるクラスの生徒36人の座席です。自分の座っている座席の，縦の列と横の列を除いてできる部分を，「左前」「右前」「左後」「右後」と呼びます。例えば，図2は，前から5番目，左から4番目に座っているD君の場合です。

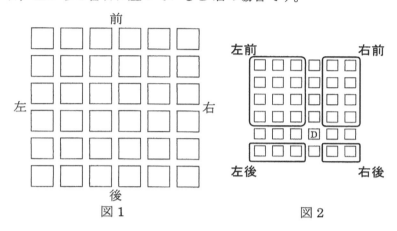

図1　　　　　　　　　　図2

表は，このクラスのある座席に座っている男子A君，女子Bさん，女子Cさんの3人について，4つの部分に座っている男子と女子の人数を表しています。

	A君	Bさん	Cさん
左前	男3 女1	男3 女3	男1 女1
右前	男2 女4	男1 女3	男0 女3
左後	男2 女4	男3 女6	男2 女6
右後	男6 女3	男4 女2	男8 女4

（1）A君の座っている座席の，縦の列と横の列のうち，横の列の座席には，男子，女子がどのように並んでいますか。□の中に，「男」または「女」を書き入れなさい。

（2）このクラスの男子は何人ですか。

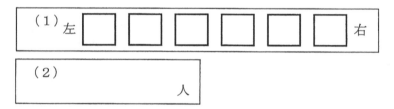

（1）左　□　□　□　□　□　□　右

（2）　　　　　　　　人

6

正十二角形があります。斜線部の面積の和を求めなさい。

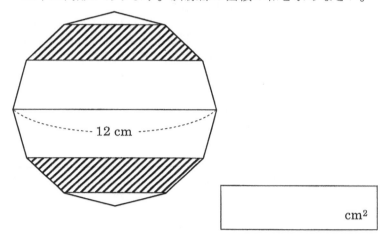

12 cm

　　　　　　　　cm²

7

4つの立方体があり，体積の小さいほうから順にA，B，C，Dとします。立方体の1つの面の面積はそれぞれ a cm²，b cm²，c cm²，d cm² です。それぞれの立方体の向かい合う1組の面にだけ，その正方形の対角線が引いてあります。

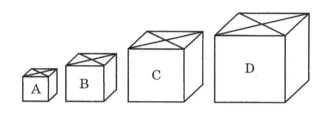

これらの立方体を対角線どうしが重なるように積み重ねてできる立体の表面積を考えます。例えば，A，B，Cの3つの立方体を積み重ねてできる立体は，図のように3種類あります。

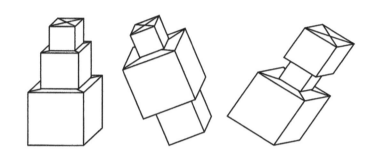

（1）aの値が5のとき，A，B，Cの3つの立方体を積み重ねてできる3種類の立体の表面積は，108 cm²か112 cm²のいずれかでした。cの値を求めなさい。

（2）aの値が1，bの値が2，cの値が3，dの値が4のとき，A，B，C，Dの4つの立方体を積み重ねてできる立体の中で，表面積が最も大きい立体の表面積を求めなさい。

（1）	（2）
	cm²

1　図はトウモロコシを表したものです。次の問いに答えなさい。

（1）次の文を読んで、（　あ　）（　い　）にあてはまる言葉を答えなさい。

　　『トウモロコシは、実がつくられるときに、Aでつくられた（　あ　）がBにつく。この現象を（　い　）という。』

（2）（　あ　）の運ばれ方がトウモロコシと同じ植物を、次のア〜オからすべて選び、記号で答えなさい。

　　ア、コスモス　　　イ、リンゴ　　　ウ、マツ　　　エ、スギ　　　オ、ヒマワリ

（3）トウモロコシ畑では、たくさんの株を近づけて植えます。これはなぜですか。簡単に説明しなさい。

2　太郎君はお父さんとお母さんと博物館に行きました。会話文を読んで以下の問いに答えなさい。

　　太郎くん「お父さん、ティラノサウルスの復元模型があるよ！となりにはイグアノドンもある！」

　　お父さん「太郎は恐竜が大好きだなあ。ここを見てごらん。ティラノサウルスとイグアノドンの歯のそばに、ライオンとシマウマの歯が並べてあるね。なぜこんな展示がされているか、太郎は分かるかな？」

　　太郎くん「主に食べているものがティラノサウルスとライオンは（　X　）、イグアノドンとシマウマが（　Y　）で同じだから！」

　　お父さん「その通り。それぞれ食べるのに適したからだのつくりになっているから、同じような特徴が出てくるんだね。」

　　お母さん「太郎は本当によく知っているわね。そんなこと学校で習わなかったわ。」

　　太郎くん「じゃあぼくが教えてあげるよ！ほらほら、よく見て。　　　　あ　　　　」

　　お父さん「太郎、こっちを見てごらん。おもしろい化石があるよ。」

　　太郎くん「なにこれ、"フン石"・・・わぁ！うんちの化石だ！」

　　お父さん「このAフン石を調べると、その生物が何を食べていたかとか、いろいろなことが分かるんだ。」

　　お母さん「こっちの展示を見て。この鳥みたいな生き物の絵は何？」

シソチョウの復元図

　　お父さん「これは、シソチョウの復元図だね。鳥類はもともと（　い　）類がB進化をするなかで現れたと考えられているんだ。このシソチョウは鳥類と（　い　）類の両方の特徴をもっているんだよ。シソチョウの他にも、進化の途中を知ることができる生物はたくさんいるんだ。C生きた化石って言葉を聞いたことがあるかな？」

　　太郎くん「もちろん！」

　　お父さん「生きた化石と呼ばれる生物には、進化のあとを色濃く残した特徴をもつものが少なくないんだ。今、いろいろな生き物が地球上にいるよね。これは、長い年月をかけて、それぞれの環境にあわせて進化をしてきた証でもあるんだ。」

　　太郎くん「そっかあ、だから、たくさんの生き物が生きていけるような環境を大切にしていかなければいけないんだね。」

（1）文中　あ　には、「何を食べるために、歯のつくりがどのようになっているのか」が入ります。解答らんに合うように答えなさい。

（2）文中の（　い　）類には恐竜の他にカメやトカゲなどが含まれます。（　い　）に入る言葉を答えなさい。

（3）シソチョウにみられる、鳥類の特徴と（　い　）類の特徴をそれぞれ答えなさい。

（4）下線部Aに関して、フン石を調べることで、どのようなことが分かりますか。会話文に出てきた例以外で1つ答えなさい。

（5）下線部B「進化」を研究し、『種の起源』を記したイギリスの生物学者は誰ですか。

（6）下線部C「生きた化石」と呼ばれる生物を1つあげなさい。

（7）いろいろな生物がいることを、「生物の（　　　　）」があるといいます。（　　　）に入る言葉を漢字3文字で答えなさい。

（8）現在、（7）がおびやかされるような環境問題が話題になっています。どのような問題があるか、例を1つあげなさい。

3　図はヒトの心臓を表したもので、ア〜エは心臓につながっている血管を示しています。次の問いに答えなさい。

（1）心臓は筋肉のはたらきによって規則正しく動きます。この動きを何といいますか。

（2）（1）によって送り出された血液により、血管に周期的なリズムが生じます。このリズムを何といいますか。

（3）左の肺を通って心臓に送りこまれる血液が流れている血管をア〜エから選び、記号で答えなさい。

（4）酸素が多い血液が流れている血管をア〜エからすべて選び、記号で答えなさい。

（5）心臓から、からだの下の方に送り出される血液が流れている血管をア〜エから選び、記号で答えなさい。

（6）からだの上の方から、心臓に送りこまれる血液が流れている血管をア〜エから選び、記号で答えなさい。

4　図のように、注射器のピストンに板を取り付け、その上におもりをのせました。おもりの重さを変えて、注射器に閉じこめた空気の体積がどのように変化するかを調べたところ、表のようになりました。次の問いに答えなさい。

（1）おもりの重さが7kgのとき、空気の体積は何mLになりますか。

（2）空気の体積を10mLにするには、何kgのおもりをのせればよいですか。

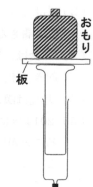

おもりの重さ（kg）	0	5	10	15	20	25
空気の体積（mL）	120	60	40	30	24	20

⑤　次の図を見て、以下の問いに答えなさい。

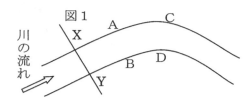
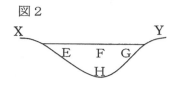
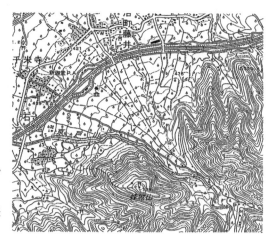

国土地理院 1:25,000 地形図「石和」

（1）図1は河川の様子を簡単に表したものです。図中のA～Dのうち、最もしん食作用が強く
　　働くのはどの場所ですか。

（2）図2は図1中のX～Yの部分の断面を表しています。図中のE～Hのうち、最も水の流れ
　　が速いのはどの部分ですか。

（3）図3は山間部から平野部に流れこむ川の流域に見られる地形です。この土地に見られる様
　　子とその利用方法について、正しい文章を次のア～オから選び、記号で答えなさい。

　　ア、主に小さなつぶの土砂がたい積しており、果樹を植えるのに適している。

　　イ、主に小さなつぶの土砂がたい積しており、水田を作るのに適している。

　　ウ、主に大きなつぶの土砂がたい積しており、果樹を植えるのに適している。

　　エ、主に大きなつぶの土砂がたい積しており、水田を作るのに適している。

　　オ、しん食作用が激しく、農業には適していない。

⑥　次の問いに答えなさい。

（1）図1のように水そうに水を入れ、エの位置の水を温めました。ア，イ，ウ
　　を水の温度が早く上がる順に並べなさい。

（2）図2のように管をH字型につなげた中に水を入れ、エの位置の水を温めま
　　した。ア，イ，ウを水の温度が早く上がる順に並べなさい。

（3）図3のような鉄板のエの位置を温めました。ア，イ，ウを鉄板の温度が早く上がる順に並べなさい。

（4）図4のような鉄板のエの位置を温めました。ア，イ，ウを鉄板の温度が早く上がる順に並べなさい。

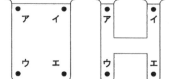
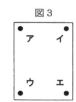
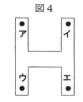

⑦　次のア～オの水よう液がそれぞれ試験管に入っています。以下の問いに答えなさい。

　　ア、石灰水　　　イ、炭酸水　　　ウ、うすいアンモニア水　　　エ、食塩水　　　オ、濃い塩酸

（1）次の①～⑤にあてはまる水よう液をア～オからすべて選び、記号で答えなさい。

　　① 水よう液のにおいをかいだら、においがした。

　　② 水よう液を蒸発させたら、つぶが出てきた。

　　③ 赤色リトマス紙に水よう液をつけたら、青色に変わった。

　　④ 青色リトマス紙に水よう液をつけたら、赤色に変わった。

　　⑤ 水よう液に小さく切ったアルミニウムはくを入れたら、アルミニウムはくがとけた。

（2）①で試験管に入れた水よう液のにおいを調べるには、どのようにかぐのがよいかを説明しなさい。

（3）②では、少量の水よう液を蒸発皿に取ってアルコールランプで加熱し、液が少なくなったら火を消してしばらく置き、つぶが出てくるか
　　どうかを調べました。このとき、完全に蒸発させるまで加熱を続けない理由を２０字以内で書きなさい。

⑧　日食と月食について、次の問いに答えなさい。

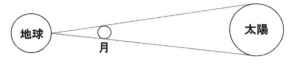

（1）皆既日食が起こっているとき、太陽と月はちょうど重なっているように見えます。こ
　　れは、太陽と月の見かけの大きさがほぼ同じだからです。このことを利用して、太陽の
　　直径を求めなさい。太陽から地球までの距離を15000万km、月から地球までの距離を38万km、月の直径を3500kmとします。単位は
　　「万km」とし、小数第一位を四捨五入しなさい。

（2）もし、月から地球までの距離が現在の２倍になったとすると、日食の様子はどう変わるでしょうか。その様子を解答用
　　紙に書きなさい。ただし、暗くなる部分を例のように斜線で示しなさい。

例

（3）月食は、地球の影に月が入る現象です。電気を利用している人工衛星が月と同じように地球の影に入ると、ある問題が
　　起きます。その問題を解決するために、人工衛星に搭載されているものを書きなさい。

（4）月食は満月のときにしか起こりません。その理由を２０字以内で書きなさい。

（5）2014年には、日食が２回、月食も２回起こります。このうち、月食は２回とも日本で観察することができますが、日食はいずれも観察す
　　ることができません。一般に、日食と月食の起こりやすさはそれほど変わらないのに、日本で観察できる日食は、月食に較べると回数が少
　　なくなります。これはなぜでしょう。『範囲』という言葉を使って答えなさい。

9　電熱線の太さと発熱量の関係を調べる実験をしました。同じ材質の細い電熱線と太い電熱線をそれぞれかん電池に接続し、別々の容器に入った水に入れて、よくかき混ぜながら水温が上昇する様子を調べました。次の問いに答えなさい。

（１）この実験では、それぞれ同じ種類の容器に、同じ温度の水を同じ量だけ入れます。かん電池やつなぐ導線、温度計も同じものを使います。またかき混ぜる棒も、かき混ぜ方も同じにします。他にどのような条件を同じにする必要がありますか。すべて書きなさい。

（２）この実験から分かることは何ですか。解答らんの（　①　）、（　②　）に当てはまる言葉を書き入れ、完成させなさい。

（３）この実験では電源にかん電池を用いましたが、コンデンサーや太陽光を使った光電池を電源に用いるのは適切ではありません。その理由をそれぞれ書きなさい。ただし、同じ内容を書いてはいけません。

10　重さの無視できる 30cm の棒４本と、同じく重さの無視できる糸を使って図１のような装置を作り、つりあいの実験をします。実験には１つ 200g のおもりをいくつか使うものとして、次の問いに答えなさい。

（１）30cm の棒の、それぞれ中央に糸を付けて、棒を図１のように水平に保ちます。おもりはA～Eの位置に付けるとして、Aに１つのおもりを付ける場合、全部で何個のおもりが必要ですか。Aの１つも含めて答えなさい。

（２）（１）の棒を水平に保っている状態から、A～Eにつけたおもりのうちの１つをはずします。はずした１つのおもりと、もう１つ別のおもりを加えて、２つのおもりをア～セに付け、ふたたび棒を水平にします。まず、A～Eのどの位置のおもりをはずしたらよいですか。また、２つのおもりをどの位置に付ければよいですか。解答例のように答えなさい。ただし、同じ場所に２つのおもりを付けてはいけません。答えは一組とは限りません。　　　**解答例（A－ア・イ）**

（３）図２のように、棒をつるしている糸の位置を変えて、A～Eのすべてにおもりを１つだけ付けて水平に保ちました。ＡＥ間の距離は何 cm になりますか。

図１
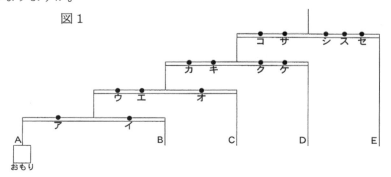

図２
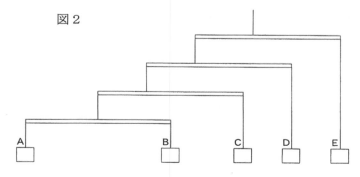

　　ア、イ、オは 15cm を２等分した点
　　ウ、エ、カ、キ、ク、ケ、コ、サは 15cm を３等分した点
　　シ、ス、セは 15cm を４等分した点

11　図のように同じ電球２個、同じかん電池２個、S₁～S₈のスイッチを導線でつなぎ、表の①～⑥のように各スイッチの操作をしました。スイッチを入れたときは○、切ったときは×で表しています。次の問いに答えなさい。

（１）２つの電球が同じ明るさで、最も明るくつくのは①～⑥のどれですか。

（２）２つの電球が同じ明るさで、最も暗くつくのは①～⑥のどれですか。

（３）２つとも電球がつかないのは①～⑥のどれですか。

（４）２つの電球の明るさが異なるのは①～⑥のどれですか。

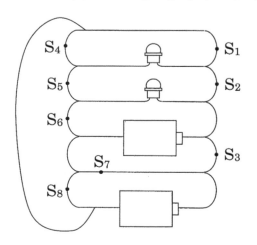

	S_1	S_2	S_3	S_4	S_5	S_6	S_7	S_8
①	○	×	×	×	○	×	○	×
②	○	○	○	×	×	×	×	×
③	○	×	×	×	○	×	×	○
④	×	○	×	○	×	○	○	×
⑤	×	×	○	○	×	×	○	×
⑥	×	○	○	○	○	×	×	○

社会

国の名前を答える場合は、通称名(一般的な呼び名)をもちいて答えてもかまいません。

1　次の文章を読んで、問いに答えなさい。

太郎君は、2013年にドラマで流行した「じぇじぇじぇ」という東北地方の方言に興味を持った。調べてみると、日本の方言の西と東の境が新潟県の親不知海岸と静岡県の浜名湖を結んだ線だということを知った。いっぽう、和歌山県では「マツカサ」のことを「チンチロ」とよぶが、遠く離れた（　A　）川河口の（　B　）県の銚子でも「チンチロ」と言うことも知った。方言の東西の境をまたいでいるが、これは、かつて和歌山県から三重県にかけての（　C　）半島の漁師が銚子に来たからである。ドラマの舞台は、右下の写真の中の駅名にもなっている[　X　]地方である。この地方の海岸は、リアス式で天然の良港が点在し、漁業が盛んである。また、内陸部の（　D　）高地は牧畜が盛んである。右下の写真の駅を通る鉄道は、全線開通から27年目に震災にあって破壊されたが、ようやく昨年復興した。

問1．文中（　A　）～（　D　）にあてはまる地名を答えなさい。

問2．文中の[　X　]にあてはまる東北地方の地名を答えなさい。

問3．東日本大震災によって約6m東へずれて移動した半島を次の中から記号で選びなさい。
　　　ア．下北　　イ．牡鹿　　ウ．男鹿　　エ．房総　　オ．伊豆

問4．次の各ことがらは地図上ではどのように表されるか、地図記号を書きなさい。
　　　① 親不知海岸の「史跡」　　② 浜名湖周辺の「みかん畑」

問5．次の家畜の飼育頭数や農作物の生産量で、北海道が1位でないものを1つ選びなさい。
　　　ア．乳用牛　　イ．肉用牛　　ウ．豚　　エ．大豆　　オ．たまねぎ　　カ．かぼちゃ

問6．次の水揚げ量が多いア～オの漁港のうち、南から2番目の漁港を記号で選びなさい。
　　　ア．境港　　イ．焼津港　　ウ．石巻港　　エ．八戸港　　オ．気仙沼港

2　下の表は日本のおもな貿易港を、貿易額が多い順に上から並べたものである。この表をみて後の問いに答えなさい。

問1．表中I～Vの貿易港を答えなさい。ただし、IとVは伊勢湾、IVは駿河湾に面した貿易港である。

問2．上の表中の貿易品目について次の問いに答えなさい。

① 現在、原油・石炭・鉄鉱石を日本が一番多く輸入している国の組み合わせを右下の表A中、い～にの中から記号で選びなさい。

② ガソリンスタンドで売られている石油をガソリン以外に2つ答えなさい。

─日本のおもな貿易港と輸出入品目─ 地理データファイル2013年度版より

輸出港	輸出品目	輸入港	輸入品目
成田空港	電子部品・科学光学機器・半導体製造装置	成田空港	電子部品・医薬品・事務用機器
I	自動車・自動車部品・原動機	III	事務用機器・衣類・魚介類
II	自動車・自動車部品・原動機	I	石油ガス類・原油・衣類
神戸	プラスチック・原動機・せんい製品	大阪	衣類・音響映像機器・肉類
III	事務用機器・自動車部品・プラスチック	千葉	原油・天然ガス類・石油製品
関西空港	電子部品・科学光学機器・映像機器	II	石油・天然ガス類・アルミニウム
大阪	電子部品・プラスチック・科学光学機器	関西空港	医薬品・通信機・電子部品
IV	自動車部品・原動機・二輪自動車	神戸	衣類・たばこ・有機化合物
博多	自動車・ゴムタイヤ・電子部品	川崎	原油・天然ガス類・肉類
川崎	自動車・石油製品	V	原油・石油ガス類・石油製品

③ 昨年、天然ガス開発施設で働く日本人労働者が人質とされ、多くの犠牲者が出たのは、どこの国でのことでしたか。次の中から記号で選びなさい。
　　　あ．イラン　い．インドネシア　う．シリア
　　　え．サウジアラビア　お．アルジェリア

④ 電気を通したり通さなかったりする電子部品に使われる半導体物質の名を答えなさい。

⑤ 多くの電子部品が使われている工業製品で、アメリカ・中国・日本などが計算能力を競っているものは何ですか。

⑥ 自動車会社が主におこなっている仕事を次の中からすべて記号で選びなさい。
　　　あ．タイヤの製造　　い．エンジンの製造　　う．鉄板の製造
　　　え．車の組み立て　　お．窓ガラスの製造

⑦ 2011年に日本の自動車製産台数が減少したのは、東日本大震災と、ある国で起きた洪水が要因です。ある国とはどこですか。

⑧ ハイブリット自動車・一部のガソリン自動車は「低燃費自動車」と呼ばれています。「低燃費」とは、どのような意味ですか。かんたんに説明しなさい。

問3．近年、日本の企業が海外に工場を移転することが多くなりましたが、それにより日本国内ではどのようなことが心配されると思いますか。かんたんに答えなさい。

問4．次の各ことがらに関係の深い鉱産物を、右の表Bの中のあ～けの中から記号で選びなさい。
　　　①1円硬貨　　　　②筑豊・石狩・夕張　　　③イタイイタイ病（カドミウム）
　　　④足尾・別子・日立　　　⑤世界遺産に登録された日本の鉱山遺跡

表A

	原油	石炭	鉄鉱石
い	アラブ首長国連邦	中華人民共和国	アメリカ合衆国
ろ	サウジアラビア	アメリカ合衆国	オーストラリア
は	サウジアラビア	オーストラリア	オーストラリア
に	アラブ首長国連邦	オーストラリア	ブラジル

表B

あ	金
い	銀
う	銅
え	石油
お	石炭
か	鉄鉱石
き	石灰
く	亜鉛
け	ボーキサイト

3　次のア～キの資料を見て、後の問いに答えなさい。

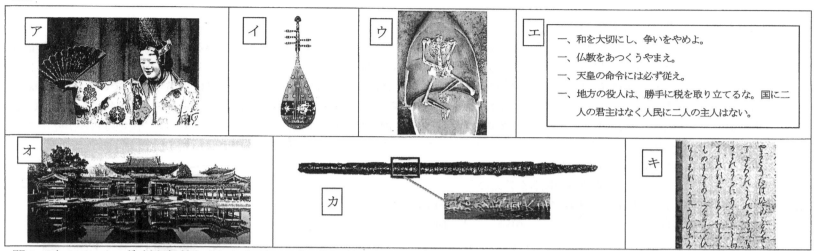

エ
一、和を大切にし、争いをやめよ。
一、仏教をあつくうやまえ。
一、天皇の命令には必ず従え。
一、地方の役人は、勝手に税を取り立てるな。国に二人の君主はなく人民に二人の主人はない。

問１．上のア～キの資料を解答らんにしたがって古い順に並べなさい。（アとキについては、それが始まったときで考えなさい。）

問２．ア～キの資料についての説明文の中の（　①　）～（　⑤　）に、あてはまる語句を入れなさい。

ア．このような芸能が、この時代から始まり現代に受けつがれている。わが国では伝えてゆくべき重要なものとして（　①　）文化財に指定されている。	エ．儒教・仏教のえいきょうを受けていることや（　③　）の政治（国家）を目指そうとしていることがわかる。
イ．（　②　）寺の倉におさめられており、日本も広く世界の文化とつながっていたことがわかる。	オ．極楽浄土へのあこがれから（　④人名　）が建てた。
ウ．小国家どうしが争いあっていたことがわかる。	カ．これに記されている文や、巨大な（　⑤　）の分布から朝廷が各地を支配していたようすがわかる。
	キ．日本語をそのまま表現できるようになり、すぐれた作品が生まれた。

4　次の文章を読んで、後の問いに答えなさい。

　三村君のクラスでは文化祭で元寇について発表することになりました。学校のすぐ近くが元寇の主な戦場となり、その時につくられた（　Ａ　）が残っているからです。調べてわかったことは、元はまず朝鮮半島の（　Ｂ　）をしたがえ、次に日本を征服しようとします。鎌倉幕府は北条時宗を（　Ｃ　）にして、元の要求を断り、迎えうつ準備をします。やがて元軍は（　Ｂ　）の兵士らを加え日本に攻めてきました。準備していたとはいえ、日本は元軍の戦い方に大苦戦を強いられました。それでも日本の武士たちは必死に戦いました。

　その後、元は再び、日本にやって来ました。この時、日本は（　Ａ　）を築いて元軍の襲来にそなえていましたので、ア　元軍を退かせることができました。

　三村君たちは文化祭当日、元寇の様子を描いた絵や、実際に見学してきた（　Ａ　）の写真などを教室にかざり、みんなで分担して来場者に説明し、発表は大成功でした。

問１．文中の（　Ａ　）～（　Ｃ　）にあてはまる語句を入れなさい。
問２．三村君の学校は何県にありますか。
問３．下線部アから約何年後に鎌倉幕府は滅びますか、下から選び、記号で答えなさい。
　　　あ．30年後　い．50年後　う．70年後　え．90年後
問４．元寇以後、御家人は幕府に強く不満を持つようになりましたが、それはどのようなことからでしょうか、かんたんに答えなさい。

5　次の文章を読み、また、後の問いに答えなさい。

　米は長い間、税の基準となり、盛んにつくられてきました。奈良時代には農民たちに耕地を与え、収穫量の約（　Ａ　）パーセントを税として納めさせる制度がありました。鎌倉時代や室町時代に入ると、牛馬を使用したりして農業生産が増えてきました。そして、豊臣秀吉は全国的に検地を行い、収入をたしかなものにしました。その結果、農民は農業に専念するようになりました。江戸時代に入ると、身分がはっきりと区別され、農民は全人口の（　Ｂ　）割を少し上回るほどでした。そして農具の改良、かんがいの整備、新田開発などで、耕作地は江戸時代の中ごろには江戸時代の初めとくらべて約（　Ｃ　）倍に増えました。また、年貢は一般的に収穫量の約（　Ｄ　）割とされました。

　① 明治時代に入ると税の制度が大きく変わりましたが、多くの農民の生活はあまり変わりませんでした。その一方で豊かな農民と貧しい農民の格差はひろがり、土地を失う農民も増えました。そして、第二次世界大戦後は、アメリカが中心となった　Ｉ　の指令によってほとんどの農民が農地を持てるようになりました。

　第二次世界大戦中、食糧管理制度という制度がつくられました。この制度は、はじめ、米の価格を安定させ、国民が平等に米を入手することを目的としていました。しかし、戦後も② 深刻な食糧不足のなか、この制度は続けられ、政府が買い取りを保証することで、主食の米の安定供給をめざしました。次第に③ 米の生産は増加し、食糧不足も解消し、日本は豊かになりました。そして 食生活の変化が進み、やがて米が余るほどになりました。そのため米の生産量を調整する　Ⅱ　政策がはじまりました。　Ⅱ　に協力し、米の生産量を減らすと小規模農家の経営は苦しくなります。そこで、このような農家の保護のため、　Ⅱ　政策に協力する農家には政府が補助金を支給しました。食糧管理制度は1995年で終了しましたが、その後も政府による米の買い取りは続き、　Ⅱ　政策も続けられました。

　政府は現在、TPP 参加についての交渉の最中（平成26年1月中旬現在）であり、この　Ⅱ　政策も2018年に完全に廃止されることになりました。

テスト３の３につづく

問１．文中の（　Ａ　）〜（　Ｄ　）に入る数字を右より選び、記号で答えなさい。　ア．１　イ．２　ウ．３　エ．５　オ．８　カ．１０
問２．文中の　Ⅰ　・　Ⅱ　にあてはまる語句を答えなさい。
問３．下線部①について、明治に入り変更された税制度と、江戸時代の制度を比較して、右の表中の（　い　）にあてはまる語句を入れなさい。

	課税の対象となるもの
江戸時代	米の収穫高
明治時代	土地の（　い　）

問４．下線部②について、戦後、食糧不足や物資不足の中、法外に高い値段で、食糧や物資を販売する場所があったが、これを何といいますか、答えなさい。
問５．下線部③について、米の生産増加には、農地の交換や、区割り・形の変更などの耕地整理がおおきくかかわっています。それはどうしてですか。簡単に説明しなさい。

6　次の表は、明治時代〜大正時代はじめの政治の中心人物（三条実美は太政大臣、それ以下は代々の総理大臣）を順番にならべたものです。また、その右には、それぞれの人物の時におきた重要なことがらが書かれています。これらを見て後の問いに答えなさい。

問１．表中（　１　）〜（　５　）にあてはまる人物名や語句を入れなさい。
問２．中心人物のすぐ後の（　）はその人物の出身地をしめしています。ア・イにあてはまる現在の都道府県名を答えなさい。
問３．表中Ａ〜Ｅの囲みや下線について以下の問いに答えなさい。
Ａ．囲みの中の「い〜に」のできごとを古い順に並べなさい。
Ｂ．このころから、イギリスは日本に協力を求めていましたが、それはどのような理由からですか、答えなさい。
Ｃ．下関条約により日本に多くの賠償金が支払われましたが、そのお金の半分以上はどのようなことに使われましたか、答えなさい。
Ｄ．このようなきまりは、しばらくしてゆるめられましたが、軍部の発言力が強くなってくると復活しました。それはいつごろだと思いますか。下から選び記号で答えなさい。
　　カ．１９１６年ごろ　キ．１９２６年ごろ
　　ク．１９３６年ごろ　ケ．１９４６年ごろ
Ｅ．普通選挙法が成立すると同時に、社会主義者を取りしまる法律もつくられました。それは、どのような考えからだと思いますか、当時の政府の考えを答えなさい。

中心人物	重要なことがら
三条実美（京都府）	西郷隆盛が政府に不満な士族（旧武士）を率いて反乱を起こす。 板垣退助らが自由党を結成 （　２　）らが立憲改進党を結成。
初代（　１人名　）（ア）	Ａ　い．大日本帝国憲法が成立する。 　　ろ．第１回帝国議会が開かれる。 　　は．内閣制度が発足する。 　　に．第１回衆議院選挙が行われる。
２代黒田清隆（イ）	
３代山県有朋（ア）	
４代松方正義（イ）	条約改正に失敗
５代（　１　）（ア）	Ｂ　イギリスとの交渉で一部条約改正に成功。 日清戦争に勝利し、Ｃ　下関条約を結ぶ。
６代松方正義（イ）	
７代（　１　）（ア）	
８代（　２人名　）（佐賀県）	
９代山県有朋（ア）	Ｄ　陸軍大臣・海軍大臣は現役の軍人しかなれないことにした。 本格的に重工業化がすすめられた。
１０代（　１　）（ア）	（　３　）条約が結ばれる。
１１代桂太郎（ア） １２代西園寺公望（京都府）	（　３　）条約に基づいて、南満州鉄道株式会社が設立される。
１３代桂太郎（ア）	条約改正を行い（　４　）を回復した。
１４代西園寺公望（京都府）	
１５代桂太郎（ア）	このころより尾崎行雄らが、Ｅ　普通選挙と、議会で多数を占めた（　５　）が中心となる政治を求める運動を起こした。

7　下の会話は、木村君が夏休みの自由研究のために近所の島さんとかわしたものです。この会話を読んで、後の問いに答えなさい。

木村君：今日は、昔の話を聞かせてください。
島さん：いいですよ。ただ、私は明治時代の頃の話はわからないので、父から聞いたことを話します。
木村君：お父さんは、戦争には行きましたか。
島さん：はい。Ａ　日露戦争の時に、中国東北部の［　１　］に行きました。後にここは、［　１　］国となりました。私には、自分が日本を守ったと自慢していましたね。
木村君：お父さんが亡くなったのはいつですか？
島さん：Ｂ　太平洋戦争の末期に病気で死にました。
木村君：ところで、島さんは戦争に行きましたか？

島さん：わたしは、郵便局で働いていて戦争にはいきませんでしたが、兄はＣ　日中戦争に行きました。
木村君：つらかった思い出はありますか？
島さん：軍隊への召集の知らせや、家族の戦死を伝える手紙を届けたこと、あとは、戦時中に子供と離ればなれになった時のことなどですかね。
木村君：どうして、離れて生活したのですか？
島さん：子どもは、集団［　２　］するために田舎に行きました。空襲の危険があったので、しょうがなかったのです。

木村君：確かに、心配ですよね。次に、戦争が終わって、変わったことはありますか？
島さん：まず、日本の政治が大きく変わりました。Ｄ　軍隊が解散したことや、Ｅ　新しい憲法ができたことです。
木村君：そのほかには、ありますか。
島さん：国の経済がとても豊かになりました。それにより、Ｆ　国際的なイベントが日本で開かれるようになったことは感動したね。
木村君：今日は、どうもありがとうございました。これを参考に、自分でもいろいろと調べてみたいと思います。

問１．文中の［　１　］・［　２　］にあてはまる地名・語句を答えなさい。
問２．下線部Ａの日露戦争の講和のなかだちをした国はどこですか、答えなさい。
問３．下線部Ｂにおいて、日本との条約をやぶって、せめこんできた国はどこですか、答えなさい。
問４．下線部Ｃについて、日中戦争は、「ある都市」の郊外での両軍の衝突事件に始まるとされています。「ある都市」の名を答えなさい。
問５．下線部Ｄの後、１９５０年につくられた、現在の自衛隊のもとととなった部隊は何と呼ばれましたか、答えなさい。
問６．下線部Ｅについて、憲法に定められた天皇の国事行為に助言と承認をおこなう機関（組織）を答えなさい。
問７．下線部Ｆについて、日本でおこなわれた下の国際イベントを古い順にならべなさい。
　　ア．札幌オリンピック　イ．長野オリンピック　ウ．東京オリンピック　エ．日本国際博覧会（愛知万博）

※100点満点
（配点非公表）

解答らん

1

(1)あ　　　い　　　(2)

(3)

2

(1) ティラノサウルス・ライオンは、
X（　　　　　　　　　　）を食べるために（　　　　　　　　　　　　　　　　　）

イグアノドン・シマウマは、
Y（　　　　　　　　　）を食べるために（　　　　　　　　　　　　　　）　(2)　　　　類

(3) 鳥類　　　　　　　　　　(い)類

(4)　　　　　　　　　　　　　　　　　(5)

(6)　　　　　　(7)　　　　　　(8)

3

(1)　　　(2)　　　(3)　　　(4)　　　(5)　　　(6)

4

(1)　　　mL　(2)　　　kg　　**5**　(1)　　　(2)　　　(3)

6

(1)　→　　→　　(2)　→　　→　　(3)　→　　→　　(4)　→　　→

7

(1)①　　　②　　　③　　　④　　　⑤

(2)

(3)

8

(2)

(1)　　万km　　(3)

(4)

(5)

9

(1)

(2) （①　　　　　　　　）のほうが（②　　　　　　　　　）が多い

(3) コンデンサー　　　　　　　　光電池

10

(1)　　個　(2)　　　　　　　　　(3)　　　cm

11

(1)　　(2)　　(3)　　(4)

社会
テスト3の4 　受験番号　| 1 | 0 | 0 | | | | 　名古屋　東海中学校（平成26年度）

※100点満点
（配点非公表）

1

問1	A		川
	B		県
	C		半島
	D		高地

問2	
問3	
問4	①	②
問5	
問6	

2

問1	I		港
	II		港
	III		港
	IV		港
	V		港

問2	①	
	②	
	③	
	④	

問2	⑤	
	⑥	
	⑦	
	⑧	

| 問3 | |

| 問4 | ① | ② | ③ | ④ | ⑤ |
| | | | | | |

3

古 ⟶ 新

| 問1 | | | | | キ | | |

問2	①		文化財
	②		寺
	③	
	④	
	⑤	

4

問1	A	
	B	
	C	
問2		県
問3	
問4	

5

| 問1 | A | B | C | D |
| | | | | |

問2	I	
	II		政策
問3	い	
問4	
問5	

6

問1	1	
	2	
	3		条約
	4	
	5	
問2	ア	
	イ	

古 ⟶ 新

問3	A				
	B		
	C		
	D		
	E		

7

問1	1	
	2	
問2	
問3	
問4	
問5	
問6	

古 ⟶ 新

| 問7 | | | | |

算数

（60分）

※100点満点
（配点非公表）

<注意>
①答えは解答らんに書くこと。
②テスト2の1，2の2の裏を計算用紙として使ってよい。
③円周率は3.14とする。
④用紙は切り取らないこと。

1

次の □ に当てはまる数を求めなさい。

（1）$2.75 \div \dfrac{7}{3} \times \left(5.5 - \dfrac{17}{6}\right) - \left(\dfrac{12}{5} - 1.9\right) =$ □

（2）連続する3個の整数をかけたら，千の位が4で一の位が6の4けたの数になりました。この連続する3個の整数の真ん中は □ です。

2

縦9cm，横16cmの長方形を，大きさの異なるいくつかの正方形でしきつめます。

（1）1辺の長さが9cm，7cm，2cm，1cmの4種類の正方形をそれぞれ1枚以上使ってしきつめます。できるだけ少ない枚数でしきつめるとき，使った正方形の枚数の合計は何枚ですか。

（2）1辺の長さが7cm，2cm，1cmの3種類の正方形をそれぞれ1枚以上使ってしきつめます。使った正方形の枚数の合計が39枚になる場合は2通りありますが，1辺が1cmの正方形をそれぞれ何枚使ったでしょうか。

（1）　　　　枚	（2）　　　　枚 ┊ 　　　枚

3

図のような面積が36 cm²の正六角形ABCDEFがあります。APの長さとBPの長さの比，DQの長さとCQの長さの比，ARの長さとFRの長さの比がすべて1：2，DSの長さとESの長さの比が1：1のとき，斜線部ア，イの面積をそれぞれ求めなさい。

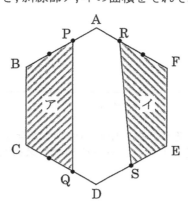

ア　　　　cm²	イ　　　　cm²

4

直方体の形をした水そうの中に，高さの等しい直方体を3個置いて階段を作ります。水そうの底面と1段目，2段目に，3本の棒A，B，Cを垂直に立てて水を入れたところ，図のように，ちょうど3段目の高さまで水が入りました。Aは全体の $\dfrac{1}{3}$，Bは $\dfrac{5}{8}$，Cは $\dfrac{3}{5}$ だけ，それぞれ水面から上に出ました。この3本の棒の長さの和が296cmのとき，3本の棒の長さを求めなさい。

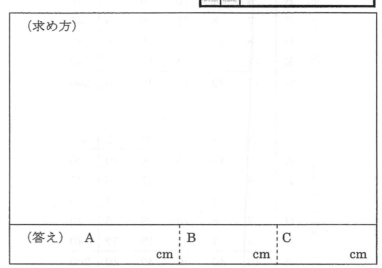

（求め方）

（答え）　A　　　　　cm ┊ B　　　　cm ┊ C　　　　cm

5

図1のような，B君の家とA君の家と神社を結ぶ一本道があります。A君は8時に神社に向かって家を出発し，しばらくして，B君が神社に向かって家を出発しました。B君が出発した8分後にA君は休けいを取り，8時24分に，再び神社に向かって出発しました。その後，8時42分に神社に着いたA君は，すぐに折り返し，神社から105mもどったところでB君と出会いました。図2はA君とB君の間のきょりを縦軸に，時刻を横軸にしたグラフです。

ただし，A君の速さとB君の速さは変わらないものとします。

（1）A君とB君の速さの差は分速何mですか。

（2）B君がA君と出会うまでに移動したきょりは何mですか。

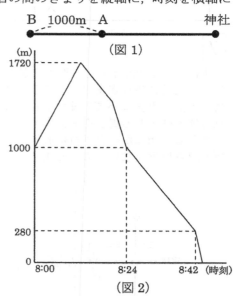

（図1）

（図2）

（1）　分速　　　　m	（2）　　　　m

6

ある中学校は，1学年が A組，B組，C組，D組，E組の5学級で，生徒数は各組40人です。下の表は現在の3年生が1年生から2年生，2年生から3年生に進級したときのA〜E各組に，その前の学年のどの組の生徒が何人いるかを表したものです。

たとえば，2年A組には，旧1年A組の生徒が4人，B組が9人，C組が7人，D組が8人，E組が12人いました。

また，3年間すべて同じ組名の学級にいた生徒は23人でした。

		昨年（2年）の組					
		A	B	C	D	E	計
一昨年（1年）の組	A	4	13	8	7	8	40
	B	9	4	10	6	11	40
	C	7	8	11	9	5	40
	D	8	10	7	5	10	40
	E	12	5	4	13	6	40
	計	40	40	40	40	40	200

		今年（3年）の組					
		A	B	C	D	E	計
昨年（2年）の組	A	9	10	5	6	10	40
	B	8	8	7	11	6	40
	C	13	9	7	4	7	40
	D	7	6	13	9	5	40
	E	3	7	8	10	12	40
	計	40	40	40	40	40	200

（1）2年生と3年生のときだけ同じ組名の学級にいた生徒は何人ですか。

（2）1年生と3年生のときだけ同じ組名の学級にいた生徒が58人のとき，3年間すべて異なる組名の学級にいた生徒は何人ですか。

（1） 人	（2） 人

7

板に1辺が0.5mの正方形の穴が開いています。板から1m離れたところに電球があり，穴の正面から見ると，電球は穴の対角線の交点と重なっています。図のように広くて平らなかべに直方体の柱がある場合を考えます。

ただし，板はかべと平行に置き，板の厚さは考えないものとします。

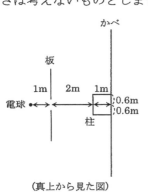

（真上から見た図）

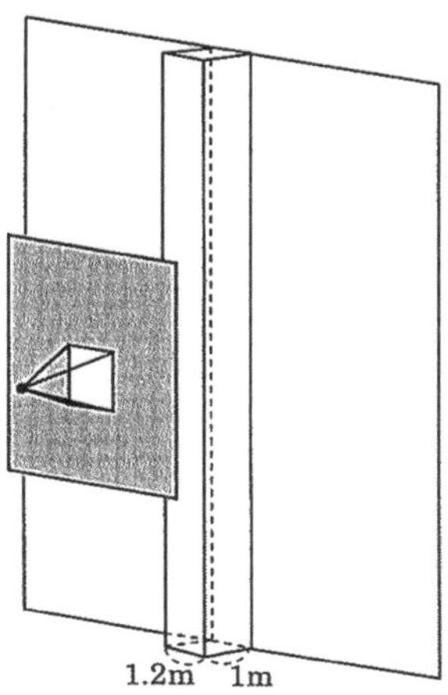

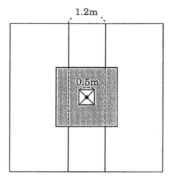

1.2m
0.5m

正方形の穴の縦の辺と柱の縦の辺は平行
（正面から見た図）

（1）板の穴を通った光が，柱に当たる部分の面積を求めなさい。

（2）板の穴を通った光が，かべに当たる部分の面積を求めなさい。

（1） m²	（2） m²

8

図1のような半径20cmの円形のロボットそうじ機があり，矢印の向きにまっすぐ進みます。このロボットそうじ機は，ゆかに接した部分をすべてそうじします。

（図1）

図2のように，Ⓐの部分がかべに当たると，進行方向が時計回りに90°回転し，図3のように，Ⓑの部分がかべに当たると，進行方向が反時計回りに90°回転します。図4のように，Ⓐの部分とⒷの部分が同時にかべに当たると停止します。

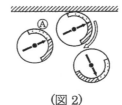
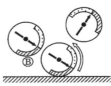

（図2）　　　（図3） 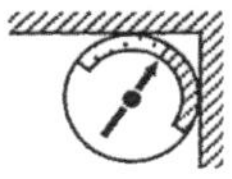　　　（図4）

このロボットそうじ機を図5のように長方形の部屋のすみに設置し，図6で示したあの角の方向に動かしたところ，しばらくして停止しました。

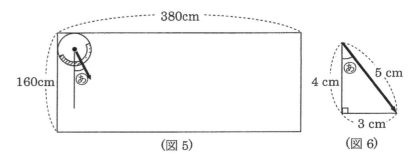

380cm

160cm

4 cm　5 cm

3 cm

（図5）　　　（図6）

（1）ロボットそうじ機の中心が移動したきょりを求めなさい。

（2）部屋のそうじされた部分の面積を求めなさい。

（1） cm	（2） cm²

1　イネの発芽について、次の問いに答えなさい。

（1）イネの種子が発芽するために必要な条件を、水以外に2つ答えなさい。

（2）右図はイネの種子の断面図です。ヨウ素液をかけると、色が染まる部分を塗りつぶしなさい。

（3）発芽したあとの種子の断面にヨウ素液をかけると、どのような結果になりますか。またその理由を答えなさい。

2　太郎君はお父さんとお母さんと、下水処理場の見学会に参加しました。次の会話文を読んで、以下の問いに答えなさい。

太郎君　「ここが下水処理場なんだ！大きいね！」

お父さん「そうだね、大きいね。ここでは何をしているか知っているかい？」

太郎君　「ええと、家や工場から出た、いらなくなった水をきれいにしているんだよね。」

お父さん「その通り。もしも、みんなが勝手に捨ててしまったらどうなると思う？」

太郎君　「うわぁ、汚いなぁ。」

お父さん「そう、下水処理の目的の1つに、きれいな生活環境を保って、₁カやハエなどの発生を防ぐことがあるんだ。」

お母さん「あれは何？プール？」

お父さん「あれは反応タンクだね。あの中には目に見えない程の小さな生き物がたくさんいて、汚れを食べてくれるんだ。その死がいは、沈んだゴミなどといっしょになって汚泥とよばれるようになるんだよ。」

太郎君　「そのあと、汚泥はどうなるの？」

お父さん「昔は燃やして捨てていたけれど、最近は固めてタイルやレンガとして（A）しているんだ。それからね、汚泥から発生するガスを使って電気を起こすことも行われているんだ。このような発電をバイオマス発電と言うんだよ。」

お母さん「₂クリーンエネルギーね！」

お父さん「ところで、下水処理場に集められた水を、そのまま海や川に流してしまったらどうなるか、分かるかな？」

太郎君　「₃海や川が汚れる！」

お父さん「そうだね。だからこの施設では、下水を沈殿池や反応タンクといった様々な設備を通して、海や川に流しても良いように、きれいにしているんだよ。それが、下水処理の目的の2つめだよ。下水を流れる水にはね、工場や家庭でいらなくなった水の他に、もうひとつの水があるけれど、わかるかな？」

太郎君　「わかった！（B）だね」

お父さん「その通り。たくさんの（B）が町にあふれないように、下水として流しているんだ。これが、下水処理の目的の3つめだよ。」

太郎君　「いろいろなはたらきがあるんだね。」

お父さん「₄水は限られた資源で、私たち生き物のからだを作り、支える大切なものでもあるからね。これからも水を大切にしていこうね。」

（1）下線部1「カやハエなどの発生を防ぐ」ことはなぜ必要ですか。簡単に説明しなさい。

（2）（A）には環境を守る取り組みを示す外来語が入ります。その言葉を答えなさい。

（3）下線部2「クリーンエネルギー」にはどのようなものがありますか。本文中に出てきたもの以外で、具体的な例をひとつ挙げなさい。

（4）下線部3について、次の文章の①～⑤にあてはまる言葉を答えなさい。

　　・下水がそのまま海や川に放出されると、それを養分とする（　①　）が異常に発生し、水質が悪くなる。こうしたきっかけで水の色が変わって見える（　②　）と呼ばれる現象が発生することもある。

　　・（②）は魚類の大量死をまねく原因になる。これは、魚の（　③　）器である（　④　）に、（①）がつまって窒息したり、水中に溶けている（　⑤　）が（①）の（③）により大量に使われてしまうなど、さまざまな理由による。

（5）（B）に当てはまる言葉を答えなさい。

（6）下線部4について、次の文章のX、Yにあてはまる数字を「0.03　0.8　20　50　70」からそれぞれ選びなさい。また、ア～キに当てはまる言葉を答えなさい。

　　・水は地球の表面のおよそ（　X　）％をおおっている。しかし、その多くは（　ア　）で、そのままでは生活に利用することができない。また、（　イ　）や（　ウ　）にはこおったままの水などもある。そのため、我々が利用できる水は、地球上にある水の体積のうち、およそ（　Y　）％だと考えられている。

　　・動物が飲んだ水は、体内をめぐりながら命を支え、やがて体外に排出されていく。植物も土の中にある水を（　エ　）から吸い上げ、葉の（　オ　）から水を（　カ　）として放出する（　キ　）と呼ばれるはたらきによって、空気中に出している。

（7）水環境を守るため、家庭でできることにはどのようなことがありますか。具体的な例をひとつ挙げなさい。

3　私たちのからだにはたくさんの骨があり、「筋肉とともにからだを動かす」など、<u>さまざまなはたらき</u>をもっています。下図は、うで
をのばしたときの骨と、その周りの筋肉の様子を表したものです。次の問いに答えなさい。
（1）からだを動かすとき曲がる部分にある、骨と骨とのつなぎ目を何といいますか。
（2）AとBの筋肉は、うでを「のばすとき」と「曲げるとき」ではどのようになりますか。下表の組み合わせから正しいものを選び、
　　それぞれア〜クの記号で答えなさい。

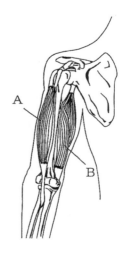

	Aの筋肉		Bの筋肉	
	筋肉の状態	触感	筋肉の状態	触感
ア	縮む	やわらかくなる	縮む	固くなる
イ	縮む	固くなる	ゆるむ	やわらかくなる
ウ	縮む	やわらかくなる	ゆるむ	固くなる
エ	変わらない	固くなる	縮む	やわらかくなる
オ	縮む	やわらかくなる	変わらない	固くなる
カ	ゆるむ	固くなる	縮む	やわらかくなる
キ	ゆるむ	やわらかくなる	縮む	固くなる
ク	ゆるむ	固くなる	ゆるむ	やわらかくなる

（3）下線部「さまざまなはたらき」には、からだを動かす以外にどのようなはたらきがありますか。ひとつ書きなさい。

4　次の条件にあてはまる水溶液を、それぞれのア〜オからすべて選び、記号で答えなさい。
（1）加熱すると、においがする。
　　ア．食塩水　　イ．石灰水　　ウ．炭酸水　　エ．塩酸　　オ．水酸化ナトリウム水溶液
（2）赤色リトマス紙の色を変えない。
　　ア．アンモニア水　　イ．食塩水　　ウ．炭酸水　　エ．水酸化ナトリウム水溶液　　オ．塩酸にアルミニウムを溶かした液
（3）水を蒸発させると、白い固体が残る。
　　ア．アンモニア水　　イ．石灰水　　ウ．ホウ酸水溶液　　エ．塩酸　　オ．塩酸に鉄を溶かした液

5　ミョウバンの結晶は50mLの水に、20℃で5.7g、40℃で11.9g、60℃で28.7g溶かすことができます。次の問いに答えなさい。
（1）60℃の水200mLにミョウバンを溶けるだけ溶かしました。20℃まで温度を下げると、何gのミョウバンの結晶が出てきますか。
（2）（1）で出てきた結晶を取り出すとき、液体をこして結晶を取り出す方法を何といいますか。
（3）ミョウバンの結晶を、同じ量の水に同じ温度で早く溶かすためにはどのような方法がありますか。2つ答えなさい。

6　水溶液について、次の文章が正しければ〇、誤っていれば×を書きなさい。
　　ア．水溶液は、無色透明である。
　　イ．水溶液を長期間置いておくと、下の方が濃くなっている。
　　ウ．水溶液の重さは、水の重さと溶かしたものの重さの和になる。
　　エ．水溶液の体積は、水の体積と溶かしたものの体積の和になる。
　　オ．水に溶ける食塩の量には限りがあるが、砂糖は限りなく溶ける。

7　名古屋で、ある日の午前9時に右図のような半月が観察されました。
（1）図のア、イは、東・西・南・北のいずれかです。イの方位を答えなさい。
（2）この後、月はどちらに移動しますか。解答用紙の図に矢印で示しなさい。
（3）3日後の同じ時刻に観察される月の様子を、解答用紙の図に書き入れなさい。

地平線　　　　　ア　　　　　　　　　　イ

8　右図は、気象庁ウェブページの一部です。次の問いに答えなさい。

（1）図1はアメダスのデータが表示されているページです。「要素選択」のらんをクリックすると5つの項目が表示されます。図中にある「日照時間」以外の項目のうち2つを書きなさい。

（2）図2は気象レーダーで調べることのできるデータが表示されているページです。図中のA、Bに当てはまる語句を書きなさい。

（3）気象庁のウェブページでは、過去の台風の進路を調べることもできます。昨年、日本に上陸した台風は4つありますが、その進路を調べてみると、すべて似ていることが分かります。解答用紙の地図に、これらの台風のおおまかな発生場所には「○」、消滅場所には「×」を書き入れ、その間を、進路を示す線でつなぎなさい。

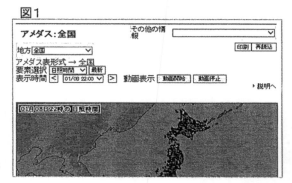

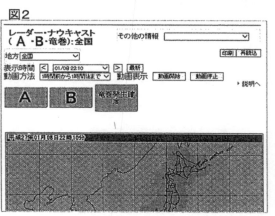

9　昨年のノーベル物理学賞は、青色発光ダイオードを発明した日本人科学者3名が受賞しました。この発明がノーベル賞を受賞するほど画期的だった理由をふたつ書きなさい。ただし、ひとつめの理由には「色」、ふたつめの理由には「エネルギー」という言葉を必ず入れること。

10　同じ種類の豆電球4個とモーター、乾電池2個、スイッチ、導線を使って、スイッチを入れたら豆電球4個とモーターに電流が流れるように配線します。ただし、①～④の豆電球の明るさは数字の順に、①が一番明るく、④が最も暗くなるようにします。次の問いに答えなさい。

（1）図1は、途中まで配線したところです。解答用紙の図に、残りの導線を書き入れて配線を完成させなさい。ただし、導線をつなぐことができるのはア～クの◎が付いている部分だけで、◎には2本以上つなぐこともできます。

（2）配線が完成しスイッチを入れたとき、それぞれの豆電球に流れていた電流は最大が0.6Aで最小が0.18Aでした。モーターに流れている電流の大きさを図2の電流計を使って確認します。配線した導線を1本取り外して電流計をつなぎます。図1のア～クのどの部分に電流計のa～dのどの端子をつないだら適切に計ることができますか。解答例のように答えなさい。（解答例　イとb、キとc）

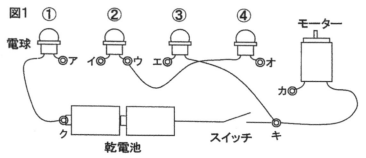

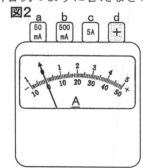

11　図1のような、厚さの一様な長方形の板があります。ABは36cm、BCは180cm、EはABの真ん中の点、FはCDの真ん中の点、OはEFの真ん中の点です。また周りには18cm毎に印を付けてあります。Oにひもを付けてつるしたところ、板は水平になりました。次の問いに答えなさい。

（1）Fに2kgのおもりをつるし、ひもを付ける位置を左右どちらかに15cmずらしたら水平につりあいました。この板の重さは何kgですか。

（2）Fにつるしたおもりをはずし、今度は図2のように、一部を長方形に切り抜きました。この板を水平につりあわせるためには、ひもを付ける位置をOから左右どちらに何cmずらせばよいでしょうか。解答例のように答えなさい。（解答例　左に2.5cm）

（3）（2）で切り抜いた板を、図3のようにABの左横に水平に取り付けました。全体を水平につりあわせるためには、ひもを付ける位置をOから左右どちらに何cmずらせばよいでしょうか。（2）の解答例と同じように答えなさい。ただし、板を取り付けるために用いた接着剤等の重さは考えません。

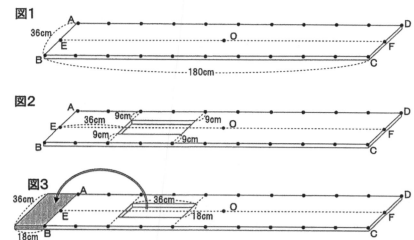

1　次の文を読んであとの問いに答えなさい。

　　国連気候変動サミットが、国際連合本部のある【　ア　】で2014年9月23日に開催されました。国連平和大使のレオナルド・ディカプリオさんが各国首脳に向けて演説を行い、「この星で我々が存在するための最大の課題」に取りくむ行動を起こすために、「我々が手にしているのはたった一つの惑星です。人類は、我々みんなのふるさとを不当に破壊することに関して、非常に大きな責任をもつようにならなければなりません。この星の未来を守ることは、我々人類の意識の変化にかかっています。我々は、異常気象や気温の上昇を見ています。南極や【　イ　】の氷がかつてないほどの勢いでとけているのを見ています」と、うったえました。

問１．文中【ア】の都市と、北極圏にある世界一大きな【イ】の島を答えなさい。
問２．昨年の夏も暑い日が続きました。一日の最高気温が何℃以上だと真夏日になりますか。あ～おから１つ選びなさい。
　　　あ．20℃　　　い．25℃　　　う．30℃　　　え．35℃　　　お．40℃
問３．昨年の夏の暑さのために、スーパーなどの小売店で年末にかけて不足した食品があります。その食品を答えなさい。
問４．昨年８月20日の豪雨によって、土砂くずれで大きな被害がでた都市のある都道府県はどこですか。

2　次の日本の山について、あとの問いに答えなさい。

語群
　ア．蔵王山（宮城県・『A』）　　　　イ．浅間山（『B』・群馬県）
　ウ．八ヶ岳（『B』・山梨県）　　　　エ．御嶽山（『B』・岐阜県）
　オ．大台ケ原山（三重県・奈良県）　　カ．阿蘇山（『C』）

表　観光レクリエーション施設数

	1位	2位	3位
スキー場	『B』(82)	新潟県(36)	『D』(30)
温泉地	『D』(263)	『B』(230)	新潟県(153)
ゴルフ場	『B』(231)	『D』(192)	兵庫県(162)

（「地理データファイル 2014年度版」より）

問１．語群と表の『A』～『D』にあてはまる都道府県を答えなさい。
問２．避暑地で有名な軽井沢高原にもっとも近い山を語群のア～カから選びなさい。
問３．火山ではない山を語群のア～カから１つ選びなさい。
問４．語群のウ．八ヶ岳山ろくで多く生産されている農作物を、下のあ～えから１つ選びなさい。
　　　あ．ブドウ　　　い．リンゴ　　　う．レタス　　　え．トマト
問５．林業や農業・水産業など第一次産業人口の全体にたいする割合（2013年）を、下のあ～おから選びなさい。
　　　あ．0.4%　　　い．4%　　　う．8%　　　え．16%　　　お．32%
問６．語群のエ．御嶽山付近を水源とする河川を、下のあ～おから１つ選びなさい。
　　　あ．長良川　　　い．木曽川　　　う．天竜川　　　え．大井川　　　お．富士川

3　太郎君は、プロ野球の本拠地を調べました。それらについて、あとの問いに答えなさい。

北海道日本ハムファイターズ（札幌市）　東北楽天ゴールデンイーグルス（仙台市）　埼玉西武ライオンズ（所沢市）
千葉ロッテマリーンズ（千葉市）　オリックス・バファローズ（大阪市）　福岡ソフトバンクホークス（福岡市）
東京ヤクルトスワローズ（新宿区）　読売ジャイアンツ（文京区）　横浜ＤｅＮＡベイスターズ（横浜市）
中日ドラゴンズ（名古屋市）　阪神タイガース（西宮市）　広島東洋カープ（広島市）
　　　　　　　　　　　　　　　　　　　　　　　　　（参考　日本野球機構オフィシャルサイト）

問１．首都圏にあるプロ野球チームの数を答えなさい。
問２．原子力発電所がある都道府県を本拠地にしているチームが２つあります。その都道府県を答えなさい。
問３．プロ野球の多くのチームは、人口が多く商業や工業がさかんな地域にあります。表Ⅰのア～ウは、人口・小売業販売額・工業出荷額のどれかを表しています。①人口・②小売業販売額にあてはまるものをア～ウから選びなさい。また、表中のAにあてはまる都道府県を答えなさい。
問４．プロ野球のいくつかのチームは、ＩＴ産業と関連しています。表Ⅱは、2012年の電子機器生産数（単位　千台）をあらわしています。表のXとYはアジアの国です。Xにあてはまる国を答えなさい。
問５．ゴールデンイーグルスの本拠地がある県の有名な伝統工芸品を、下のあ～おから１つ選びなさい。
　　　あ．曲げわっぱ　　　い．南部鉄器　　　う．将棋駒　　　え．鳴子こけし　　　お．会津ぬり
問６．多くのチームがキャンプをおこなう沖縄県にある①と②の地点を、右の図のア～オから選びなさい。
　　　①世界文化遺産になっている首里城
　　　②移設問題が話題になっている辺野古

表Ⅰ

	1位	2位	3位
ア	東京都(10.4%)	神奈川県(7.1%)	A (7.0%)
イ	愛知県(13.8%)	神奈川県(6.0%)	A (5.6%)
ウ	東京都(13.3%)	A (7.1%)	神奈川県(6.4%)

（「日本国勢図会2014／15年版」より）

表Ⅱ

	スマートフォン	タブレット型端末
日本	8,022	913
X	520,366	103,819
Y	70,314	12,350

（「日本国勢図会2014／15年版」より）

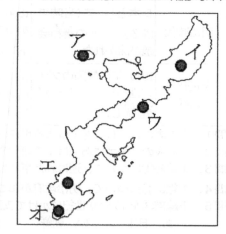

4　つぎのA・B・Cについて、あとの問いに答えなさい。

A.　ア．執権の職についた一族が政治を支配していた。　　　イ．大王が豪族と協力して政治をおこなっていた。
　　ウ．摂政や関白についた一族が大きな権力をふるっていた。　エ．中国の制度を手本にした天皇中心の政治がはじまった。

B.　ア．地方の豪族や有力な農民が領地を守るために武士になった。
　　イ．きびしい年貢の取り立てに苦しんだ農民らが団結して一揆をおこした。
　　ウ．農民たちは国のものになった土地をたがやし、いろいろな税や労役を負担するようになった。
　　エ．地頭が農民から年貢を集めたり、村の犯罪をとりしまるようになった。

C.

ア

イ

ウ

エ

問1．A・B・Cのそれぞれのア〜エを年代の古い順に並べなさい。
問2．Aのアの下線部の一族は何氏ですか。
問3．Aのウの下線部の一族は大化の改新で活躍したある人物の子孫です。その人物とはだれですか。
問4．Bのウの下線部について、それ以前はどのような人たちがもっていた土地を国のものにしたのですか。あ〜えから2つ選びなさい。
　　あ．皇族　　　い．豪族　　　う．武士　　　え．農民
問5．Cのアにおさめられていた中国や大陸からもたらされた文物の多くは、だれの持ち物でしたか。
問6．Cのウの1階部分は現在の和室に受けつがれている形式になっています。その形式の部屋で、生け花はふつうどこにかざられましたか。1つ答えなさい。

5　次の表をみて、あとの問いに答えなさい。

	A	B	那覇	C	D	長崎
江戸時代	西回り航路の重要な港であった。	1858年の日米修好通商条約により開港地の一つになった。	琉球王国が、[イ]藩に征服された。	1858年の日米修好通商条約により開港。外国人[エ]地に外国商館がつくられた。	①東北地方の米を運ぶときに寄った港。1858年の日米修好通商条約により開港。	幕府が直接支配した。1858年の日米修好通商条約により開港。
明治時代	日本と[ア（当時の国名）]との講和会議が開かれた。	1886年にこの港に向かっていたノルマントン号が沈没した。	1879年に県庁がおかれた。	新橋との間に日本初の鉄道が開通した。	②1871年に県庁がおかれた。	1905年に③リャオトン半島のターリエン港への航路を開設。
大正時代以降	1970年に韓国のプサン港へのフェリーが就航した。	1995年の震災で港湾施設が大きな被害を受けた。	[ウ]年に日本に返還された。	1956年に政令指定都市になった。	1964年の震災で港湾施設が大きな被害を受けた。	1945年に原子爆弾が投下された。

問1．上の表のA〜Dにあてはまる現在の都市名を答えなさい。
問2．上の表のア〜エにあてはまる語句や数字を答えなさい。
問3．下線部①について、運ばれた東北地方の米はおもにどこで生産されましたか、現在の県名を1つ答えなさい。
問4．下線部②について、明治政府がおこなった全国的な政策を何といいますか。
問5．下線部③を19〜20世紀にかけて支配したことのある国を下のあ〜おからすべて選びなさい。
　　あ．日本　　　い．朝鮮　　　う．アメリカ　　　え．ロシア　　　お．イギリス

6　次のAとBの手紙を読んで、あとの問いに答えなさい。

A　ア．私たちは、現在の政治の実権をにぎっているのは天皇でもなければ、人民でもないとみています。一部の政治家たちが独占しているのです。…（省略）…イ．政府に税金を払う義務のある人たちは、政治にかかわってその政治のよしあしを話しあう権利があるはずです。…（省略）…人々の意見を大切にして公平な話しあいをすることが必要であり、そのためにはウ．国民議会を設立するべきです。

B　エ．私はドイツやオーストリアで学んで、これからの日本の国の政治のしくみや天皇が最高の権力をもつことについて、見通しがつきました。イギリスやアメリカ、フランスのいきすぎた自由を大切にして、結局は国の力を弱くしてしまう人たちが今の日本には多すぎます。しかし、オ．それをくつがえす理由や方法をえることができました。

問1．下線アの一人はのちに政党をつくり、その党首になった人です。その人はだれですか。

問2．下線イについて、１８７３年の改革でおもにどのような人たちが税金を納めるようになりましたか。

問3．下線ウに関して、選挙で議員が選ばれる議会を右の表の①〜③から、選挙権をもっている人を④〜⑥から、その割合がどのくらいかを⑦〜⑨から、それぞれ１つずつ選びなさい。

議会	
①	衆議院と貴族院
②	衆議院
③	貴族院

選挙権をもっている人	
④	一定の税を納めた 20 歳以上男子
⑤	一定の税を納めた 25 歳以上男子
⑥	一定の税を納めた 30 歳以上男子

選挙権のある人たちの割合	
⑦	当時の国民の 1.1 パーセント
⑧	当時の国民の 5.5 パーセント
⑨	当時の国民の 11 パーセント

問4．下線エはだれですか。

問5．下線オに関して、下線エの人物はどのような憲法をつくろうとしましたか。かいとうらんの「ドイツのように」から「憲法」のあいだに、てきとうな文章を入れなさい。

7　次の文章を読んで、あとの問いに答えなさい。

　日本はア．第１次世界大戦中に景気がよくなりましたが、戦争が終わると不景気になり、長く続きました。しかもそのさなかの 1923 年に（　①　）がおき、経済が混乱し、それはより深刻になりました。さらにその後、アメリカで始まった世界的に大きな不景気が日本におしよせ、右のグラフのように農産物の価格が下がり、失業者が増えました。

　そのころ日本ではイ．満州を日本のものにすれば不景気からぬけ出せると主張する人たちがあらわれました。（　②　）年、満州にいた日本軍がウ．南満州鉄道の線路を爆破し、これを中国軍のしわざだとして戦争を始めました。翌年には「（　③　）」がつくられました。

　中国は日本の動きを侵略であると（　④　）にうったえました。（　④　）は「（　③　）」を認めない決議をしたので、日本は（　④　）を脱退しました。

　そして日本国内では（　⑤　）の発言力がしだいに強くなり、戦争へと向かっていくのです。

※米・麦・まゆの価格は1929年を100とする

❖ 失業者数と農産物の価格の変化

問1．（①）〜（⑤）にあてはまる語句・数字を入れなさい。

問2．下線アの理由をかんたんに書きなさい。

問3．下線イの人たちは満州を「日本の〇〇〇」と主張していました。〇〇〇は漢字３文字が入ります。それは何ですか。

問4．下線ウは日本の会社です。設立されたのは何年ですか。あ〜えから選びなさい。
　　　あ．１８９１年　　　い．１８９６年　　　う．１９０１年　　　え．１９０６年

問5．右上のグラフで、「まゆ」の価格は１９２９年から３０年にかけて半分以下に下がっています。その後も数年間、もとにもどりません。米や麦にくらべて、なぜ「まゆ」の価格が大きく下がったのですか、そのおもな理由を説明しなさい。

問6．日本は第２次世界大戦後の朝鮮戦争のころから、急速な経済発展が始まりました。その後、「三種の神器」とよばれる家庭電化製品が人々のあこがれになりました。「三種の神器」のうち白黒テレビ以外の２つを答えなさい。

8　次の文章を読んで、あとの問いに答えなさい。

　日本国憲法には、「国民主権」・「基本的人権の尊重」・「平和主義」という３つの原則があります。

　国民主権とは、国の政治の進め方を最終的に決める力を国民がもつことです。そのあらわれとして、国民による国会議員の選挙や、（　ア　）の承認についての国民投票などが行われます。

　基本的人権とは、〔　Ａ　〕権利のことです。言論や集会の自由や教育を受ける権利などのさまざまな権利が基本的人権として保障されています。

　そして、平和主義の原則にもとづいて、外国との争いを（　イ　）によって解決しないことを定めています。

問1．文中の（ア）・（イ）にあてはまる語句を答えなさい。

問2．憲法記念日の日は、日本国憲法の何を記念して定められた日ですか。

問3．文中の〔Ａ〕にあてはまる文を次のあ〜えから１つ選びなさい。

　　　あ．国民の義務をはたしている人がもつことができる　　　い．すべての人が国から与えられている
　　　う．すべての人が生まれながらにしてもっている　　　え．すべての成人がもっている

問4．文中のさまざまな権利について、このうちの１つとして生存権があります。これはどのような権利ですか。次の文章の（１）・（２）にあてはまる語句を入れなさい。
　　　「（　１　）で（　２　）的な最低限度の生活を営む権利」

問5．日本国憲法は、３つの機関がたがいに監視しあって、１つの機関に権力が集中しないように定めています。そのうちの１つとして、裁判官をやめさせるかどうかの裁判をおこなうのは３つの機関のうちのどれですか。

※100点満点
（配点非公表）

1
問1　ア
　　　イ
問2
問3
問4

2
問1　A
　　　B
　　　C
　　　D
問2
問3
問4
問5
問6

3
問1　チーム　問4
問2　　　　　問5
　　　　　　　問6　①
問3　①　　　　　　②
　　　②
　　　A

4
　　　　　古　　　　　新
問1　A　⇒　⇒　⇒
　　　B　⇒　⇒　⇒
　　　C　⇒　⇒　⇒
問2　　　　　氏
問3
問4　・
問5
問6

5
問1　A　　　問3　　　県
　　　B　　　問4
　　　C　　　問5
　　　D
問2　ア
　　　イ　　　藩
　　　ウ　　　年
　　　エ　　　地

6
問1　　　　　問4
問2　　　　　問5　ドイツのように
　　　　　　　　　　　　　　　　憲法
問3　①〜③
　　　④〜⑥
　　　⑦〜⑨

7
問1　①　　　問4
　　　②　　　年
　　　③　　　問5
　　　④
　　　⑤
問2　　　　　問6
問3

8
問1　ア　　　問3
　　　イ　　　問4　1
問2　　　　　　　　2
　　　　　　　問5

※100点満点
（配点非公表）

解答らん

1
(1) 　　　　　　　　　　　　　　　,
(3)結果　　　　　　　　　理由
(2)

2
(1) 　　　　　　　　　　　　　(2)
(3)
(4)① 　　　② 　　　③ 　　　④ 　　　⑤
(5) 　　　　　　(6)X 　　Y 　　ア 　　イ 　　ウ
エ 　　オ 　　カ 　　キ 　　(7)

3
(1) 　　　　(2) のばすとき 　　, 曲げるとき 　　(3)

4
(1) 　　　　(2) 　　　　(3)

5
(1) 　　　g (2) 　　(3) 　　　　　　　　　　,

6
ア 　　イ 　　ウ 　　エ 　　オ

7
(1)イ 　　(2) 　　　　　　　(3)
　　　　　　　　　　　　　　　　　　　ア 　　イ

8
(1) 　　　　　　, 　　(2)A 　　B
(3)

9
色
エネルギー

10
(1) ① ② ③ ④
ア イ ウ エ オ
カ
ク キ
(2) と 　, 　と

11
(1) 　　　　kg (2) 　　に 　　cm (3) 　　に 　　cm

算数

（60分）

※100点満点
（配点非公表）

<注意>
①答えは解答らんに書くこと。
②テスト2の1，2の2の裏を計算用紙として使ってよい。
③円周率は3.14とする。
④用紙は切り取らないこと。

1

次の □ に当てはまる数を求めなさい。

（1）$\left(\dfrac{25}{6}-0.3\right)\div 0.58+\dfrac{9}{2}-\dfrac{20}{3}\times 0.55=$ □

（2）1，2の2種類の数字で111，121のように3けたの数を
つくると，全部で □ 個でき，それらをすべて

たすと □ になります。

2

次の問いに答えなさい。
（1）図は正三角形 ABC と正三角形 DEF を重ねたもので，辺
DF と辺 BC は平行です。AB と DE の長さの比は7：4で，
重なった部分の面積が 15cm² のとき，三角形 ABC の面積
を求めなさい。

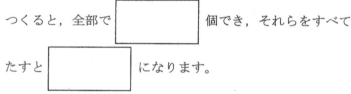

（2）三角形 GHI を，図1のように PQ を折り目として折りま
した。次に PR を折り目として折ると，図2のように PI が
PQ と重なりました。あ の角度を求めなさい。

図1
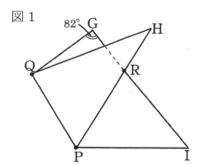

図2
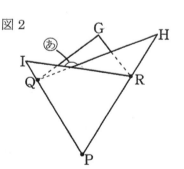

（1） □ cm²　（2） □ 度

3

三角柱あと直方体いと円柱の4分の1の立体うがあります。
この3つの立体を並べて，深さ 15cm の水そうの中に立てます。
左下の図はこの水そうを真上から見たものです。いの高さは
あの高さの3倍で，うの高さはあの高さの4倍で，3つの立
体の体積の合計は 2410cm³ です。

（1）三角柱あの高さを求めなさい。

（2）水そうの中に一定の割合で水を入れていきます。右下の
グラフは，水を入れはじめてからの時間と水面の高さの関
係を表しています。水そうの底面積を求めなさい。ただし，
立体は浮かないものとします。

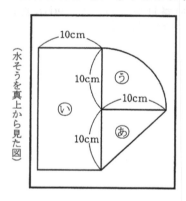
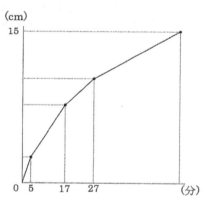

（1） □ cm　（2） □ cm²

4

ある品物を何個か仕入れ，36000 円払いました。仕入れ値の
倍の定価をつけたところ，30 個売れました。残りを定価の3割
引で売ったところ，すべて売り切れました。全体の利益は 22500
円でした。この品物を何個仕入れましたか。ただし，消費税に
ついては考えないものとします。

（求め方）

（答え） □ 個

5

次のようなルールで，0から9の数を並べていきます。

ルール①　1番目と2番目の数を決める。
ルール②　3番目以降は，その直前の2つの数をかけた数とする。ただし，2けたの数になった場合は，その1の位の数とする。

例えば，1番目を1，2番目を3にすると，次のようになります。
　　　　1，3，3，9，7，3，1，……
（1）1番目を7，2番目を2とします。このとき，2016番目の数はいくつですか。
（2）1番目を7とします。100番目が2のとき，2016番目の数として考えられるものをすべて答えなさい。

（1）2016番目は	（2）2016番目は

6

K寺とT寺では，寺を訪れた人が，着いた順に鐘を1回つきます。K寺とT寺は，ともに午後11時30分に1回目の鐘をつき，その後，K寺では30秒ごとに，T寺では40秒ごとにそれぞれ108回まで鐘をつきます。2つの寺では，どちらの寺の鐘の音も聞こえ，同時についた鐘は，1つに聞こえるものとします。
（1）鐘の音は，全部で何回聞こえますか。
（2）K寺にいたA君は，88回目の鐘の音を聞いてすぐに，K寺から400mはなれたT寺へ，分速60mの速さで向かい，T寺で鐘をつきました。T寺には午後11時20分に1人目が訪れて，その後，30秒ごとに1人ずつ訪れていました。A君が88回目の鐘の音を聞いた時刻と，鐘をついた時刻をそれぞれ求めなさい。

（1）　　　　　　回
（2）88回目の鐘の音を聞いた時刻 ｜ 鐘をついた時刻

7

A，B，C，D，E君の5人が，あるゲームを4回行いました。1回目から3回目までは，1位が5点，2位が4点，3位が3点，4位が2点，5位が1点の点数をつけ，4回目だけは点数を2倍にして，1位が10点，2位が8点，3位が6点，4位が4点，5位が2点の点数をつけました。そして，4回の合計得点が多い方から順に1位，2位，3位，4位，5位の順位をつけました。結果は次のようになりました。ただし，このゲームに同点はありません。

・5人それぞれの合計得点は，1位から5位まで，10，9，8，7，6のような連続した5つの整数でした。
・A君の4回の順位は，1位，2位，3位，5位が1回ずつで，合計得点は4位でした。
・D君の4回の順位は，1位と2位が1回ずつで，4位は2回でした。
・B，C，E君の3人は，A君と同じように4回のゲームでそれぞれ異なる順位になり，C君は2位になることはなく，E君は1位になることはありませんでした。

（1）A君の合計得点は何点でしたか。
（2）E君の4回目のゲームの結果は何位でしたか。
（3）合計得点が1位から3位までは，それぞれだれでしたか。順に書きなさい。

（1）　　　　　点	（2）　　　　　位	
（3）1位　　　君	2位　　　君	3位　　　君

8

図は正方形を2つ組み合わせたものです。斜線部の面積を求めなさい。

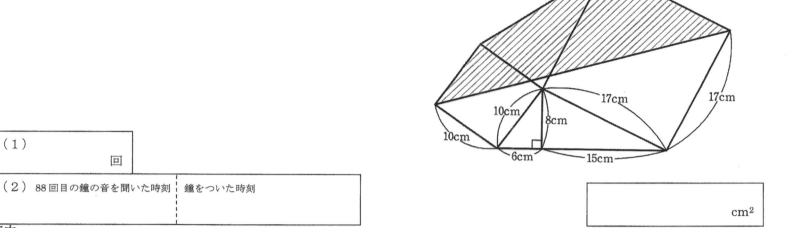

cm²

1　5個のビーカーに、それぞれ異なる水溶液A〜Eが入っています。これらの水溶液を使って次の実験1〜4を行いました。以下の問いに答えなさい。

【実験1】それぞれの水溶液を赤色リトマス紙につけると、青色に変化したのはAとDとEで、BとCは赤色のままでした。

【実験2】それぞれの水溶液を少しずつ蒸発皿にとって、アルコールランプで加熱すると、AとBとDには白い固体が残り、CとEには何も残りませんでした。

【実験3】それぞれの水溶液にストローを使って息をふきこむと、Aだけが白くにごり、他は変化がありませんでした。

【実験4】水溶液CとDに、ある固体を加えると、どちらからも水素が発生しました。

（1）水溶液BとCにBTB溶液を加えると、それぞれ何色を示しますか。

（2）水溶液A〜Eは、次のア〜オのどれかを溶かしたものです。A〜Eに溶けているものをそれぞれひとつ選びなさい。

　　　　ア．アンモニア　　イ．塩化水素　　ウ．食塩　　エ．水酸化カルシウム　　オ．水酸化ナトリウム

（3）実験4で加えた固体を次のア〜オから選びなさい。

　　　　ア．鉄　　　　イ．銅　　　　ウ．大理石　　エ．二酸化マンガン　　オ．アルミニウム

2　ヒトの体のしくみを学習した太郎君は、その内容を次のようにまとめました。以下の問いに答えなさい。

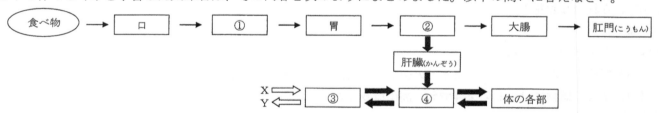

（1）白い矢印（⇨）は気体の出入りを示しています。XとYに当てはまる気体の名前を答えなさい。

（2）細い矢印（→）は食べた物の動き、太い矢印（➡）は血液の流れを示しています。①〜④に当てはまる体の部分の名前を答えなさい。

（3）魚の体では、③と同じはたらきをする部分を何と呼びますか。

3　次の文章は2011年8月29日の朝日新聞の記事です。これを読んで、以下の問いに答えなさい。

　　岩手県一関市の矢越山に6月5日、1200人が集まった。　宮城県気仙沼市の漁師たちが1989年に始め、毎年続けている広葉樹の植樹祭だ。沖縄から北海道まで、全国からの参加。小さな子どもたちも多数いる。木のない山肌に広葉樹の苗を次々に植えていった。

　　気仙沼市は東日本大震災で甚大な被害を受けた。植樹を提唱し木を植え続けている気仙沼湾のカキ養殖漁師、畠山重篤さん（67）の養殖施設や船も流された。震災当初は、日々の生活を立て直すのにやっとだったはずだ。それでも23回目の開催にこぎつけた。「森、川、海の関係を再構築することはこれからも変わらない。海に生きる町の復活はこれしかない」。それが畠山さんの考えだ。

　　森、川、海の関係とはどういうことか。森に降った雨は、川から海へと流れる。間伐などの手入れがされた人工林や広葉樹林の土壌にしみこんだ水は、植物プランクトンの栄養源が豊富だ。植物プランクトンはカキなどの貝類のエサになるほか、それを食べる動物プランクトンから魚へと（　X　）でつながっている。

　　荒れた人工の山林や、伐採後に放置された山は、雨水が土壌に十分に蓄えられず地表を流れてしまう。気仙沼湾では、70年代から、家庭や工場、農業の排水が川を流れて湾に注ぎ込み海が汚染され、赤潮プランクトンが発生した。養殖のカキは被害を受けた。畠山さんたち漁師が目を向けたのが川の上流の森だった。林業の衰退で山も荒廃していた。森を再生させることで海の回復を図ろうとしたのだ。「森は海の恋人」運動の始まりだ。

　　森の力だけで1度汚染された海が簡単によみがえるわけではない。汚れた排水を減らすために、川の流域の人たちの協力が必要だ。漁師が木を植えることで、森や漁業とはふだんつながりがない人たちにも、森、川、海の関係に関心を持ってもらうのも狙いだったようだ。（中略）

　　森の経済的価値は、林業でお金を生み出すだけではない。日本の木材は、海外から輸入される安い木材とは価格競争ではかなわない。それは林業が衰退した原因でもある。だが、手入れが行き届いた森林が、わたしたちが生きる上で欠かせない水産資源を育むほか、土砂流出を抑えたり二酸化炭素を吸収したりするなら、単に木材の価格以上の価値をもたらす。

　　森と海だけではなく、人間を含め自然界はつながり合っている。それぞれの価値やコストを個別に考えるのではなく、全体を見渡して考えたい。

（1）下線部について、針葉樹ではなく広葉樹を植えるのはなぜでしょうか。その理由を書きなさい。

（2）広葉樹林の地表や地中では、様々な生物が植物の養分を含む豊かな土を作り出しています。このような生物をひとつ書きなさい。

（3）「植物プランクトンが増えると海が豊かになる」といわれますが、「海が豊かになる」とはどういうことですか。

（4）森林が増加すると地球温暖化がおさえられます。また、「海の中にも森がある」といわれていて、植物プランクトンなどが樹木と同じようなはたらきをしています。どのようなはたらきなのか、簡単に書きなさい。

（5）（　X　）に当てはまる生物どうしのつながりを表す語句を書きなさい。

4 太郎君は、お父さんとお母さんと一緒に登山に行きました。次の会話文を読んで、以下の問いに答えなさい。

太郎「頂上に着いたよ。ヤッホー！！」

お母さん「あれは何？『バイオトイレ』って書いてあるけど。普通のトイレとどう違うの？」

お父さん「微生物で分解して処理をするトイレのことだよ。バイオトイレでは、平地のトイレで必要な“あるもの”を使わなくて済むんだ。何か分かるかな？」

太郎「ええと…、わかった！（A）だね！」

お父さん「その通り。このような山の上では（A）が貴重なんだ。例えば泊まりがけで高山に登るときには、（A）を使わなくて良いシャンプーを持って行くこともあるんだよ。」

太郎「バイオトイレってすごいんだね！」

お父さん「登山ブームで山に登る人が増えると、トイレの問題はとても深刻なんだ。少なければ自然の中で処理されるけど、多くなってくると自然の処理能力をこえてしまうからね。そうなると、だれかが排出物を降ろさなければならなくなる。バイオトイレはそうした問題を解決できるんじゃないかって期待されているんだよ。それに微生物によって分解された後は、（B）として植物を育てるのに使うことができるんだ。」

お母さん「見て見て、きれいなお花！」

太郎「高山植物かな？」

お父さん「これは、ミヤマリンドウだね。」

太郎「お母さん、ふんでる！ふんでる！ダメだよ！この辺りの植物はみんな貴重な高山植物なんだから。」

お父さん「そうだね。平地の植物には厳しい条件でも、高山植物なら生きていけるんだ。例えば、年間の平均気温が（ア）ところ、1日の最高気温と最低気温の温度差が（イ）ところとか。この貴重な高山植物を保護して自然環境を保つことはとても大変なことなんだ。来るときに登山道路の入口でバスのタイヤを水で洗っていたのを太郎は見たかな。あれも保護のために行われているんだよ。」

お母さん「あら、ちょっとにおわない？」

お父さん「この山は活動している火山だから、火山ガスが発生しているのかも知れないね。山登りっていうと、わりと安全なレジャーってイメージがあるけど、実際は自然の中に入っていく訳だから準備も覚悟も必要なんだ。一昨年（2014年）、中部地方でも大きな火山噴火があったよね。おぼえてる？」

太郎「　X　の噴火だね。」

お父さん「正解。あの噴火のあとで、この山も24時間体制で火山活動を観測されるようになったんだ。山小屋にもヘルメットが備蓄されるようになったしね。」

太郎「自然のもつ力を知ることが大切なんだね。」

お父さん「その通り。人間にとって、自然の力はプラスにはたらくこともあれば、マイナスにはたらくこともある。良い面だけ、悪い面だけで評価をするんじゃなくて、その二面性を知ることが大切だね。それじゃ、山小屋にもどって温泉に入ろう！」

（1）（A）、（B）に当てはまる言葉を答えなさい。

（2）（ア）、（イ）に当てはまる言葉を答えなさい。

（3）下線部に関して、バスのタイヤを水で洗うことがどのように高山植物の保護につながるのか、簡単に答えなさい。

（4）火山活動に関し、以下の（あ）〜（う）に当てはまる言葉を答えなさい。

　　火山の地下には、岩石の成分が高温になってとけている（　あ　）と呼ばれるものがある。火山が噴火すると、地下から（あ）が上がってきて火口から流れ出したり、れきや（　い　）などが噴き出したりする。火口から流れ出した（あ）は（　う　）と呼ばれる。（い）は農作物や家屋だけでなく、交通機関などにも影響を与える。

（5）Xに当てはまる山の名前を答えなさい。

（6）火山活動以外で、自然現象のもつ二面性について具体的な例を挙げて答えなさい。

5 夜空に輝く月を見ていると、「実際に月に行ってみたい！」と感じる人も多いのではないでしょうか。美しい月の姿を想像しながら、次の問いに答えなさい。

（1）今にも手が届きそうな月も、実際には地球から38万km離れています。秒速1.1kmの宇宙船で月に向かうと、およそ何日かかるでしょうか。

（2）月の表面には、いん石などがぶつかってできたクレーターと呼ばれるくぼ地がたくさんあります。しかし、地球にはクレーターがほとんど見られません。これはなぜでしょうか。「作用」という言葉を使って答えなさい。

（3）月面から見ると、地球はどのくらいの大きさに見えるでしょうか。地球から見た月の直径とくらべて、次のア〜エから選びなさい。

　　　ア．約1倍　　イ．約2倍　　ウ．約4倍　　エ．約8倍

（4）私たちの生活に必要な水は、月にはほとんど存在しません。実は、月が誕生したころには水が存在していたのに、蒸発して宇宙に拡散し消えてしまったのではないかといわれています。なぜ消えてしまったのか、その理由を書きなさい。

6　右は新しい気象衛星によって撮影された日本付近の冬の日の雲画像です。次の問いに答えなさい。

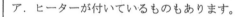
気象庁のウェブページより

（1）このときの日本での風向きを次のア〜エから選びなさい。

　　　ア．北東　　イ．北西　　ウ．南東　　エ．南西

（2）この時期の日本海側での天気の特ちょうを次のア〜エから選びなさい。

　　　ア．晴れが多い　　イ．雪が多い　　ウ．晴れと雨が交互　　エ．豪雨

（3）この時期の太平洋側での天気の特ちょうを次のア〜エから選びなさい。

　　　ア．晴れが多い　　イ．雪が多い　　ウ．晴れと雨が交互　　エ．豪雨

（4）この気象衛星の名前を答えなさい。

（5）この新しい気象衛星では、以前にくらべて雲画像にどのような違いがありますか。具体的にひとつ書きなさい。

7　下の（1）〜（4）の器具の名前と、測定する値の単位（器具に表示されている単位）をひとつ書きなさい。また、その器具の説明や使い方を正しく表している文章をひとつ選び、ア〜エの記号で答えなさい。

（1）　　　　　　（2）　　　　　　（3）　　　　　　（4）

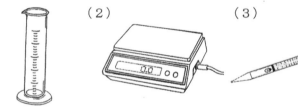

ア．ヒーターが付いているものもあります。	
イ．表示が安定してから、値を読み取ります。	
ウ．熱くなった場合は、冷えるまで直接ふれてはいけません。	
エ．最初は、はかり取りたい量より少し少なめにします。	

8　次の（1）〜（3）について、ア〜エの文章のうち、内容の正しいものをすべて選びなさい。

（1）ア．空気中に最も多く含まれている気体はちっ素である。ちっ素にはものを燃やすはたらきはない。

　　イ．空気中に2番目に多く含まれている気体は酸素である。図1のように密閉した容器の中でろうそくを燃やした場合、ろうそくが燃え残ったままで火が消えたあとには、容器内に酸素は残っていない。

　　ウ．木を図2のような缶に入れてふたをせずに燃やすと黒い炭が残るが、図3のような缶に入れてふたをせずに燃やすと白い灰が残る。

　　エ．鉄板は空気中では燃えないが、スチールウール（細い鉄線）は酸素の中で激しく燃えて二酸化炭素が発生する。

（2）ア．ヒトが食べた物に含まれる水分は、大腸でそのほとんどが吸収される。

　　イ．ヒトの肝臓は胃とほぼ同じ高さにあり、体に有害なものを無害なものに変えるはたらきをしている。

　　ウ．ヒトのじん臓は、体の背中側の左右にあり、血液中から不要なものを取り除いて尿をつくるはたらきをしている。

　　エ．ヒトのたんのうではたん汁がつくられる。たん汁には食べた物の消化を助けるはたらきがある。

（3）ア．ふりこが1往復する時間は、おもりを重くすると長くなるが、ふれはばを大きくしても変わらない。

　　イ．ふりこが1往復する時間は、ふりこを長くすると長くなるが、おもりを重くしても変わらない。

　　ウ．ふりこが1往復する時間は、ふれはばを大きくすると長くなるが、ふりこを長くしても変わらない。

　　エ．ふりこが1往復する時間は、おもりを重くすると短くなり、ふりこを長くすると長くなる。

9　右図の模型自動車（①モーター、②電池、③歯車、④タイヤ、⑤車軸、⑥エナメル線）では、車軸についている歯車とモーターがかみ合って車軸が回り、タイヤが回転します。この自動車を平らなコースで、できるだけ速く走らせたいと思います。次の問いに答えなさい。

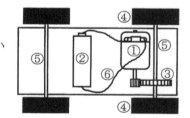

（1）次のア〜ウの電池のつなぎ方を試しました。速く走るものから順にア〜ウを並べなさい。

　　　ア．単1電池2個を並列につなぐ　　イ．単1電池2個を直列につなぐ　　ウ．単3電池2個を直列につなぐ

（2）もっとも速く走ることができる③歯車と④タイヤの組み合わせをア〜エからひとつ選びなさい。

　　　ア．大きな歯車と大きなタイヤ　　イ．小さな歯車と大きなタイヤ　　ウ．大きな歯車と小さなタイヤ　　エ．小さな歯車と小さなタイヤ

10　金属の棒A、B、Cがあり、3本ともすべて太さは一様です。10cmあたりの重さは、Aは200g、Bは300g、Cは1500gです。

（1）A、B、Cともに一定の重さになるように切り取った場合、長さの比はどのようになりますか。最も簡単な整数の比で表わしなさい。

（2）A、B、Cともに3kgの重さになるように切り取りました。次に図1のように左端をそろえ、3本が離れないようにして、ひもでつるしました。左端から何cmのところにひもを取り付けたら水平につり合いますか。

図1

（3）Aを420cm、Bを350cm、Cを70cmに切り取り、図2のように3本が離れないようにして、ひもでつるしました。左端から何cmのところにひもを取り付けたら水平につり合いますか。

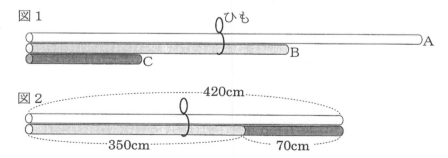
図2

1　右の各図を見て、下の問いに答えなさい。

問1．図Ⅰについて次の問いに答えなさい。
　　①　世界自然遺産の山地を ア～オ の中から選び、記号で答えて、さらにその山地名を答えなさい。
　　②　上の①で答えた山地が、世界遺産に選ばれたのは、何という樹木の原生林が評価されたからですか。樹木名とその樹林を表す地図記号を下の中からそれぞれ記号で選びなさい。
　　　樹木名　：あ．マツ　　い．スギ　　う．ヒノキ　　え．ブナ　　お．ヒバ
　　　地図記号：ア．ℚ　　イ．ⅴ　　ウ．Λ　　エ．∴　　オ．‖
　　③伝統行事「なまはげ」で有名な地域を、図中の A～E より記号で選びなさい。

問2．図Ⅱの中で、2015年9月10日に台風18号の影響で、堤防が決壊した常総市の位置を図中あ～おから記号で選び答えなさい。

問3．右の図Ⅲ～図Ⅴ の中の ○ は、それぞれ半島を示しており、次の各文はその説明です。半島名をそれぞれ答え、説明文中の【い】～【に】にあてはまる語句を答えなさい。
　　図Ⅲ：貴重な自然が残され、海では和食の出汁となる【い】がとれ、各地に出荷される。
　　図Ⅳ：世界初の【ろ】の養殖が行われ、今年2016年に、【は】と呼ばれる先進国首脳会議が開かれる。
　　図Ⅴ：雲仙岳がある半島の北に広がる【に】海では、のりの養殖などが行われている。

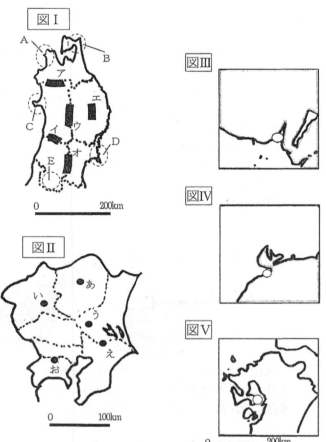

図Ⅰ　　0　200km

図Ⅲ

図Ⅳ

図Ⅱ　　0　100km

図Ⅴ　　0　200km

2　次の表を見てあとの問いに答えなさい。

	米	リンゴ	ブドウ	【A】	肉用牛	豚	肉用若鶏
1位	新潟県	青森県	山梨県	長野県	（あ）	鹿児島県	（う）
2位	（あ）	長野県	長野県	茨城県	鹿児島県	（う）	鹿児島県
3位	秋田県	（い）	（い）	群馬県	（う）	千葉県	岩手県
4位	（い）	岩手県	岡山県	兵庫県	熊本県	（あ）	青森県
5位	茨城県	福島県	福岡県	長崎県	岩手県	群馬県	（あ）

　　＊農産物は生産量。家畜については飼育数。　　　　　　（日本国勢図会 2015/16 より）

問1．表中（あ）～（う）にあてはまる都道府県を答え、【A】にあてはまる作物を次の い～に の中から記号で選びなさい。
　　　い：キャベツ　　ろ：レタス　　は：ホウレン草　　に：ネギ

問2．家畜の飼料（えさ）であるトウモロコシを、日本はどこの国から最も多く輸入していますか。国名を答えなさい。

3　日本の人口について、右の図を見て、下の各問いに答えなさい。

問1．日本で、2014年1月現在、人口100万人以上の都市は、東京23区をのぞいて、北海道から九州にかけて11あります。それらを北から南の順に並べると、次のようになります。下のⅠ～Ⅲの文を参考にして【あ】～【か】の都市名を答えなさい。

北←【あ】～【い】～【う】～川崎～横浜～名古屋～【え】～大阪～神戸～【お】～【か】→南

　　Ⅰ：太平洋ベルトからはずれている都市は、【あ】と【い】である。
　　Ⅱ：海に面していない内陸にある都市は、【あ】と【う】と【え】である。
　　Ⅲ：【お】は中国地方で人口が最も多く、【か】は九州地方で人口が最も多い都市である。

問2．図1と図2を見て、説明として正しい文章を、次のア～エの中から1つ記号で選びなさい。
　　ア：東京都の方が千葉県より人口増加率が高い。
　　イ：九州地方では、すべての県で人口増加率が10％未満である。
　　ウ：過疎地域の割合が80％以上の都道府県ではすべて人口が減少している。
　　エ：東北地方では、すべての県で人口増加率が0％未満である。

問3．図2の過疎地域の割合80％以上の都道府県について、次のA・Bの都道府県名を答えなさい。
　　A：世界遺産が存在しない都道府県　　　　B：外国人の宿泊者数が最も多い都道府県

問4．次の表は、東京都、愛知県、京都府、高知県における国内日帰り旅行のおもな目的と旅行者数を示しています。愛知県にあたるものをA～Dの中から1つ記号で選びなさい。

表　都道府県別国内日帰り旅行の主目的及び旅行者数（2012年）

	観光・レクリエーション	帰省・知人訪問等	出張・業務
A	6,098	1,740	3,577　③
B	14,488　①	3,590　①	8,917　①
C	8,875　⑤	1,178	931
D	518	184	123

　　注1）単位：千人　　注2）（　）内は、全都道府県における順位。ただし、上位5都道府県のみ表示。
　　　　　　　　　　　　　　　　　　　　　　　　　（観光庁「旅行・観光消費動向調査」より）

図1
各都道府県における人口増加率
（1980年～2010年） 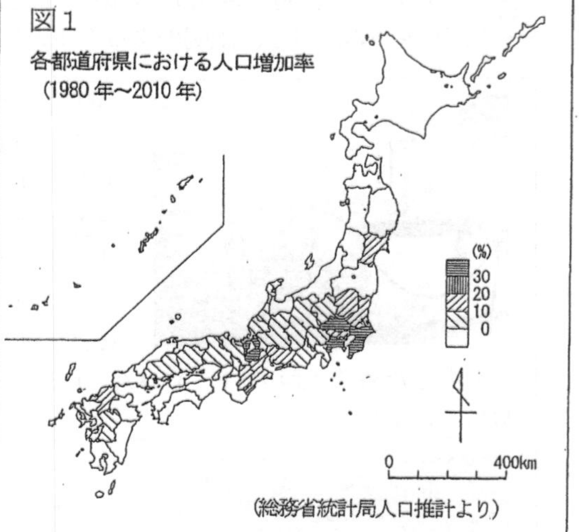
（総務省統計局人口推計より）

図2
各都道府県における総面積に占める過疎地域の割合
（2010年） 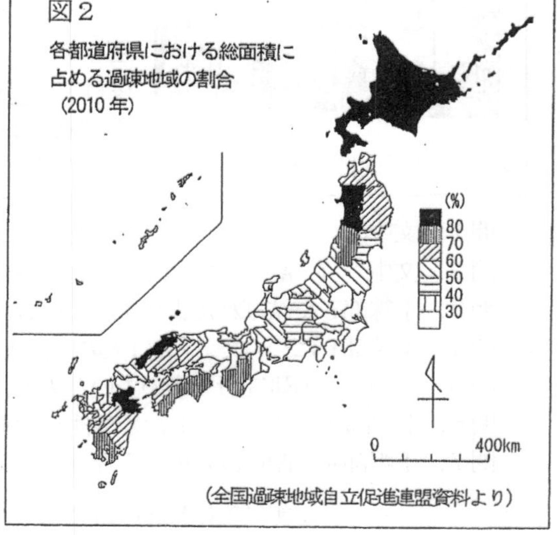
（全国過疎地域自立促進連盟資料より）

4　　　次の文章と資料を見て、下の各問いに答えなさい。

まわりを海に囲まれている日本は、船が重要な交通手段とされていました。弥生時代の遺跡から出土する土器や、下の写真1の【　1　】には、当時の人々が船に乗って航海した様子が描かれています。また、下の写真2は古墳から出土する【　2　】で、このように船をかたどったものがみられます。まだ、造船技術も航海術も不十分でしたが、日本と大陸の間を多くの人が行き来し、やってきた大陸の人々から様々な技術や学問を学んだのでした。

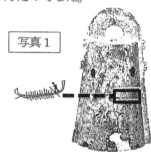
写真1

写真2

大和王権が統一を成しとげたのも、朝鮮半島や中国から海を渡って移り住んだ人々の協力があったからです。3世紀ころ、日本はたくさんの小国に分かれていましたが、大和王権は、a 進んだ技術や知識をもとに力をつけ、他の国々を従え、九州から東北地方南部にかけての広い範囲を支配しました。

7世紀以後、日本は東アジアで最も進んでいた中国から政治制度を取り入れようと、積極的に海を渡りました。ところが、8世紀後半になると、中国が反乱などでおとろえていきます。そのため、b 9世紀終わりごろ、中国との正式な国交はとだえましたが、海の道が閉ざされたわけではありませんでした。やがてc 10世紀後半、新たな王朝が中国を統一するころには、民間の交流や貿易もさかんになっていきました。12世紀後半には、当時の政治の中心となった人物が、この貿易の利益に目をつけ、利用したこともありました。そして、d 15世紀には、中国との間に正式な貿易が始まりました。

16世紀になると、ヨーロッパの船が日本を訪れるようになりました。日本人はヨーロッパ人の持っていた品物などに興味を持ち、それを取り入れようとしました。そのため、e 貿易の条件としてヨーロッパ人が要求したことも受け入れました。17世紀に新たな政権が開かれた当初は、このようにヨーロッパ人が来航したり、f 日本の船が海外へ行ったりすることがさかんにおこなわれました。いよいよ日本人が海をまたいで活躍する時代になるかと思われましたが、それは長続きしませんでした。

問1．文章中の【　1　】・【　2　】にあてはまる語句を答えなさい。
問2．下線部aについて、軍事面や農業面で、特に役に立ったと考えられる技術を答えなさい。
問3．下線部bの後、日本には独自の文化が栄えますが、そのころの貴族の男女にとって、教養として大事であったものを答えなさい。
問4．下線部cについて、この中国の王朝の名を答えなさい。
問5．下線部dについて、中国との正式な貿易を始めた将軍の名を答えなさい。
問6．下線部eについて、貿易の条件としてヨーロッパ人が要求したことには、おもにどんなことがありますか、答えなさい。
問7．下線部fについて、この当時、日本の船が海外へ行くには許可状が必要でした。この許可状を何というか答えなさい。

5　　　明治村は、明治時代から昭和初期にかけての近代建築を保存・展示しています。ここを訪れた太郎君は、帰宅後、印象に残った建物や設備の写真をアルバムにはり、説明の文章をまとめました。その文章を読んで、下の各問いに答えなさい。

明治村の帝国ホテルの建物の中に、写真のテーブルが置いてあります。これはa 日露戦争の講和会議で使ったテーブルです。この会議は、講和の仲立ちをした（　ア 国名　）で行われ、後に、不平等条約の完全な改正を実現した外務大臣の（　イ 人名　）が、日本側の代表として出席していました。

この建物は、明治時代の初めにつくられた芝居小屋で、名前は「呉服座」と書いて「くれはざ」と読みます。ここでは歌舞伎などを上演していました。しかし、それだけではなく、尾崎行雄などが政治演説会を開いていました。尾崎行雄は、大隈重信が1882年につくった（　ウ　）党に参加した政治家で、大正時代には、議会を中心とする政治の実現を強く主張しました。それらの運動の結果、1925年に（　エ　）の制度が作られました。

この建物は北里研究所です。これを建てた北里柴三郎はドイツへ留学して、有名な細菌学者のコッホに学びました。帰国した翌年には、b 福沢諭吉の支援を受けて c 日本初の伝染病研究所を設立しました。その後1915年にこの北里研究所を新たに設立したのです。

この建物は1886年に宮津（京都府）に建てられた裁判所です。ちょうどこの年にd ノルマントン号事件が起きて、日本人は条約改正を強く主張するようになりました。現在の裁判制度では、三権分立の考え方から、裁判所は国会に対して、〔　A　〕ことができるとされています。また、2009年からは、選挙権を持つ人の中から e くじで選ばれた国民が（　オ　）として裁判に参加する（　オ　）制度がとられています。

問1．文中の（　ア　）～（　オ　）にあてはまる語句を答えなさい。
問2．文中の〔　A　〕にあてはまる文を答えなさい。
問3．下線部aで結ばれた講和条約の内容について、日本各地で反対集会が開かれましたが、国民は何に不満だったのか答えなさい。
問4．下線部bについて、「天は人の上に人をつくらず、人の下に人をつくらずと言えり」ではじまる、福沢諭吉が書いた本の名を答えなさい。
問5．下線部cの研究所で働いていた人で、後にヘビ毒や黄熱病の研究で有名になったのは誰ですか、名前を答えなさい。
問6．下線部dのノルマントン号事件が、国民の不満を高め、条約改正が強く主張されるようになったのは、どのような理由からですか、答えなさい。
問7．下線部eの制度はどのような事件の裁判で行われますか、下から選び、記号を答えなさい。

ア：すべての犯罪の裁判　　イ：刑罰が軽い犯罪の裁判　　ウ：刑罰が重い犯罪の裁判

6　東海中学校の歴史研究部は今年の文化祭で、5つのパートに分かれて、「愛知県を中心とした歴史」を発表することになりました。今日はその打ち合わせの日です。部員や先生の話、また地図を見ながら、それぞれの問いに答えなさい。

<①古代の愛知の班>
生徒：奈良時代には、現在の豊川市に（　1　）国の国府（その国の中心）が置かれていました。また、そのころに篠島から朝廷に魚が送られていたことがわかっています。
先生：篠島から朝廷に魚が送られたことは、どのようなことからわかりますか。
生徒：それは、都の遺跡から発見されている　A　から分かります。

<②戦い・争いの班>
生徒：有名な争いとしては、平安時代の終わりごろ、（　2　）の乱で平清盛に敗れた源氏のかしらの源義朝が、家来をたよって野間に逃げてきたところ、うらぎりにあって殺されたという話があります。
先生：義朝の子の頼朝は幕府を開いて、家来との間に御恩と奉公という関係を結びましたが、御恩とは具体的にどのようなことをするのか知っていますか。
生徒：はい、　B　などが御恩の1つとしてあげられます。戦国時代には、地図中のⅠ付近で織田・徳川連合軍が（　3　）氏を破った戦いが行われました。その時に信長は、大量の鉄砲を使用し、大勝利をおさめました。さて、近代に入った大正7年に富山県で起きた（　4　）が名古屋でも発生しました。その動きは何日も続き、軍隊まで出動したそうです。政府は各地で起きた（　4　）に対し、軍隊を出動させたり、新聞記事にすることを禁じたりしました。

<③交通の歴史の班>
生徒：愛知県にあった交通路として、とくに江戸時代に整備された東海道が有名です。でもこの道は、宮の宿場からオの宿場まで正式には船で移動することになっています。その他の交通路としては、Ⅱのあたりの海辺でつくられた（　5　）が、矢作川から、徳川家康の出身地であるアを通って内陸に運ばれていく「（　5　）の道」がありました。（　5　）は内陸の人々にとって、とても大切なものでした。

<④産業の歴史班>
生徒：古くから有名なのはイでつくられていた陶磁器。江戸時代には（　1　）地方でさかんであった綿織物。またウでは（　6　）をはじめ酢・みそ・しょうゆなどがつくられ、それらをたるにつめて、港から江戸などに運んでいたようだ。東海地方は古くから産業がさかんなところだが、エは織田信長が産業をさかんにするために初めて楽市楽座を行った町だ。

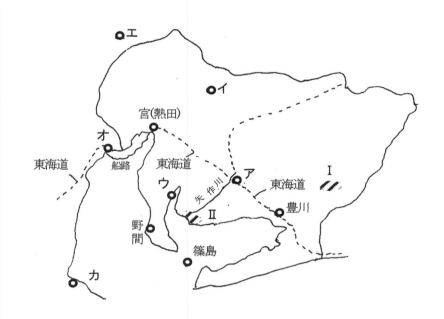

<⑤名古屋の町の調査班>
生徒：ぼくたちは熱田の辺りから、現在の地下鉄線に沿うように北に向かって歩いてきました。
とちゅう「富士見」という地名を見つけました。本当に富士山が見えるかわかりませんが、葛飾北斎が、上の資料の絵を描いたのがこの場所だといわれています。このような絵を（　7　）絵と呼びます。さらに北へ進むと大須に真福寺宝生院という寺がありました。この寺には712年につくられた（　8　）のもっとも古い写本（書き写した本）があります。カの出身の本居宣長は、（　8　）を研究して　C　をあきらかにする学問（国学）を確立したことで有名です。
先生：さてさて、みんなよく調べましたね。これできっとりっぱな発表ができますね。ご苦労様でした。

問1．会話中の（　1　）～（　8　）にあてはまる語句を答えなさい。
問2．会話中の　A　～　C　にあてはまる文や言葉を答えなさい
問3．地図中ア～カの都市名にあてはまるものを、下からそれぞれ選び記号で答えなさい。

| い. 桑名市 | ろ. 瀬戸市 | は. 岐阜市 | に. 常滑市 | ほ. 半田市 | へ. 岡崎市 | と. 松阪市 |

7　ラジオは1950年代にテレビが登場するまで国民の重要な情報源でありました。下のA～Gの文章は、ラジオで放送された内容を分かりやすくしたものです。その文章を読んで、下の各問いに答えなさい。

A：臨時ニュースを申し上げます。12月8日午前6時軍部発表。日本国陸海軍は、8日未明、西太平洋においてアメリカ・イギリス軍と戦争状態に入りました。
B：私は世界の現状を考えて、戦争状態を終わらせるためにアメリカ・イギリス・中国・（　1　）の4か国の共同宣言を受け入れることを通告しました。
C：……日本を除く全部の調印は終わりました。いよいよ日本です。吉田首相着席をしまして、講和条約にただいま調印しました。
D：今回政府は（　2　）とイタリーとの間に、三国軍事同盟を結び、世界平和のために、進んでいくことにしました。

E：……テーブルの上には朝鮮半島の地図が見えます。調印はすでに終了しました。戦争が始まり約3年が経過し、ここに休戦協定が成立しました。
F：2月26日午後8時15分、陸軍部発表。本日午前5時ごろ、一部の上官に率いられた兵士が、次の場所を襲撃しました。首相公邸、斎藤内大臣邸、…
G：入隊する学徒、東京帝国大学以下77校……戦争に際し入隊する学徒の武運を祈って行われているこの式典は、秋深い神宮競技場で行われています。

問1．上の文中の（　1　）・（　2　）に入る、国名を答えなさい。
問2．A～Gの放送の内容の事がらは、以下の年を示した表の、いつのことか、ア～クの記号で答えなさい。

解答らん

1　(1)B　　色、C　　色　(2)A　　B　　C　　D　　E　(3)

2　(1) X　　　　Y

(2)①　　②　　③　　④　(3)

3　(1)　　(2)

(3)

(4)　　(5)

4　(1)A　　B　(2)ア　　イ

(3)

(4)あ　　い　　う　(5)

(6)自然現象　　　良い面

悪い面

5　(1)　　日　(2)

(3)　　(4)

6　(1)　　(2)　　(3)　　(4)　　(5)

7　(1)名前　　単位　　記号

(2)名前　　単位　　記号

(3)名前　　単位　　記号

(4)名前　　単位　　記号

8　(1)　　(2)　　(3)

9　(1)　・　・　(2)

10　(1) A　 B　 C　 ：　 ：　(2)　　cm　(3)　　cm

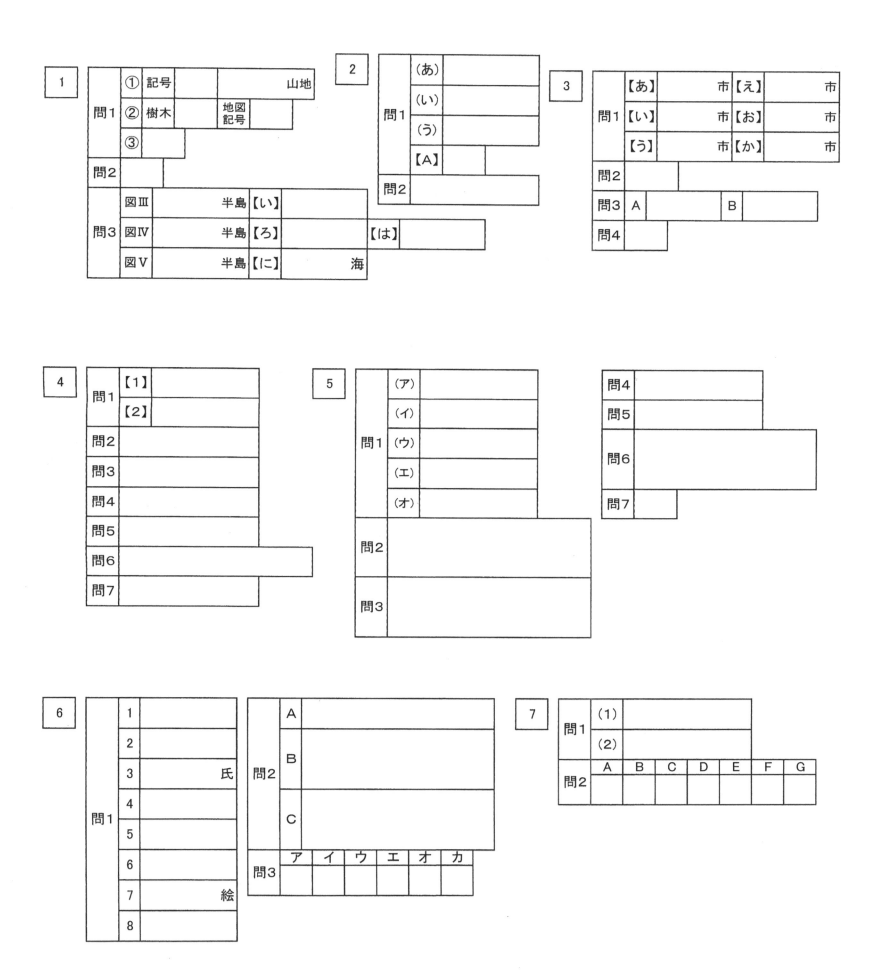

※100点満点
（配点非公表）

算数

（60分）

<注意>
①答えは解答らんに書くこと。
②テスト2の1，2の2の裏を計算用紙として使ってよい。
③円周率は3.14とする。
④用紙は切り取らないこと。

1

次の ☐ に当てはまる数を求めなさい。

（1）$\dfrac{35}{6} \div (6 - 0.75) \times \dfrac{9}{2} - \left(4.8 - \dfrac{16}{5}\right) =$ ☐

（2）2424のように，一の位と百の位，十の位と千の位がそれぞれ等しい4けたの数があります。この数に，一の位と同じ数をかけたら12019になりました。4けたの数は ☐ です。

（3）白と赤のおはじきがあり，個数の比は3：7です。箱がいくつかあり，このおはじきを1つの箱に白4個，赤8個ずつ入れていったところ，白が5個余り，赤が29個余りました。白は ☐ 個です。

2

図1のように，底面が正三角形である三角柱と底面が正六角形である六角柱を組み合わせた，ふたのついた容器に水が入っています。図2はこの容器を真上から見た図で，正三角形の頂点は正六角形の辺の真ん中の点です。また，三角柱と六角柱の高さの比は1：4であり，底面の正六角形の面積は24cm²です。

（1）三角柱と六角柱の体積の比を求めなさい。

（2）この容器をさかさまにしたところ，水の高さは，はじめの水の高さよりも2cm高くなりました。この容器の高さを求めなさい。

（3）水を入れたまま，この容器を横に倒したら，図3のように水の高さが容器の半分の高さになりました。水の体積を求めなさい。

図1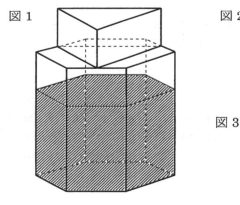

図2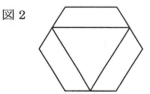

図3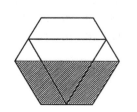

三角柱	：	六角柱
（1）	：	
（2）　　　　cm	（3）　　　　cm³	

3

兄と弟は同じ通学路でT中学校に通っています。弟はいつも同じ時刻に家を出発します。兄が8時8分に家を出発すると，兄と弟は同じ時刻に中学校に着きます。兄と弟が同じ時刻に家を出発すると，兄は弟より3分早く中学校に着きます。兄と弟の歩く速さはそれぞれ分速50m，分速40mです。

（1）家から中学校までの道のりを求めなさい。

（2）兄は弟と同じ時刻に出発し，ある地点から分速35mで歩いたところ，弟と同じ時刻に中学校に着きました。兄が速さを変えた時刻を求めなさい。

（1）　　　　　　m
（2）（求め方）
（答え）

4

図の四角形ABCDは1辺が4cmの正方形で，点E，F，G，Hはそれぞれ辺の真ん中の点です。斜線部の八角形の面積を求めなさい。

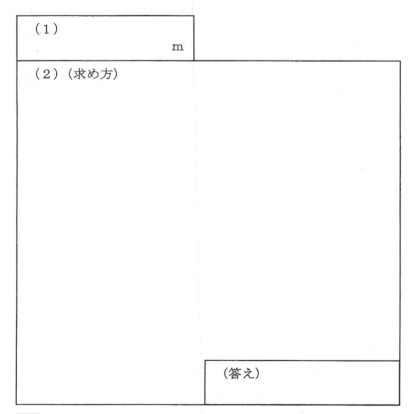

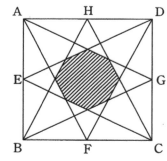

cm²

5

同じ大きさの立方体が160個あります。この立方体を80個ずつ，すき間なく組み合わせて，図のように同じ形の直方体を 2 個つくりました。この 2 個の直方体のそれぞれの表面全体に色をぬり，ばらばらにすると，色がぬられている立方体と色がぬられていない立方体ができました。

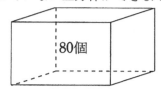 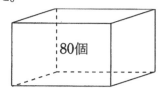

（1）色がぬられていない立方体は何個できましたか。
（2）色がぬられていない立方体をすべて使って直方体を 1 個つくり，表面全体に色をぬります。その直方体をばらばらにすると，色が 2 面にぬられている立方体と，3 面にぬられている立方体だけができました。すべての立方体のうち，色が 1 面，2 面，3 面にぬられている立方体の個数をそれぞれ求めなさい。

（1）	
	個

（2）1面		2面		3面	
	個		個		個

6

三角形 ABC は，辺 AB と辺 AC の長さが等しい二等辺三角形で，DB は 10cm です。DE と EG の長さは等しく，BE と EG の長さの比は 1：2，EG と GC の長さの比は 4：3 です。
（1）三角形 ADF の周の長さを求めなさい。
（2）三角形 ABC の面積を求めなさい。

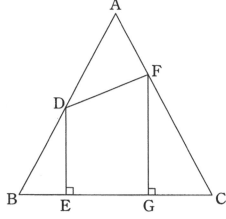

7

A君のクラスは29人で，一人ずつサッカーのシュートのテストをしました。一人 4 回ずつシュートして，入った本数が点数です。初めの人はテストが終わったら先頭に並び，次の人からは，列の中で自分の後ろの人が自分より点数が高く，前の人は自分より点数が高くないような位置に入ります。自分より点数が高い人がいない場合は，列の後ろに並びます。テストの結果は，0 点の人が 3 人，1 点の人が 6 人，3 点の人が 8 人で，A君の位置は真ん中でした。
（1）A君が最後にテストを受けたとすると，2 点を取った人は何人でしたか。
（2）A君を含めたA君と同じ点数の人数が，他のどの点数の人数よりも多かったとき，2 点を取った人は何人でしたか。考えられる人数をすべて求めなさい。
（3）（2）のとき，A君の後ろに並んでいるA君と同じ点数の人が一番多いのは，2 点を取った人が何人のときですか。

（1）　　　　人	（2）
（3）　　　　人	

8

整数を 1 から順に横長の長方形になるように，時計まわりのうず巻状に並べていきます。例えば，24までの数を並べるとき，図 1，図 2，図 3 の 3 通りの並べ方があります。
（1）72 までの数を並べたところ，1 のすぐ下の数が 40 になりました。72 のすぐ下の数を求めなさい。
（2）図 2 では，最後は横方向に 7 個の数を並べて終わり，図 3 では，最後は横方向に 4 個の数を並べて終わります。
　　（あ）までの数を並べたところ，最後に横方向に 11 個の数を並べて終わり，（あ）の真上には 7 個の数がありました。
　　（あ）として考えられる数をすべて求めなさい。

図1　　1　2　3　4　5　6　7　8　9　10　11　12
　　　24　23　22　21　20　19　18　17　16　15　14　13

図2　　　　　　　　　　　　　　図3

図2
1　2　3　4　5　6　7　8
18　19　20　21　22　23　24　9
17　16　15　14　13　12　11　10

図3
1　2　3　4　5　6
16　17　18　19　20　7
15　24　23　22　21　8
14　13　12　11　10　9

（1）	（2）

（1）　　　　cm	（2）　　　　cm²

1　太郎くんはお父さんとお母さんとコーヒーショップに来ました。次の会話文を読んで、下の問いに答えなさい。

太郎「コーヒー豆っていうけど、コーヒーは①学校で育てたインゲンマメと同じマメのなかまなの？」

お父さん「よく間違われるけど、マメとは別のなかまの、コーヒーノキという植物だよ。」

太郎「産地はブラジルにエチオピア、コロンビアにマダガスカル…あ！どの場所
　　も赤道に近いところばっかりだ。」

お父さん「よく気がついたね。コーヒーノキが栽培されているあたりを②コーヒー
　　ベルト（右図）と呼ぶんだよ。」

お母さん「私はホットミルクにしたわ。夜眠れなくなると困るから。」

太郎「なんでコーヒーを飲むと眠りにくくなるの？」

お父さん「それはね、カフェインっていう物質が入っているからだよ。③カフェイ
　　ンは、一部の昆虫やナメクジなどには毒になるんだよ。」

太郎「お父さん、お店の中で大きい声で毒なんて言わないほうがいいよ。」

お父さん「気にすることはないよ、ヒトは飲んでも大丈夫だから。ここのお店の面白いところはね、④ゴミとして出たコーヒーのしぼ
　　りかすが別の形で使われているところにあるんだ。乳牛のエサや野菜の肥料になって、できた牛乳や野菜がこのお店で使われて
　　いるんだ。」

お母さん「そんなことより、二人は何を飲むか決まったの？」

太郎「ぼくはオレンジジュース。」

お父さん「それじゃ、お父さんはキリマンジャロにしよう。」

（1）太郎くんは学校で、インゲンマメの発芽の条件を調べる実験を行いました。次の「準備した物」を必要に応じて使い、下のA、B
　　の実験をしている図を〈例〉のように解答らんに書きなさい。なお、条件の違いがわかるように、各実験でコップを2個ずつ使うもの
　　とします。

> 準備した物：インゲンマメ、コップ、脱脂綿、水、段ボール箱、冷蔵庫

　　　実験A　種子の発芽に空気が必要なことを確かめる実験
　　　実験B　種子の発芽に温度が必要なことを確かめる実験

（2）コーヒーノキは、コーヒーベルトの中でも平均気温がおよそ15℃から20℃の
　　ところで栽培されています。それはどのような場所だと考えられますか。

（3）下線部③のように、生物のなかには毒をもったり体のつくりが変化したりする
　　ことで、他の生物から食べられにくくなったものがあります。体のつくりを変化
　　させた生物の名前と、そのつくりの例を1つあげなさい。

（4）下線部④のように、資源の節約や環境汚染の防止のためにゴミや不用品を再び資源として利用することを何と言いますか。

（5）家庭内でできる（4）にはどのようなことがありますか。上の会話文に出た以外で、具体的な例を1つあげなさい。

2　生物どうしのつながりに関して、次の問いに答えなさい。

（1）生物どうしの「食べる・食べられる」の関係のつながりを何と言いますか。

（2）ある地域に生息する生物を以下のア～エのグループに分けました。それぞれのグループの
　　生物の数をもとに（1）の順に並べると、右図のように表すことができました。A～Dに当て
　　はまるグループをア～エから選び、それぞれ記号で答えなさい。
　　　ア〔ワシ・サギ・ヘビ〕　　　イ〔イネ・ススキ・カタバミ〕
　　　ウ〔シジミチョウ・イナゴ・コガネムシ〕　　　エ〔ムクドリ・カエル・トカゲ〕

（3）農薬をまくことで害虫や雑草などを取り除くことができますが、取り除く対象ではない生物にも影響を与えることがあります。
　　それはなぜでしょうか。まかれた農薬が直接作用する以外に、2つ理由を答えなさい。

3　ミツバチは、集めた花のミツから水分を減らしてハチミツを作ります。花のミツの糖分の濃度が20％、ハチミツの糖分の濃度が80％

のとき、ハチミツを100g 作るとしたら、ミツバチは集めた花のミツから何g の水分を減らす必要がありますか。ただし、花のミツか

らハチミツになるときに、水分の量以外の変化は考えなくてよいものとします。

4　日本の理化学研究所の研究チームが新元素を発見したことが国際的に認められ、この元素は昨年11月に正式に命名されました。その
　　名前は何ですか。次のア～エから選び、記号で答えなさい。
　　　ア．ジャパニウム　　イ．ジャポニウム　　ウ．ニッポニウム　　エ．ニホニウム

5　名古屋で、いろいろな日に月の観察を行いました。次の各
　時間帯において見ることができるのは右図のア～ケのどれで
　すか。当てはまるものをすべて選び、記号で答えなさい。
（1）夕方6時ごろ
（2）夜12時ごろ
（3）明け方6時ごろ

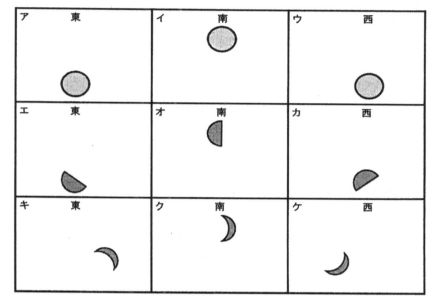

6　次の（1）～（12）のAとBの文章の内容が、両方とも正しければ「○」、Aだけが正しければ「A」、Bだけが正しければ「B」、両
　方とも誤っていれば「×」と答えなさい。
（1）A：2～3日晴れた日が続いている間、気温と地面の温度は、どちらも午後2時ごろ最も高くなる。
　　　B：2～3日晴れた日が続いている間、気温と地面の温度は、どちらも日の出のころ最も低くなる。
（2）A：オオカマキリは卵で冬を越すが、ナナホシテントウは成虫のまま冬を越す。
　　　B：ツバメは夏に日本でひなを育て、冬には南の国に渡って行く夏鳥であるが、オナガガモは冬に日本でひなを育て、夏には北の国
　　　　に渡って行く冬鳥である。
（3）A：空気と水をそれぞれ注しゃ器に入れピストンをおして力を加えると、空気の体積は小さくなるが、水の体積はほとんど変化しな
　　　　い。
　　　B：空気と水をそれぞれ注しゃ器に入れ加熱して温度を上げると、どちらも体積が増えるが、体積の増える割合は空気の方が大きい。
（4）A：さそり座のアンタレスと、こと座のベガはどちらも夏の夜空に見られる1等星であるが、このときアンタレスの方が高い位置に
　　　　観察される。
　　　B：アンタレスは赤く、ベガは白く輝いており、夏の大三角をつくる星のひとつに含まれるのはベガの方である。
（5）A：メダカのオスのしりびれはメスにくらべて大きく平行四辺形に近い形をしており、メスの背びれにはオスにはない切れこみがあ
　　　　る。
　　　B：メダカがえさにしているミジンコは、ゾウリムシやミドリムシにくらべて大きい。
（6）A：トウモロコシやヘチマにはお花・め花の区別があるが、アサガオやアブラナにはお花・め花の区別がなく、一つの花の中におし
　　　　べとめしべがある。
　　　B：お花・め花の区別がある植物は、受粉に風や虫などの助けが必要であるが、お花・め花の区別がない植物は、受粉に風や虫など
　　　　の助けを必要としない。
（7）A：ふりこ時計が遅れていくときには、ふりこのおもりの位置を上げて調整する。
　　　B：メトロノームのきざむテンポを速くするには、ふりこのおもりの位置を下げて用いる。
（8）A：空気は、約78%がちっ素、約21%が酸素、約1%が二酸化炭素でできており、このうち二酸化炭素は年々少しずつ増加してい
　　　　る。
　　　B：ヒトがはいた息の中では、酸素よりも二酸化炭素の量の方が多くなっている。
（9）A：食塩水・炭酸水・さとう水は、いずれも赤色リトマス紙を変色させない。
　　　B：塩酸・水酸化ナトリウム水溶液・食塩水のうち、食塩水だけがアルミニウムを溶かさない。
（10）A：上皿てんびんを使ってものの重さをはかる場合には、分銅の乗せ降ろしをきき手側の皿で行い、液体や粉末を決められた量だけ
　　　　はかり取る場合には、物質の量の増減をきき手側の皿で行う。
　　　B：上皿てんびんがつりあっているかどうかは、針が静止するのを待って確かめる。
（11）A：手回し発電機で発電した電気をコンデンサーにためるときには、発電機の＋極をコンデンサーの－たんしに、発電機の－極をコ
　　　　ンデンサーの＋たんしに、それぞれ接続する。
　　　B：コンデンサーにたまった電気で発光ダイオードを光らせるには、コンデンサーの＋たんしを発光ダイオードの－たんしに、コン
　　　　デンサーの－たんしを発光ダイオードの＋たんしに、それぞれ接続する。
（12）A：火山から噴出された物質が積もって、長い年月の間に固まってできた岩石には、粒の大きさが大きい順に、れき岩・砂岩・で
　　　　い岩などがある。
　　　B：化石には、生き物のからだが残っている例ばかりでなく、生き物の活動のようすやすみかのあとなどが残っている例もある。

7　次の表は、食塩、ホウ酸、ミョウバンの3種類の固体について、水の温度と50gの水に溶ける量との関係を表したものです。次の問いに答えなさい。

（1）40℃の水100gに、食塩を最大限溶かした水溶液は何gになりますか。

（2）20℃の水に、20gのミョウバンをすべて溶かすには、水は最低何g必要ですか。割り切れないときは四捨五入して小数第一位まで答えなさい。

（3）60℃の水60gにホウ酸10gを加え、よくかき混ぜました。この水溶液についての説明で正しいものを次のア～ウから選び、記号で答えなさい。

　　ア．さらにホウ酸を溶かすことができる。

　　イ．これ以上ホウ酸を溶かすことができず、ホウ酸の溶け残りがある。

　　ウ．これ以上ホウ酸を溶かすことができず、ホウ酸の溶け残りはない。

温度	食塩	ホウ酸	ミョウバン
20℃	17.9g	2.4g	2.9g
40℃	18.2g	4.4g	5.8g
60℃	18.5g	7.4g	12.4g
80℃	19.0g	11.9g	35.5g

（4）80℃の水100gが入った3つのビーカーにそれぞれの固体を最大限溶かした後、20℃まで冷やしました。最も多くの量の固体が出てくるのは、食塩、ホウ酸、ミョウバンのどれですか。また、何g出てきますか。

8　ムラサキキャベツ液を作って、塩酸、水酸化ナトリウム水溶液、食塩水、石けん水に加えたところ、次のような色になりました。

塩酸	水酸化ナトリウム水溶液	食塩水	石けん水
赤色	黄色	むらさき色	緑色

このムラサキキャベツ液を使って次の実験を行いました。下の問いに答えなさい。

［実験］①100mLのビーカーに、台所の換気扇用洗剤を10mL入れた後、ムラサキキャベツ液を40mL加えると、液は黄色に変化した。

　　　　②別の100mLのビーカーに、酢を10mL入れた後、ムラサキキャベツ液を40mL加えると、液は赤むらさき色（うすい赤色）に変化した。

　　　　③①のビーカーに、ガラス棒を伝わせて②の溶液をゆっくりと注いだところ、①の溶液と②の溶液の境界のところがむらさき色になった。

（1）洗剤は何性だったと考えられますか。

（2）酢は何性だったと考えられますか。

（3）③で洗剤と酢の境界のところがむらさき色になったのは、どのような変化が起きたからですか。

（4）むらさきいもにはムラサキキャベツと同じ色素が含まれています。むらさきいもを使ってケーキを作るとき、材料に加える卵白（卵の白身）やベーキングパウダー（ふくらし粉）によって、ケーキが緑色になってしまう失敗があります。むらさき色のケーキをおいしく作るためには、他に何を加えるとよいでしょうか。

9　乾電池、豆電球、導線を使ってア～クのようにつなぎました。下の問いに答えなさい。

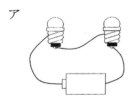　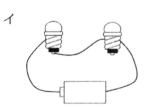　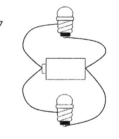　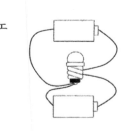

（1）乾電池が熱くなって危険なものを、ア～クからすべて選びなさい。

（2）点かない豆電球があるものを、（1）で選んだもの以外からすべて選びなさい。

（3）豆電球が最も明るく光るものを、（1）で選んだもの以外からすべて選びなさい。

10　長さ1mで重さが無視できる太さの一様な棒を使い、図1のようなてんびんを作りました。棒には中心Oから10cm間隔でア～コの

フックが取り付けられていて、おもりをつるすことができます。中心Oにひもを付けてつるすと棒は水平になり、図2のようにアにお

もりA、クにおもりBをつるしても棒は水平のままでした。次に図3のように、ウにおもりC、クにおもりB、ケにおもりAをつるしたら

つりあいました。下の問いに答えなさい。ただし、おもりはア～コのフック以外につるすことはできず、1つのフックには1個のおも

りしかつるすことはできません。

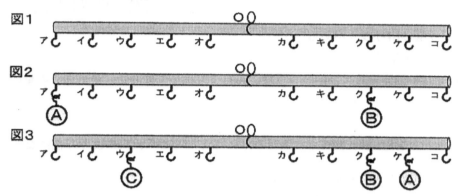

（1）おもりA、B、Cの重さの比を最も簡単な整数の比で答えなさい。

（2）エにおもりを1個、残りの2個はOより右側につるすことによってつりあわせます。エにつるしたおもり以外の種類と位置を、例
　　のように答えなさい。　　　　例　　Aをキ、Cをケ

（3）おもり3個を使ってつりあわせるためには、図3や（2）以外にどのようなつるし方がありますか、すべて答えなさい。ただし、
　　必ずOより左側に1個、右側に2個のおもりをつるすものとします。おもりをつるす位置を、A、B、Cの順にア～コの記号で例のよ
　　うに答えなさい。　　　　　　例　　（ア、コ、キ）　　（コ、オ、ク）

1 次のA〜Dの作物の図（拡大図をふくむ）を見て、以下の問いに答えなさい。

A　　　　　B　　　　　C　　　　　D

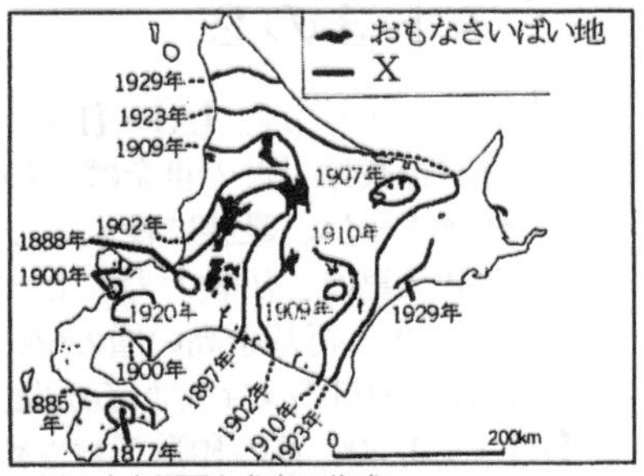

図1

おもなさいばい地　　　X

川口丈夫原図を参考に作成。
図1

問1. 次のア〜エの文は、図のA〜Dの作物を説明したものです。A〜Dの作物名を答えて、あてはまる文を下のア〜エからそれぞれ選びなさい。
　　ア. 食用のほか、でんぷんをつくる原料になる。
　　イ. パン・うどん・パスタなどの原料になる。
　　ウ. 酒・みりんの原料で、粉はパンの原料にもなる。
　　エ. 汁をにて砂糖をとり、葉としぼりかすは家畜のえさとなる。
問2. 北海道が日本における生産量100%を占める作物を、図のA〜Dから選びなさい。
問3. 北海道が飼育頭数日本一の家畜を下のア〜オから2つ選びなさい。
　　ア. 肉牛　イ. 乳牛　ウ. にわとり（たまご用）　エ. にわとり（肉用）　オ. 豚
問4. 北海道の十勝平野では、右の表のように作物を各年順にちがう畑でつくる「輪作」が行われています。輪作を行う理由をかんたんに答えなさい。
問5. 右上の図1は、A〜Dの作物いずれかに関連したものです。図1の線Xが何を示しているのか、作物名を明らかにして答えなさい。

	1年目	2年目	3年目	4年目	5年目
畑①	B	D	スイートコーン	C	あずき
畑②	あずき	B	D	スイートコーン	C
畑③	C	あずき	B	D	スイートコーン
畑④	スイートコーン	C	あずき	B	D
畑⑤	D	スイートコーン	C	あずき	B

表のB〜Dは図のB〜Dと同じ作物です。

2 次の文章を読んで、以下の問いに答えなさい。

2016年に放送された真田幸村を題材としたドラマでは、真田家の故郷である長野県上田市や大阪の陣の舞台となった大阪府など、多くの地域が登場した。
　戦国の武将たちは、【Y】を戦力上の重要な物資と決め、作戦上にも登場させている。例えば武田信玄は信濃への遠征に当たり、街道筋の農民に大豆の増産を図った。その大豆で【Y】作りを奨励し、それを買い取りながら進んだという。豊臣秀吉は朝鮮出兵のとき、全国の大名に【Y】を供出させたといわれる。【Y】は持ち運びに便利で、貴重な食料として利用された。
　真田家は甲斐の武田家、越後の上杉家や尾張・三河にゆかりのある信長・秀吉・家康に時には従い、時に対立しながら存続した。大阪の陣後、真田家は松代に領地を移されて、松代10万石と沼田3万石を与えられた。上田市や松代町は大河ドラマの影響もあり、多くのA観光客が訪れている。

問1. 文章中の【Y】は、さとう、す、しょうゆ、みそのいずれかで、右の表1の①〜④は4つの調味料の出荷額と全国に占める生産割合を示しています。【Y】の調味料にあてはまるものを表1の①〜④から選びなさい。

表1

	①		②		③		④	
	百万	%	百万	%	百万	%	百万	%
千葉県	56,389	29.6	長野県	58,811	46.1	愛知県	6,851	12.8	沖縄県	14,847	54.9
兵庫県	28,627	15.0	愛知県	10,491	8.2	大阪府	5,359	10.0	鹿児島県	8,704	32.2
愛知県	10,438	5.5	大分県	5,095	4.0	栃木県	3,284	6.2			
神奈川県	10,068	5.3	群馬県	4,818	3.8	広島県	2,996	5.6			

統計年次は、すが2013年、その他は2014年。
『データでみる県勢2017』、『工業統計調査』により作成。

問2. 右下の表2の①〜⑥は、文章中に出てくる長野県と大阪府、および愛知県、沖縄県、東京都、新潟県のさまざまな統計データを示しています。長野県、沖縄県、東京都にあてはまるものを表2の①〜⑥からそれぞれ選びなさい。
問3. 下線部Aについて、表2のZはある観光・レクリエーション施設数を示しています。あてはまるものを下のア〜エから選びなさい。
　　ア. 海水浴場　イ. 水族館　ウ. ハイキングコース　エ. 動物園・植物園
問4. ドラマのロケ地での観光客増加は、さまざまなメディア（情報を伝える方法や手段）を使用した宣伝広告の影響が大きいです。それに関連して、右の図の①〜④はインターネット、新聞、テレビ、ラジオの広告費の推移を示しています。新聞にあてはまるものを①〜④から選びなさい。

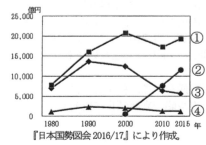

『日本国勢図会 2016/17』により作成。

表2

	①	②	③	④	⑤	⑥
製造品出荷額等（億円）	46,792	54,968	439,899	167,336	83,550	6,397
畑面積（ha）	19,500	54,900	33,300	3,800	6,860	37,700
農業産出額（億円）	2,448	2,322	3,010	320	295	901
65歳以上人口割合（%）	29.9	30.1	23.8	26.1	22.7	19.6
温泉地数	151	221	33	39	26	8
Z	55	110	25	4	33	5

統計年次は、製造品出荷額等、農業産出額、温泉地数は2014年、畑面積、65歳以上人口割合、Zは2015年。温泉地数は、宿泊施設のある温泉地数。
『データでみる県勢2017』により作成。

3 次の図1のア〜キはある都道府県を流れる河川を、●は都道府県庁所在地の位置をそれぞれ示しています。以下の問いに答えなさい。

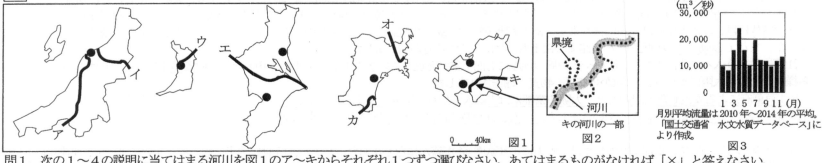

県境
河川

キの河川の一部
図2

0 40km
図1

（m³／秒）
30,000

20,000

10,000

1 3 5 7 9 11（月）
月別平均流量は2010年〜2014年の平均。「国土交通省　水文水質データベース」により作成。
図3

問1. 次の1〜4の説明に当てはまる河川を図1のア〜キからそれぞれ1つずつ選びなさい。あてはまるものがなければ「×」と答えなさい。
　　1：日本で最も長い　　2：日本で最も高い山を水源とする　　3：日本で最も広い湖を水源とする　　4：河口が東経120度より西側にある
問2. 図1のア〜キの河川が流れている上流の府県の組み合わせとして間違っているものを、下の①〜⑦から2つ選びなさい。
　　①. ア—岐阜県　②. イ—福島県　③. ウ—京都府　④. エ—群馬県　⑤. オ—秋田県　⑥. カ—福島県　⑦. キ—大分県
問3. キの河川は、図2のように河川の流れと県境が一致していない場所があります。その理由を、昔の河川の特ちょうにふれながら答えなさい。
問4. 右上の図3のグラフは、イの河川の下流部における月別平均流量（流量とは河川を流れる水の量のこと）を示しています。1年のうちで4月の平均流量が最も多くなるおもな理由をかんたんに答えなさい。
問5. 大都市を流れる河川の近くには「地下調節池」がありますが、これはある災害を防ぐために建設されたものです。その災害とは何か答えなさい。

[4] 次の１〜３と【A】・【B】の文章を読んで、以下の問いに答えなさい。

１．藤原道長は「この世をば　わが世とぞ思う　望月の　欠けたることも　なしと思えば」という歌をよんだほど、大きな政治の権力を持った。

２．聖徳太子は、豪族に役人としての心構えを示す（　ア　）を定め、天皇中心の国づくりをめざした。

３．聖武天皇は、仏教の力によって政治を安定させようとして、東大寺に大仏をつくろうとした。そのために、仏教の教えを広め、人々にしたわれていた僧である行基を高い僧の位につけて、大仏づくりへの協力を求めた。

【A】日本独自の文字であるかな文字がつくられ、（　イ　人名　）がかな文字で書いた「源氏物語」などの文学作品が生まれた。

【B】約 4,500 首の和歌がおさめられている（　ウ　）という歌集が作られた。その中に「父母が頭かき撫で幸あれて言いし言葉ぜ忘れかねつる」（父母が頭を撫でながら、無事でな、と言った言葉が忘れられない）という歌がある。これは、防人という、３年間の任期で（　X　）の守りにあたった兵士がよんだ歌である。

問１．文中の（　ア　）〜（　ウ　）にあてはまる語句を答えなさい。

問２．文中の（　X　）にあてはまる地域を右のあ〜えから記号で選びなさい。　　　　　あ．北海道　　　い．東北　　　う．四国　　　え．九州

問３．１の文章の下線部について、藤原道長は、どのような方法によって大きな政治の権力をもちましたか。「天皇」という言葉を使って説明しなさい。

問４．３の文章の下線部について、行基が人々にしたわれたのは、生活に役立つどのようなことをしたからですか。具体的に答えなさい。

問５．１〜３と【A】・【B】は、それぞれ、飛鳥時代・奈良時代・平安時代のうちのどれかの時代のできごとについての説明です。【A】・【B】と同じ時代であるものを１〜３から選びなさい。

[5] 次の太郎君が解いたテストの問題と解答を見ながら、以下の問いに答えなさい。

歴史復習テスト

[1] 鎌倉幕府において、将軍を助ける最高の役職の名前を答えなさい。

[2] 以下の室町時代のア〜エの出来事を古い順番に並べなさい。
　　ア．勘合貿易が始まる　　　イ．南北の朝廷が一つになる
　　ウ．銀閣寺が建てられる　　エ．足利義満が征夷大将軍となる

[3] 戦国時代に織田信長が鉄砲を使用して武田勝頼に勝利した戦いを何というか、答えなさい。

[4] 豊臣秀吉がおこなった刀狩、朝鮮出兵、太閤検地、大阪城築城のうち、焼き物の発展にもっとも関係が深いものを一つ答えなさい。

[5] 江戸幕府に置かれた「目付」は、どのような仕事をしたか答えなさい。

[6] 益田時貞を総大将として、おもに［　X　］起きた一揆の名前を答えなさい。

解答用紙

[1]　　執権　　　○

[2]　古　ア→イ→ウ→エ　新　×

[3]　　長篠の戦い　　○

[4]　　朝鮮出兵　　○

[5]　大名の取りしまりをおこなった　×

[6]　島原・天草一揆　○

6年3組　名前　東海　太郎

問１．[1]で、元が攻めてきたときの「執権」の名前を答えなさい。

問２．[2]のア〜エを古い順番に正しく並べ替えなさい。

問３．[3]の戦いで使用された鉄砲が日本に伝わったのは、この戦いから約何年前になりますか。ア〜エから選びなさい。
　　ア．約10年前　　　イ．約30年前　　　ウ．約50年前　　　エ．約70年前

問４．[4]の答えの「朝鮮出兵」の本陣となった名護屋城は、現在の何県何市に置かれましたか。ア〜エから選びなさい。
　　ア．沖縄県那覇市　　　イ．熊本県水俣市　　　ウ．佐賀県唐津市　　　エ．山口県下関市

問５．[5]において、「目付」は、大名ではなく他の身分の武士の取りしまりをおこないました。その身分を一つ答えなさい。

問６．[6]の［　X　］にあてはまる文をア〜エから選びなさい。
　　ア．蝦夷地の不正な交易に反対して　　　　　イ．平戸の商館を出島に移すことに反対して
　　ウ．重い年貢の取り立てに反対して　　　　　エ．ポルトガル船の来航禁止に反対して

[6] 次の文章を読んで、以下の問いに答えなさい。

　天下を統一した農民出身の豊臣秀吉は大阪に城を築き、政治を行いました。また城下に商人を集めたことにより、大阪を中心とした物資の流れがつくられました。A平安時代から商工業の栄えていた京都の経済と結びつき、また豊臣政権の Bばく大な財力を背景に、大阪の経済が発達しました。

　江戸時代には、政治の中心は江戸に移ります。徳川家康が始めた城下町整備により、幕府の家臣だけではなく、町人も集められ城下に住むようになりました。また C参勤交代の制度のため、諸藩の武士も江戸に生活する者が増えました。

　江戸に住まう人々の生活のため、江戸やその周辺地域にも商工業が発達していきますが、D大阪を中心とする物資の流れは江戸時代もつづき、諸藩から様々な物資が大阪に集まり、大阪から江戸へ物資が輸送されました。

　E江戸幕府による安定した支配のもと、大阪や京都には大商人が現れ、町人の文化が栄えました。やがて、江戸の経済も発達し、江戸の町人たちも生活を楽しむことができるようになっていきました。また、江戸時代には人々の間に新しい学問も誕生しました。

問１．下線部Aについて、京都では力をつけた町人により祇園祭が盛んになりました。しかし、15世紀後半に起こった争いによって、祇園祭は30年あまり中断されました。この争いの名前を答えなさい。

問２．下線部Bについて、ばく大な財力の一部には、鉱山からの収入があります。秀吉の時代にも活用され、世界遺産に登録された銀山の場所を次のページの図Xのあ〜かから選びなさい。

問３．下線部Cについて、参勤交代をさせたのはなぜですか。幕府のねらいを答えなさい。

問４．下線部Dについて、1736年に大阪に出荷された、次の①〜③の商品の産地を表しているものを次のページの図Yのア〜エから選びなさい。
　　①．干鰯　　　②．綿布　　　③．絹

テスト３の３につづく

問5．下線部Eに関連し、その説明である次の文の下線部あ～おから間違っているものを2つ選び、正しい人名または語句を答えなさい。

○杉田玄白、ぁ平賀源内は ぃオランダ語で書かれた人体解剖書を苦心して翻訳し、「解体新書」として出版した。
○歌川広重は、東海道の風景を題材にした ぅ浮世絵「東海道五十三次」を制作し、多くの人々の好評を得た。
○本居宣長は、中国から伝わった思想とは別に昔の日本人がもっていた考え方を探ろうと、「ぇ古事記」などを研究し、ぉ儒学を確立した。

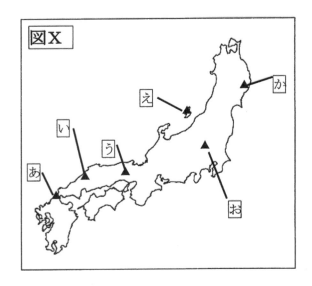

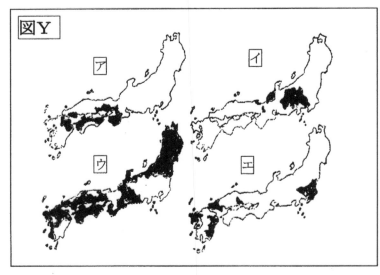

『地図・グラフ・図解でみる一目でわかる江戸時代』を参考に作成。

7　次の日本とロシア（ソ連）とに関する文や年表を見て、以下の問いに答えなさい。

2016年12月、ロシアの（　1 人名　）大統領が来日して、安倍首相と会談を行いました。そもそも日本とロシアの関係は18世紀後半にロシアが通商を求めて日本にやってきたことに始まります。そこで、現在までの日ロ間の歴史を年表にまとめ、私たちもロシアについて考えていきたいと思います。

1855年	日露和親条約により樺太は両国民の居住を認め、（　2　）列島は択捉島とウルップ島間が国境となる。
1858年	日露修好通商条約が結ばれ、通商が行われることになる。
1875年	国境に関する条約が結ばれ、樺太はすべてロシア領、（　2　）列島はすべて日本領になる。
1895年	A（　3　）条約の内容の一部について日本に変更を要求する。
1902年	ロシアの進出に対して日本は（　4 国名　）と同盟を結んで対抗することになる。
1905年	日露戦争に勝利した日本は、ポーツマス条約でBロシアの領土の一部をゆずり受ける。
1917年	第一次世界大戦中にロシアで革命が起きる。
1922年	世界初の（　5　）主義国であるソビエト連邦が生まれる。その影響で、（　5　）主義の思想が日本でも広く知られるようになる。
1941年	日本はソ連と中立条約を結んで、本格的にC東南アジア方面に進出し始める。
1945年	中立条約を破ってDソ連が日本に宣戦布告する。日本降伏後も戦闘を続けて日本の領土を占領する。
1951年	アメリカの（　6 都市名　）で平和条約が結ばれたが、ソ連はこの条約の調印を拒否する。翌年、日本は独立を回復する。
1956年	ソ連と日本は共同宣言に調印して国交を回復する。その時、平和条約を結んだあとに北方領土のうちE2島を日本に返還することを決める。
1991年	Fソ連が解体して、（　5　）主義政策も行われなくなる。

問1．（　1　）～（　6　）にあてはまる語句を答えなさい。
問2．下線部Aについて、日本に変更を迫った内容を答えなさい。
問3．下線部Bについて、ロシアの領土のどの部分を日本はゆずられましたか、具体的に答えなさい。
問4．下線部Cについて、日本はどのような理由で東南アジアへ進出したと考えられますか。
問5．下線部Dは、いつ起こりましたか。ア～エから選びなさい。
　　　　ア．ポツダム宣言の発表前　　　　　　　　　　イ．ポツダム宣言の発表から広島への原爆投下までの間
　　　　ウ．広島への原爆投下と長崎への原爆投下の間　　エ．長崎への原爆投下と昭和天皇の「日本降伏」放送の間
問6．下線部Eの2島はどこですか。右のア～エから2つ選びなさい。　　ア．歯舞群島　　イ．択捉島　　ウ．色丹島　　エ．国後島
問7．下線部Fについて、そのころのできごとをア～オから2つ選びなさい。
　　　　ア．ベトナム戦争が終結　　　　　　　イ．東西ドイツが統一　　　　　　ウ．EU（ヨーロッパ連合）が発足
　　　　エ．日本の高度経済成長期のピーク　　オ．沖縄が日本に返還される

8　次の文章を読んで、以下の問いに答えなさい。

「日中両国は、A一衣帯水の間にある隣国であり、B長い伝統的友好の歴史を有する。両国国民は、両国間にこれまで存在していた不正常な状態に終止符を打つことを切望している。戦争状態の終結と日中国交の正常化という両国国民の願望の実現は、両国関係の歴史に新たな一頁を開くこととなろう。日本側は、C過去において日本国が戦争を通じて中国国民に重大な損害を与えたことについての責任を痛感し、深く反省する。」

この文は、「日中共同声明」の一部です。1972年9月に日本の田中角栄首相が、（　ア 正式な国名　）の周恩来首相との会談の後に、この「日中共同声明」を発表し、D日本と（　ア　）との国交が正常化されました。そして、6年後の1978年に日本と（　ア　）は「（　イ　）条約」を結びました。
※一衣帯水…幅の狭い海峡や川（極めて近いこと）

問1．文章中の（　ア　）・（　イ　）にあてはまる語句を答えなさい。ただし、（　ア　）には正式な国名を答えなさい。
問2．下線部Aについて、日本と中国はある共通の海に面しています。その海の名前を答えなさい。
問3．下線部Bについて、下の問いに答えなさい。
　　　ア．15世紀後半、中国に渡り水墨画を学んで帰国し、「天橋立図」、「四季花鳥図」を描いた僧侶でもある画家はだれですか。
　　　イ．江戸時代、日本は中国とも貿易をしていました。中国の人が正式な貿易をおこなうためにやってきた場所を下の①～④から選びなさい。
　　　　　　①．博多　　②．長崎　　③．壱岐　　④．堺
問4．下線部Cについて、満州事変が起きたとき、中国はどのような対応を取りましたか。
問5．下線部Dについて、国交が正常化されたことを記念して、文中の（　ア　）の政府から日本にある動物が贈られました。そして、1972年11月に東京の上野動物園で初めて公開されて、大きな人気を呼びました。これは、何という動物か答えなさい。

解答らん

1

(1)実験A		実験B	

(2)

(3) 生物名　　　　つくり

(4)　　　　　　(5)

2

(1)	(2)A　　B　　C　　D

(3)

3 ［　　　　　g］　**4** ［　　　］　**5** (1)　　(2)　　(3)

6

(1)	(2)	(3)	(4)	(5)	(6)
(7)	(8)	(9)	(10)	(11)	(12)

7 (1)　　g (2)　　g (3)　　(4)　　　　が　　　　g

8 (1)　　性 (2)　　性 (3)　　　　(4)

9 (1)　　(2)　　(3)

10 (1)A：B：C ＝　　：　　： (2)　　を　　，　　を

(3)

1

		作物名	記号
問1	A		
	B		
	C		
	D		

問2	
問3	
問4	
問5	

2

問1	
問2	長野県
	沖縄県
	東京都
問3	
問4	

3

問1	1	
	2	
	3	
	4	
問2		

問3	
	から
問4	
問5	

4

問1	ア	
	イ	
	ウ	
問2		

問3	
問4	
問5	【A】	【B】

5

問1	
問2	古　→　　→　　→　新
問3	
問4	
問5	
問6	

6

問1	
問2	
問3	
問4	①	②	③

問5	記号	人名・語句

7

問1	1	
	2	
	3	
	4	
	5	
	6	

問2	
問3	
問4	
問5	
問6	
問7	

8

問1	ア	
	イ	
問2		
問3	ア	
	イ	
問4		
問5		

算数　（60分）

※100 点満点
（配点非公表）

<注意>
①答えは解答らんに書くこと。
②テスト2の1，2の2の裏を計算用紙として使ってよい。
③円周率は3.14とする。
④用紙は切り取らないこと。

1

次の ☐ に当てはまる数を求めなさい。

（1）$5.6 \times \left(0.75 - \dfrac{1}{3}\right) - (5.19 - 2.31) \div \dfrac{27}{20} =$ ☐

（2）92円，82円，62円，50円の4種類の切手を組み合わせて392円にします。たとえば，92円が1枚，82円と62円が0枚，50円が6枚のとき，392円になり，合計の枚数は7枚です。合計の枚数が最も少なくなるのは，

92円が ☐ 枚，82円が ☐ 枚，

62円が ☐ 枚，50円が ☐ 枚のときです。

2

現在（平成30年2月）小学生の3人兄弟がいます。長男，次男，三男の生まれた年をそれぞれ平成A年，B年，C年，生まれた月をそれぞれD月，E月，F月とします。次のような関係があるとき，A，B，C，D，E，Fが表す数を答えなさい。
・D，E，Fはすべて約数の個数が奇数で，それぞれ異なる数である。
・Aから2を引いた数は，Dで割り切れる。
・Bは，Eに1を足した数で割り切れる。
・Cの約数は2個だけで，そのうち1個はFである。

長男：平成 ☐A 年 ☐D 月

次男：平成 ☐B 年 ☐E 月

三男：平成 ☐C 年 ☐F 月

3

2つの水そうA，Bに，はじめ10：7の割合で水が入っています。Aに毎分1Lずつ，Bに毎分0.5Lずつの水を入れたところ，いっぱいになるまでにかかった時間は同じでした。2つの水そうA，Bの容積の比は15：8です。
（1）水そうBについて，はじめに入っていた水の量と，いっぱいになったときに入っていた水の量の比を求めなさい。
（2）AとBの容積の合計が460Lのとき，いっぱいになるまでにかかった時間を求めなさい。

（1）（求め方）

（答え）
はじめに入っていた水の量 : いっぱいになったときの水の量

（2）　　　分

4

図の四角形ABCDは1辺が2cmの正方形で，AEの長さとAFの長さはどちらも1cmです。DEとCFの交点をGとし，AとG，BとGを結びます。
（1）三角形BCGの面積を求めなさい。
（2）あの角度を求めなさい。

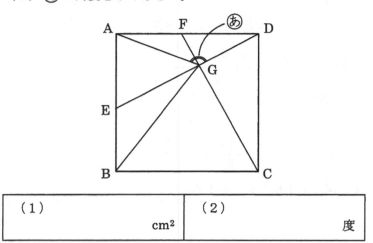

（1）　　　cm²　　（2）　　　度

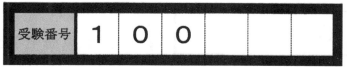

5

　図１のような三角柱の板が何枚かあり，すべて同じ形，同じ大きさです。この三角柱の高さは 2cm で，底面は二等辺三角形です。図２，図３の立体は，それぞれこの板を４枚重ねてつくったものです。

（図１）　　　　　　　　（図２）底面はぴったり重なっています。

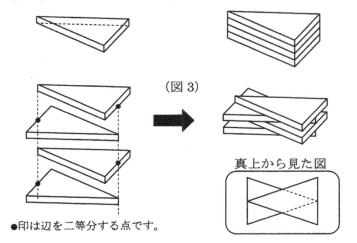

（図３）

真上から見た図

●印は辺を二等分する点です。

　図３の立体の表面積は，図２の立体の表面積より 180cm² 大きくなります。ただし，重なっている部分の面積は，表面積にふくめません。
（１）板１枚の体積を求めなさい。
（２）図３の立体に，この板を２枚重ねて図４のような立体をつくります。このとき，図３の立体と図４の立体の表面積の比は 49：71 です。板１枚の表面積を求めなさい。

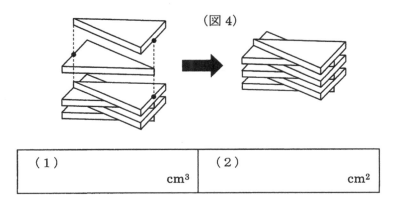

（図４）

（１）　　　　　　cm³	（２）　　　　　　cm²

6

　図１のような平行四辺形 ABCD の紙があります。この紙を点Ａと点Ｂがくっつくようにして，直方体の側面をつくります。この直方体の底面は正方形で，直方体の体積は $\frac{243}{4}$ cm³ です。

（図１）

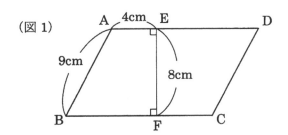

（１）図１の DE の長さを求めなさい。

（１）　　　　　　cm

（２）図２のように，点Ａと点Ｂが直方体の頂点になるように側面をつくると，図１のＥとＦを結んだ線は，直方体の辺の上にある点Ｐを通ります。AP の長さを求めなさい。

（図２）

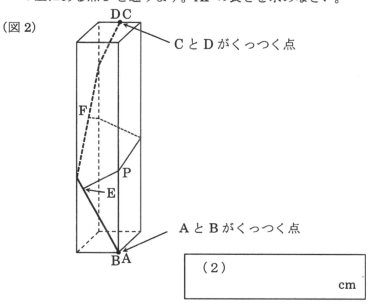

DC
ＣとＤがくっつく点
F
P
E
ＡとＢがくっつく点
BA

（２）　　　　　　cm

7

　Ａ町からＢ町まで行くバスは，途中 P，Q，R の３つの地点に，この順にとまります。あるバスがＡ町から 10 人を乗せて出発し，Ｐ地点では２人がバスを降りて５人が乗り，Ｑ地点では４人が降りて３人が乗り，Ｒ地点では７人が降りて６人が乗り，Ｂ町で全員降りました。ただし，運転手は人数にふくめません。
　ＡからＱまでの２区間だけ乗った人数は，ＡからＰまでの１区間だけ乗った人数と，ＰからＱまでの１区間だけ乗った人数の合計と同じでした。

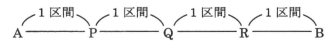

1区間　1区間　1区間　1区間
A ─── P ─── Q ─── R ─── B

（１）Ｑで降りた人のうち，Ａから乗った人とＰから乗った人はそれぞれ何人ですか。

　また，３区間だけ乗った人数の合計と４区間乗った人数は同じで，２区間だけ乗った人数の合計は，３区間だけ乗った人数の合計の２倍より１人多かった。

（２）１区間だけ乗った人数の合計は何人ですか。
（３）Ｂで降りた人のうち，Ａから乗った人とＰから乗った人とＱから乗った人はそれぞれ何人ですか。

（１）Ａから　　　人	Ｐから　　　人	（２）　　　　　人

（３）Ａから　　　人	Ｐから　　　人	Ｑから　　　人

1 太郎くんとお父さんとお母さんは、近所のホームセンターに出かけました。次の会話文を読んで、下の問いに答えなさい。

太郎くん「わあ、色々な植物の種や苗がいっぱい売られてるよ」

お母さん「今度はどの植物をお庭に植えようかしら」

太郎くん「ヘチマなんかどう？僕、学校で育てたよ。Aくきを切ると、中から水が出てくるんだよ」

お父さん「ヘチマ水だね。古くから化粧水にも使われているんだよ」

太郎くん「お母さん、化粧水だって！化粧品代が浮くよ！」

お父さん「化粧品代だけじゃなくて、B夏の電気代の節約にもつながるよ」

太郎くん「どういうこと？」

お父さん「壁面をはわせて育てることで、『緑のカーテン』ができるんだ」

お母さん「あら、Cオシロイバナの種。小さい時、よく遊んだわ。種をつぶすと真っ白な粉が出て、お化粧で使うおしろいのかわりになるのよ」

太郎くん「だから、オシロイバナって言うんだね！でも、なんでそんな粉が入っているの？」

お父さん「オシロイバナの白い粉は、D植物が発芽していくために必要な養分としてたくわえられたものなんだよ。太郎が毎日食べているお米にふくまれているものと同じだね」

太郎くん「だからご飯は僕たちの体を育てる栄養になるんだね」

お母さん「育ち盛りの子供もいるし、稲を育ててみようかしら」

太郎くん「えっ、庭に田んぼを作るの？」

お母さん「いいえ。あそこに稲の育成キットが売られているの」

お父さん「どれどれ、ああこれは目安の収穫量が２合か。だいたいお茶碗４杯程度だね」

太郎くん「それじゃちっとも食費は浮かないね」

図1

問1　下線部Aについて、右の図1のように太郎くんの学校では、育てたヘチマを地面に植えたまま、茎を地面から50〜60cmのところで切り、上下の切り口からそれぞれ水があふれ出す様子を観察しました。

（1）図1のアのびんとイのびんでは、どちらの方が長く水が出続けますか。

（2）（1）で選んだびんにたまる水の量を増やすには、どのような条件で実験を行えば良いですか。簡単に説明しなさい。

問2　下線部Bについて、『緑のカーテン』が電気代の節約につながる理由を、「日光をさえぎることで温度が上がりにくくなる」以外で答えなさい。

問3　下線部Cについて、オシロイバナの種を右のア〜オから選び、記号で答えなさい。ただし、図は実際の大きさとは異なります。

問4　下線部Dについて、この粉にどのような養分がふくまれているかを調べるために用いる薬品名を答えなさい。

問5　種子の発芽には、どのような条件が必要か、３つ答えなさい。

問6　太郎くんは家でイネを育て、その成長を記録したところ、７月の終わりごろからのび方が小さくなること、またこのころ、イネにはある変化が見られることに気がつきました。なぜイネののび方は小さくなったのか、イネの様子もふくめて簡単に説明しなさい。

＜参考＞太郎くんのイネの成長記録

日付	6/9	6/13	6/20	6/24	7/5	7/16	7/23	8/2	8/13	8/25	9/5	9/12	9/20
草たけ（cm）	18	22	31	37	50	67	75	79	83	91	96	98	99

2 体のつくりとそのはたらき（呼吸・不要なもののはい出・消化・吸収）について学習した小学生のM君は、血液と臓器の関係を右の図1のようにノートにまとめました。1年後、ノートを見直すと、すべて同じ矢印で書いたため、どの矢印が何を意味しているかが分からなくなってしまいました。そこで、もう一度、知識を整理するために図1の矢印に番号をつけました。

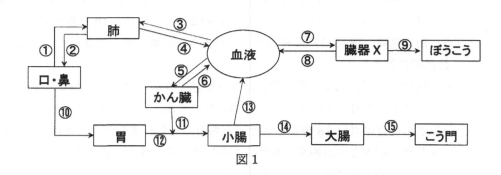

図1

問1　図1の臓器Xは何ですか。

問2　図1の臓器Xについて説明した文として、誤っているものをすべて選び、記号で答えなさい。

　　　ア．尿をつくる。　　　イ．体の背中側にある。　　　ウ．尿をためておくことができる。

問3　図1の①〜⑮のうち、気体の移動を示している矢印を２つ選び、番号で答えなさい。

問4　図1の①〜⑮のうち、栄養の吸収を示している矢印を１つ選び、番号で答えなさい。

問5　吸収した栄養の多くは、ある臓器を通り、そこでたくわえられます。この臓器は何ですか。

問6　血液はいろいろな役割をもっています。M君がまとめたこの図から分かる血液の役割を簡単に答えなさい。

3　次の（1）～（11）に当てはまるものを、それぞれのア～オからすべて選び、記号で答えなさい。ただし、当てはまるものがない場合には「なし」と答えなさい。

（1）冬の大三角をつくる星である。
　　ア．オリオン　　　イ．シリウス　　　ウ．プロキオン　　　エ．ベテルギウス　　　オ．リゲル

（2）夏の大三角をつくる星をふくんでいる。
　　ア．おおいぬ座　　　イ．おおぐま座　　　ウ．こと座　　　エ．さそり座　　　オ．わし座

（3）赤く光っている。
　　ア．アンタレス　　　イ．シリウス　　　ウ．ベガ　　　エ．ベテルギウス　　　オ．北極星

（4）さなぎになる。
　　ア．エンマコオロギ　　　イ．オオカマキリ　　　ウ．カイコガ　　　エ．ナナホシテントウ　　　オ．モンシロチョウ

（5）ゾウリムシよりも大きい。
　　ア．イカダモ　　　イ．クンショウモ　　　ウ．ミジンコ　　　エ．ミドリムシ　　　オ．メダカのたまご

（6）液体である。
　　ア．雨　　　イ．雪　　　ウ．霜　　　エ．水蒸気　　　オ．湯気

（7）ふりこが1往復する時間が長くなる。
　　ア．大きくふらせる。　　　イ．おもりを重くする。　　　ウ．おもりを軽くする。　　　エ．ふりこを長くする。　　　オ．ふりこを短くする。

（8）温めると鼻をつく強いにおいがする。
　　ア．アンモニア水　　　イ．塩酸　　　ウ．食塩水　　　エ．水酸化ナトリウム水溶液　　　オ．炭酸水

（9）アルミニウムを溶かす。
　　ア．アルコール　　　イ．塩酸　　　ウ．砂糖水　　　エ．食塩水　　　オ．水酸化ナトリウム水溶液

（10）石灰水と混ぜると白くにごる。
　　ア．アンモニア水　　　イ．塩酸　　　ウ．食塩水　　　エ．水酸化ナトリウム水溶液　　　オ．炭酸水

（11）加熱して水を蒸発させると何も残らない。
　　ア．アンモニア水　　　イ．塩酸　　　ウ．食塩水　　　エ．炭酸水　　　オ．ホウ酸水溶液

4　名古屋で、ある日の18時ごろ、南の空に月が見られました。この日から18時ごろに見られる月を約4週間観測しました。下の問いに答えなさい。

（1）初日に南の空に見えた月の位置を右図のPとすると、この月はその直後、どちら向きに動きますか。a～hの記号で答えなさい。

（2）初日に見えた月の形は、次のア～キのどれですか。記号で答えなさい。
　　ア．ほぼ満月に見える。　　　　　　　　イ．左側が一部欠けているが半分以上見える。
　　ウ．左側がほぼ半分欠けている。　　　　エ．左側が半分以上欠けている。
　　オ．右側が一部欠けているが半分以上見える。　　　　カ．右側がほぼ半分欠けている。　　　　キ．右側が半分以上欠けている。

（3）18時ごろには見ることができない月の形は上のア～キのどれですか。すべて選び、記号で答えなさい。

（4）観測し始めてから4週間の中で、18時ごろに月が見られない期間はありますか。下のあ～えの期間のうち、くもりや雨などの天気の影響を除いて、月が見られない期間をすべて選び、記号で答えなさい。見られない期間がない場合には、「なし」と答えなさい。
　　あ．2日目～5日目　　　い．9日目～12日目　　　う．16日目～19日目　　　え．23日目～26日目

（5）初日以降、18時ごろに月の形はどのような順番で見られましたか。上のア～キから、（2）と（3）で選んだ月以外の記号を、見られた順に書きなさい。

（6）観測していた約4週間の期間に月食が起こり、月は完全にかくれました。
　　①このときの月の形は上のア～キのどれですか。記号で答えなさい。
　　②このときの月は18時ごろには、どちらに見られましたか。東西南北で答えなさい。
　　③月食が起きたのは観測し始めてからいつごろですか。次のあ～えの中から選びなさい。
　　　あ．約1週間後　　　い．約2週間後　　　う．約3週間後　　　え．約4週間後
　　④月が欠け始めてから元の状態にもどるまでの時間は、次のあ～えの中ではどれが一番近いですか。あ～えの中から選びなさい。
　　　あ．30秒　　　い．3分　　　う．30分　　　え．3時間
　　⑤月が欠け始める時刻と元の状態になる時刻には、札幌市と長崎市ではどのようなちがいがありますか。次のあ～おの中から選びなさい。
　　　あ．どちらも札幌市のほうが早い。　　　　い．どちらも長崎市のほうが早い。
　　　う．欠け始めるのは札幌市のほうが早く、元の状態にもどるのは長崎市のほうが早い。
　　　え．欠け始めるのは長崎市のほうが早く、元の状態にもどるのは札幌市のほうが早い。
　　　お．どちらも変わらない。

5　右の図1は、ある日の真北の空に見えた星の一部の配置をスケッチしたものです。この図をもとに次の各問いに答えなさい。

（1）6時間後にはこれらの星はどのように並んで見えますか。解答らんに図で答えなさい。

（2）（1）のとき、これらの星はどの方向に見えますか。次のア～カから選び、記号で答えなさい。

　　ア．ほぼ東の空　　　イ．真北よりやや東よりの空　　ウ．真北の空

　　エ．真北よりやや西よりの空　　オ．ほぼ西の空　　カ．南の空

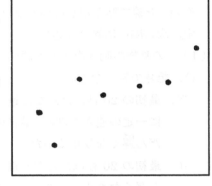

図1

（3）（1）のとき、これらの星の見える高さはどうなりますか。次のア～オから選び、記号で答えな

さい。

　　ア．図1とほぼ同じ高さに見える　　　イ．図1より少し高い位置に見える

　　ウ．図1よりかなり高く頭の真上近くに見える　　エ．図1より少し低い位置に見える

　　オ．図1よりかなり低く地平線近くに見える

（4）次のア～エから、正しいものをすべて選び、記号で答えなさい。ただし、正しいものがない場

合には、「なし」と答えなさい。

　　ア．星座をつくっている星は、すべて東の空からのぼり西の空に沈む。

　　イ．星座をつくっている星のうち、真東からのぼる星は、真上を通る。

　　ウ．星座をつくっている星も、太陽と同じように、季節によって星ののぼる位置や最高高度が変わる。

　　エ．星座をつくっている星で、ある日真南に見えた星は、日にちがたつとだんだん早く真南に見えるようになる。

6　口を開けた空き缶の中に、ろうそくを立てて火をつけたが、しばらくすると火が消えてしまいました。ろ
うそくをできるだけ長く燃やし続けるためには、どのような工夫をすればよいですか。①空き缶を加工して
使う場合、②空き缶をそのまま使う場合、それぞれについて解答らんに図をかき、簡単に説明しなさい。ただ
し、空き缶の大きさや、ろうそくの長さや位置は変えないものとします。

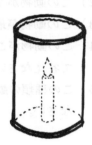

7　長さ1mの2本の棒ABとCDがあります。どちらも太さは一様ではなく、重さはわかりません。図1のように、棒ABの端Aから
40cmのところにバネばかりを取り付け、つり下げたら棒ABは水平となり、バネばかりの目盛は1000gを示していました。次の問い
に答えなさい。

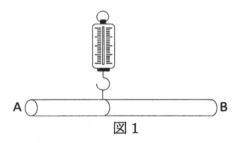

図1

図2

（1）棒ABの真ん中にバネばかりを取り付けつり下げたとき、棒を水平に保つためには、棒の端AまたはBのどちらに何gのおもりを
つるせばよいですか。

（2）（1）のとき、バネばかりの目盛は何gを示していますか。

（3）図2のように、棒ABの端A、Bにそれぞれバネばかりを取り付け、つり下げて棒を水平に保っているときには、A、Bに取り付け
たバネばかりの目盛はそれぞれ何gを示していますか。

（4）棒CDを水平な台の上に置き、端Cにバネばかりを取り付け、ほんの少し持ち上げたらバネばかりの目盛は500gを示していまし
た。また端Dにバネばかりを取り付け、ほんの少し持ち上げたらバネばかりの目盛は1500gを示していました。この棒を1つのバネば
かりで持ち上げ水平に保つには、端Cから何cmのところにバネばかりを取り付けたらよいですか。またこのときのバネばかりの目盛
は何gを示していますか。

8 真っ直ぐで非常に長い、中が空洞の筒があります。その筒の一方の端Aから小さな動物を入れ、入れてから2秒ごとの位置を・で示し、その・を線で結んだものがグラフ1です。位置はAを基準にしています。次の問いに答えなさい。

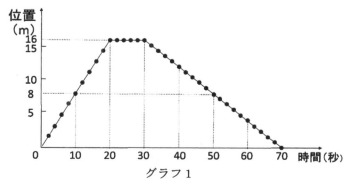

グラフ1

（1）この動物の動きを正しく説明している文を、ア～クの中から1つ選び、記号で答えなさい。

ア．最初の20秒はだんだん速くなり、次の10秒は最初と同じ向きに一定の速さで進み、最後の40秒は最初と同じ向きに進みだんだん遅くなり止まった。

イ．最初の20秒はだんだん速くなり、次の10秒は最初と同じ向きに一定の速さで進み、最後の40秒は最初と逆向きに進みだんだん遅くなり止まった。

ウ．最初の20秒はだんだん速くなり、次の10秒は止まり、最後の40秒は最初と同じ向きに進みだんだん遅くなり止まった。

エ．最初の20秒はだんだん速くなり、次の10秒は止まり、最後の40秒は最初と逆向きに進みだんだん遅くなり止まった。

オ．最初の20秒は一定の速さで進み、次の10秒は止まり、最後の40秒は最初と同じ向きに進みだんだん遅くなり止まった。

カ．最初の20秒は一定の速さで進み、次の10秒は止まり、最後の40秒は最初と逆向きに進みだんだん遅くなり止まった。

キ．最初の20秒は一定の速さで進み、次の10秒は止まり、最後の40秒は最初と同じ向きに一定の速さで進んだ。

ク．最初の20秒は一定の速さで進み、次の10秒は止まり、最後の40秒は最初と逆向きに一定の速さで進んだ。

（2）この動物が70秒間に動いた距離は全部で何mですか。

（3）この動物が最も速く動いた速さは毎秒何cmですか。

（4）この動物がこのように動いた理由を考えてみましょう。『つかれ（疲れ）』という言葉を使って、句読点をふくめ40字以内にまとめて答えなさい。

（5）この種類の動物が、同じような動き方をするかどうかはどのようにしたら分かりますか。句読点をふくめ30字以内にまとめて答えなさい。

1　右の表は、都道府県庁所在地10都市を人口が多い順に並べ、各統計を示したものである。表を見て、下の問いに答えなさい。

問1．表中の②、④、⑤にあてはまる都道府県庁所在地名を答えなさい。

問2．表中の①、⑤の昼夜間人口比率が100%に満たない共通の理由を述べなさい。なお、昼夜間人口比率とは、夜間人口100人あたりの昼間人口割合である。

問3．表中の通勤・通学に関して、下の図1中のX～Zは沖縄県、滋賀県、東京都の通勤・通学者（15歳以上）の交通手段別割合を示している。東京都のものを答えなさい。

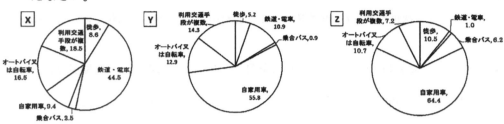

図1

注）統計年次は2010年、単位は%。

（国勢調査より作成）

表

都市名	人口増減率(%)	昼夜間人口比率(%)	県外からの通勤・通学者数(人)
東京23区	1.06	129.8	2,624,958
①	0.17	91.7	135,444
②	0.37	131.7	430,226
③	0.43	112.8	105,269
④	0.29	100.4	2,952
神戸市	−0.10	102.2	45,048
福岡市	0.93	110.8	25,125
京都市	−0.09	109.0	149,749
⑤	0.86	93.0	52,628
広島市	0.24	101.4	11,014

注1）東京都の県庁所在地は東京23区とした。
注2）統計年次は2016～2017年。
注3）人口増減率は2016～2017年。

（データでみる県勢2018、国勢調査より作成）

問4．右の図2は、観光・レクリエーションを目的とした宿泊旅行者数の上位10都道府県（2016年）を示したものである。下の①、②に答えなさい。

①　次のⅠとⅡの文は、図2で示された都道府県のいずれかを説明したものである。ⅠとⅡの説明にあてはまる都道府県名をそれぞれ答えなさい。

Ⅰ　歴史的にも独特な文化をもち、「三線」を利用した音楽や豚肉料理などを楽しむことができる。

Ⅱ　大河川の河口に日本有数の漁港があり、テーマパーク・レジャーランド数が全国一である。また、海水浴場やゴルフ場の数はそれぞれ全国2位で多くの観光客が訪れている。

②　世界遺産は重要な観光資源です。図2に示された10都道府県のうち、世界遺産のない都道府県名を長野県と千葉県以外に2つ答えなさい。

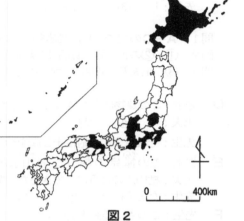

図2
（データでみる県勢2018より作成）

2　林業を行っている人の話を読んで、下の問いに答えなさい。

杉などの①針葉樹を植林し、育った木を伐採して出荷しています。第二次世界大戦以前は、（ ア ）など燃料としてかまどやいろりで利用されることが多かったのですが、戦後は土木や建築で利用されることが多いです。日本はかつて林業がさかんでしたが、②高齢化や人口流出、③輸入木材が増えたことなどで林業を行う人は減っています。最近では、国産木材の利用を増やすため、間伐された木材の利用が進んでいます。再生可能エネルギーの注目により（ イ ）発電の燃料として木材の活用が進んでいます。また、④6次産業化を進め、林業が中心の地域に新たな仕事を増やしています。

問1．文章中の（ ア ）と（ イ ）に入る言葉をそれぞれ答えなさい。

問2．下線①について「針葉樹林」の地図記号をかきなさい。

問3．下線②について、A日本の総人口に占める65歳以上の割合（2016年）、B第1次産業就業者数の割合（2016年）にもっとも近いものを下からそれぞれ記号で選びなさい。
　あ．5%　い．10%　う．20%　え．30%

問4．下線③について、日本が木材をもっとも多く輸入している国（2015年）を下から記号で選びなさい。
　あ．インドネシア　い．スイス　う．カナダ　え．オーストラリア

問5．下線④について、「6次産業化」とは第1次産業に第2次産業と第3次産業を組み合わせて農林水産業を活性化させていくことです。林業における「6次産業化」について、解答らんの言葉に続くように答えなさい。

3　次の文章は、国際連合総会で国連平和大使をつとめるレオナルド・ディカプリオさんの話を要約したものです。これを読んで下の問いに答えなさい。

私は気候変動に関心を持つ市民であり、世界中で気候変動の解決を願う何十億人の1人です。干ばつが進み、海水温度が上昇し、異常気象や気温の上昇が起きています。南極や【ア】の氷がかつてないほどの勢いで溶けています。私たち人類は、これまでよりも困難な状況に直面しています。

問1．国際連合本部がある都市名を答えなさい。

問2．文章中の【ア】は大部分が北極圏内にある世界最大の島である。島の名を答えなさい。

問3．国際連合常任理事国の大使が授賞式を欠席した2017年のノーベル平和賞は、何を主張する団体にあたえられましたか答えなさい。

問4．右の写真は「明治日本の産業革命遺産」として世界遺産に登録された島である。下の問いに答えなさい。
①　この島は何県にあるのか答えなさい。
②　この島で掘り出されていた地下資源を答えなさい。

問5．次の①、②の文は何について説明したものですか、あてはまる語句を答えなさい。
①　1日の最高気温が35℃以上の日。
②　夕方から翌日朝までの最低気温が25℃以上の夜。

問6．日本の発電別電力割合（2014年）で火力発電の占める割合を下から記号で選びなさい。
　あ．約30%　い．約50%　う．約70%　え．約90%

問7．2016年4月に、家庭の電気利用で電力会社とのかかわりが大きく変わりましたが、それはどんなことですか。

写真　軍艦島

4　正夫君は各時代を代表する遺跡（A～C）やお寺（D～F）をたずねました。そこで先生にいろいろ話を聞いて、さまざまな質問をしました。そのようすを読んで、問いに答えなさい。

A　先生：この青森県の遺跡では、１５００年間にもわたって人々が暮らしていたことや、新潟県・北海道方面とも交易があったことが分かっています。また、ここの遺跡からはさまざまなものが見つかっています。
　　正夫：「　　①　　？」
　　先生：それは食べ物などをたくわえたり、煮炊きするためにも使われました。

B　先生：この時代、日本には人類がいなかったとされていましたが、第二次世界大戦後、群馬県のここの地層から２万年から３万年ぐらい前の石器が発見されて、人類がいたことがわかりました。
　　正夫：「　　②　　？」
　　先生：関東地方の古い地層はいくつかの火山の火山灰などが積もってできています。そして、それを調べることで火山が噴火した時期が大まかに分かるからです。

C　先生：この佐賀県の遺跡は、このころの大きな集落の一つです。これらの集落は争いをくり返し、しだいに大きくまとまって、「くに」をつくっていきました。
　　正夫：この遺跡で、争いがあった証拠にはどのようなものがありますか？
　　先生：「　　③　　」などがあります。

問１．A～Cの文で示した遺跡を時代の古い順に並べなさい。
問２．①・②の正夫君の質問はそれぞれどのようなものだと思いますか、「質問の内容」を簡単に書きなさい。
問３．③の正夫君の質問に対する先生の答えを２つあげなさい。

D　先生：この建物は今も残っている世界で最も古い木造建築物です。聖徳太子はこの地を中心にさまざまな活動をしたといわれています。
　　正夫：「　　④　　？」
　　先生：それはまず、冠位十二階をつくった目的や十七条憲法の内容、そして遣隋使の派遣の目的をよく考えると分かってくると思います。

E　先生：この禅宗の寺には、枯山水という石と砂で山や水などをあらわす様式の石庭があります。
　　正夫：枯山水のように、できるだけ簡単な表現から深い意味を考えさせるこの時代の文化には他に何がありますか？
　　先生：たとえば「　　⑤　　」などがあげられます。

F　先生：この寺は聖武天皇によって建てられ、多くの人の力で大仏も完成しました。また天皇の命令で全国に国分寺が建てられました。
　　正夫：聖武天皇はどういう考えから、このように仏教をさかんにしようとしたのですか？
　　先生：それは「　　⑥　　」という考え方からだと思われます。

問４．D～Fのお寺を、建てられた順に並べなさい。
問５．④の正夫君の質問はどのようなものだと思いますか、「質問の内容」を簡単に書きなさい。
問６．⑤・⑥の正夫君の質問に対する先生の答えをそれぞれ簡単に書きなさい。

5　次の新聞記事の要約を読んで、下の問いに答えなさい。

　今後どのような時代に向かっていくのかを見通すため、あえて時代をさかのぼってみたいと思い立ち、歴史年表をわきにかかえてヘリコプターに乗り込んだ。まずは千年前の（　A　）へ。「この世をば わが世とぞ思う 望月の 欠けたることも なしと思えば」。３人の娘を天皇のきさきにして権力をもった（　B　）が歌を披露すると、居並ぶ貴族たちも数回この歌を一緒によみあったという。①祝いの会をおこなった屋敷は今はもうない。いつの世にも権力を振りかざす者がいて、ひれ伏す者が続出する。次に飛んだのは２００年前の江戸時代後期の（　C　）半島である。ゴルドン船長率いるイギリス商船が１８１８年に現れ、浦賀の役人たちをあわてさせた。貿易の申し入れを退けると、船はほどなく日本をはなれた。「恐れることはない」と甘く見たのか、幕府は以降も②場あたり的な対応を重ねた。③異国船の数は増え、（　D　）年後にはアメリカから（　E　）が来航して、以後幕府はうろたえて一気に衰えていくことになる。（以下略）
平成３０年１月１日　朝日新聞「天声人語」より

問１．記事中（A）～（E）に右の指示にしたがってあてはまる語句を入れなさい。（Aは当時の都、Bは人物名、Cは地名、Dはゴルドン船長が来航してからの年数、Eは当時の日本人が外国船をさしてよんだ名）
問２．下線①の屋敷のつくりは何とよばれますか。
問３．下線②について、１８３７年に起きた事件に対し、幕府の場あたり的な外交政策を批判して厳しくばっせられた学者たちがいました。学者たちは幕府のどのような外交政策を批判したのですか。
問４．下線③に関連して、江戸時代終わりころに日本と通商条約を結んだのは、アメリカ・フランス以外にどの国ですか、３か国の国名を答えなさい。

6　次の資料について、下の（　①　）～（　⑤　）にあてはまる語句や国名を入れなさい。

A	B	C	D

D　たとえばウエインブラーウ（まゆ）は、目の上に生えている毛であるというような一句でも、長い１日をかけても明らかにできず、日が暮れるまで考えに考えて、わずかばかりの文章を一行も理解できないというありさまであった。

・Aのような絵は（　①国名　）との貿易を通じて海外に広まった。こうした絵をまねて右の絵をえがいたのは（　①　）出身の（　②人名　）である。
・Bの芸能は（　③　）とよばれるものである。
・Cの書物をあらわした人が研究していた学問を（　④　）という。
・Dは西洋の医学書を訳した（　⑤書物名　）を出すまでの苦労をのべたものである。

7　右のⅠ・Ⅱの年表について、下の問いに答えなさい。

問１．下線①の内容にふくまれていないものを下から選びなさい。
　ア．昔からの悪いならわしをやめる
　イ．キリスト教はいままで通り禁止する
　ウ．新しい知識を世界から学ぶ
　エ．議会政治をおこなって人々の意見をよくきく
問２．下線②について、自由民権運動をしていた人たちはどのようなことをして自分たちの主張を広めていきましたか。おもなものを２つあげなさい。
問３．下線③について、１８７７年に士族の多くが自由民権運動に参加するきっかけになったできごとは何ですか。
問４．下線④を発布する際、天皇は総理大臣にこの憲法を手渡す儀式を行いました。この憲法がどのような特色をもっていたからですか。
問５．年表ⅠとⅡの間には下のア～エのできごとがあります。ア～エを年代の古い順に並べなさい。
　ア．日本が韓国を併合する　イ．カラフト南部が日本領になる
　ウ．台湾が日本領になる　　エ．日本に対する不平等条約がすべてなくなる
問６．下線⑤の理由について、次の文の（ア）～（ウ）にあてはまる語句を入れなさい。
　・戦争のために（　ア　）の国ぐにの生産力が低下した。
　・日本は（　ア　）や（　イ　）の国ぐにへの（　ウ　）を大きくのばした。
問７．年表Ⅱの（　A　）と（　B　）にあてはまる語句を入れなさい。
問８．下線⑥に関連して、２０１６年に実施された選挙制度の改革を答えなさい。

Ⅰ	おもなできごと
1868	明治天皇が①五箇条の御誓文を発表する
1874	②板垣退助らが自由民権運動をおこす
1877	政府に不満を持つ③士族が自由民権運動に多く参加しだす
1882	伊藤博文、ドイツで憲法調査をおこなう
1889	④大日本帝国憲法を発布
1890	第一回衆議院議員選挙を実施する

Ⅱ	おもなできごと
1914	第一次世界大戦が始まる
	・このころ⑤日本の経済が大きく発展する
1918	初めて本格的な（　A　）中心の内閣が成立する
1918	第一次世界大戦が終了
	・このころから不景気になり、社会運動がさかんになる
1923	関東大震災が起こる
1925	⑥男子の普通選挙制度が定められる
1929	アメリカで突然の大不景気が始まる
1930	日本の不景気がさらに深刻（しんこく）になる
1931	満州事変が起こる
	・このころから（　A　）の力が弱まり、（　B　）が政治に口出しをするようになる

8　次の文章を読んで、下の問いに答えなさい。
　第二次世界大戦後、アメリカを中心とする国々とソ連を中心とする国々とが対立しました。そのため、①二つに分かれてしまった国がいくつかあります。その一つが北朝鮮と韓国です。両国は対立し（　あ　）年に戦争になりました。
　この時、日本は連合国軍の指令にしたがっていました。朝鮮戦争が起こると連合国軍は現在の自衛隊のもとになる（　い　）を日本につくらせます。さらにアメリカは日本の独立を急がせるようになりました。そして１９５１年に（　う　）講和会議を開き、②日本はアメリカ側の連合国と（　う　）平和条約を結び、独立を回復しました。
　また朝鮮戦争がきっかけで日本経済は立ち直り、その後、日本の産業が大きく発展する（　え　）が始まります。１９６８年には経済の発展ぶりを示す国民総生産がアメリカに次いで世界２位になりました。

問１．（あ）～（え）にあてはまる語句・数字を入れなさい。
問２．下線①のうち、ヨーロッパで二つに分かれてしまった国はどこでしたか。
問３．下線②と同時に日本はアメリカと条約を結び日米関係を強めましたが、その条約を何といいますか。

※100点満点
（配点非公表）

理科　解答らん

1

問1(1)	(2)

問2

| 問3 | 問4 | 問5　　　　　　,　　　　　　, |

問6

2

問1	問2	問3　　　　,	問4
問5	問6		

3

(1)	(2)	(3)	(4)
(5)	(6)	(7)	(8)
(9)	(10)	(11)	

4

(1)	(2)	(3)	(4)
(5)		(6)①	②	③	④	⑤

5

(1)
(2)
(3)
(4)

6

①	②
説明	説明

7

| (1)　　に　　　g | (2)　　　　g | (3)A　　　g，B　　　　g | (4)Cから　　　cm，　　　　g |

8

(1)	(2)　　　　m	(3)毎秒　　　　cm

(4)

(5)

※100 点満点
（配点非公表）

社会　解答らん

1

問1
②　　　市
④　　　市
⑤　　　市

問2

問3

問4
①　Ⅰ
　　Ⅱ
②

2

問1
ア
イ

問2

問3　A　　　B

問4

問5　伐採を行う人がその木材を、

3

問1

問2

問3

問4
①　　　県
②

問5
①　　　日
②　　　夜

問6

問7

4

問1　古　→　→　新

問2
①
②

問3　③

問4　古　→　→　新

問5　④

問6
⑤
⑥

5

問1
A
B
C　　　半島
D　　　年
E

問2

問3

問4

6

①
②
③
④
⑤

7

問1

問2

問3

問4

問5　古　→　→　→　新

問6
ア
イ
ウ

問7
A
B

問8

8

問1
あ　　　年
い
う
え

問2

問3　　　条約

■ ご使用にあたってのお願い・ご注意

（1）問題文等の非掲載

　著作権上の都合により，問題文や図表などの一部を掲載できない場合があります。

　誠に申し訳ございませんが，ご了承くださいますようお願いいたします。

（2）過去問における時事性

　過去問題集は，学習指導要領の改訂や社会状況の変化，新たな発見などにより，現在とは異なる表記や解説になっている場合があります。過去問の特性上，出題当時のままで出版していますので，あらかじめご了承ください。

（3）配点

　学校等から配点が公表されている場合は，記載しています。公表されていない場合は，記載していません。

　独自の予想配点は，出題者の意図と異なる場合があり，お客様が学習するうえで誤った判断をしてしまう恐れがあるため記載していません。

（4）無断複製等の禁止

　購入された個人のお客様が，ご家庭でご自身またはご家族の学習のためにコピーをすることは可能ですが，それ以外の目的でコピー，スキャン，転載（ブログ，ＳＮＳなどでの公開を含みます）などをすることは法律により禁止されています。学校や学習塾などで，児童生徒のためにコピーをして使用することも法律により禁止されています。

　ご不明な点や，違法な疑いのある行為を確認された場合は，弊社までご連絡ください。

（5）けがに注意

　この問題集は針を外して使用します。針を外すときは，けがをしないように注意してください。また，表紙カバーや問題用紙の端で手指を傷つけないように十分注意してください。

（6）正誤

　制作には万全を期しておりますが，万が一誤りなどがございましたら，弊社までご連絡ください。

　なお，誤りが判明した場合は，弊社ウェブサイトの「ご購入者様のページ」に掲載しておりますので，そちらもご確認ください。

■ お問い合わせ

　解答例，解説，印刷，製本など，問題集発行におけるすべての責任は弊社にあります。

　ご不明な点がございましたら，弊社ウェブサイトの「お問い合わせ」フォームよりご連絡ください。迅速に対応いたしますが，営業日の都合で回答に数日を要する場合があります。

　ご入力いただいたメールアドレス宛に自動返信メールをお送りしています。自動返信メールが届かない場合は，「よくある質問」の「メールの問い合わせに対し返信がありません。」の項目をご確認ください。

　また弊社営業日（平日）は，午前９時から午後５時まで，電話でのお問い合わせも受け付けています。

2025 春

株式会社教英出版

〒422-8054　静岡県静岡市駿河区南安倍３丁目 12-28

TEL　054-288-2131　　FAX　054-288-2133

URL　https://kyoei-syuppan.net/

MAIL　siteform@kyoei-syuppan.net

教英出版 2025　32 の 1　東海中７年分